臨床発達心理士認定運営機構 [監修]
講座・臨床発達心理学 ②

臨床発達支援の専門性

西本絹子/藤﨑眞知代 [編著]

ミネルヴァ書房

一般社団法人　臨床発達心理士認定運営機構

《臨床発達心理士とは》

　臨床発達心理士は，「一般社団法人　臨床発達心理士認定運営機構」が認定する心理職の資格である。本機構は2001年12月に設立され，現在，日本発達心理学会，日本感情心理学会，日本教育心理学会，日本コミュニケーション障害学会の4学会を運営母体としている。2009年4月に一般社団法人 臨床発達心理士認定運営機構として組織変更した。

　本機構は「臨床発達心理士」および「臨床発達心理士スーパーバイザー」の資格認定を行うとともに，それらの資格更新審査を行う。

《日本臨床発達心理士会》

　日本臨床発達心理士会は，臨床発達心理士資格を有する者で構成される職能団体である。臨床発達心理士は，生活の中で人の発達を理解し，発達的理解に基づいて人を支援していくことを基本にしている。そのために，「人を理解するための専門性」と「人を支援するための専門性」で，最新の知識を得るとともに，専門性の向上を図る研修体制を整えている。臨床発達心理士は，日本臨床発達心理士会会員であり，自らの生活する地域の支部に所属して地域活動を行う。本資格は，5年ごとの更新制度をとっており，更新に必要なポイント取得のために全国研修会や支部研修会，実践研究発表などで自己研鑽をする必要がある。

《活動内容》

　日本臨床発達心理士会の具体的活動としては，①専門性や技能の向上のための全国研修会の開催，全国大会の開催，②「実践研究プロジェクト」の推進，③実践研究誌「臨床発達心理実践研究」の発行，④災害支援，⑤職能開発，⑥ニューズレター，メールマガジン，ホームページの運営などがある。

　なお，臨床発達心理士のより詳しい活動内容は，ホームページ（http://www.jocdp.jp/）から得ることができる。

連絡先

住所：〒160-0023 東京都新宿区西新宿6-20-12 山口ビル8F
FAX：03-6304-5705　　Email：shikaku@jocdp.jp
URL ：http://www.jocdp.jp/

シリーズ刊行にあたって

　臨床発達心理士（Clinical Developmental Psychologist）は「発達支援」を専門とし，発達的観点に立つアセスメントと支援技術をもつことを特徴とする心理職資格である。人々が生涯発達の中で出会う様々な心理的問題や適応困難さの解決にあたっては，まず人が抱える問題そのものを理解する専門性が必要とされる。また，問題の正しい理解に基づき，人に適切な支援を行う専門性が求められる。人生のあらゆる場面における様々な問題は，人の発達に関する正しい知識や豊かな視点をもつ専門家によって，その問題を違った視点からとらえ直すことが可能になったり，その問題を根本から解決できるようになったり，時には問題状況が緩和されたり，そもそも問題そのものが消失してしまう場合もある。

　現代日本は少子高齢化，高度情報化という大きな課題とともにある。日本では，出生率が極端に低下し，高齢化が一層進行する少産少死人口減少型をたどっている。この加速する高齢化率，女性の高学歴化，また非婚・晩婚化の中で，女性の社会進出と出産や育児を両立するための社会制度の不十分さが，少子高齢化社会にさらなる拍車をかけている。また，高度情報化社会は，ICT（情報通信技術）が多様な双方向型コミュニケーションと情報の大量伝達を可能にした。加えて，携帯端末の進化は，いつでも，どこでも，誰でも情報にアクセスできる日常を実現させた。一方で，大量に氾濫する情報の選別や，必要な情報を取捨選択する力（メディア・リテラシー）の必要性が生じた。また，ICT を使える者とそうでない者の情報入手の差が，そのまま経済格差につながるという「情報格差」も懸念されている。

　「発達的観点に基づき人の健やかな育ちを支援する」という理念に基づき2001年12月に設立された臨床発達心理士認定運営機構は，この15年間に，臨床発達心理士の資格認定を行ってきた。また，2009年度からは臨床発達心理士スーパーバイザー認定も行い，その専門性の質を高めていくたえまない活動を行

i

っている。この間を振り返ると，東日本大震災，熊本地震などで被災した人々への支援，「障害」概念の変化にともなう適応という問題のとらえ直し，子どもや子育てに関わる制度，児童虐待防止，発達障害者支援，児童発達支援，特別支援教育など，福祉，教育に関わる制度が大きく変わった。それにともない，現代社会における新たなニーズへの対応が求められてくることで，専門性もまた，社会・文化の中に位置づけられてきている。

　また，国家資格である公認心理師においては，教育，医療・保健，福祉，司法・矯正，労働・産業，学術・研究など非常に多岐にわたる活動領域を想定しており，特定の分野に限定されない「汎用性」「領域横断性」を特長とする心理職国家資格を旨とするもの，とされている。心理職の国家資格の誕生により，心理的支援の専門性の底上げと向上が期待される時代になった。

　このような変革のうねりの中で，臨床発達心理士はこれまで通り，生涯発達という広い視野からの日常の暮らしへの適応支援を今後も続けていく。そのためにも，臨床発達心理士を育てるための指南書として，2002年刊の「シリーズ臨床発達心理学」5巻本に大幅な改訂を行い，このたび新シリーズ5巻本として新たに発行することとなった。新シリーズ「講座・臨床発達心理学」では，臨床発達心理学において必須とされる知識を網羅し，さらに2011年刊の「シリーズ臨床発達心理学・理論と実践」5巻本で，重視した専門性および，アセスメントと支援の視点を大幅に取り入れて，次のような特徴を明確にした。

　第1巻『臨床発達心理学の基礎』では，臨床発達支援の基本的視点を明確にし，アセスメントと支援のあり方を問うた。第2巻『臨床発達支援の専門性』では，専門職の社会的役割，職業倫理，高度専門性の確立を述べ，乳児期から高齢期にわたる生涯発達支援を論じた。第3巻『認知発達とその支援』では，感覚，記憶，知能，学力，対人認知，高次脳機能などの基礎理論とその支援を論じた。第4巻『社会・情動発達とその支援』では，情動，社会性をとらえる基礎理論からアタッチメント，自己の発達を論じ，その支援へとつなげた。第5巻『言語発達とその支援』では，前言語期から学齢期に至る母語の獲得過程と，読み書きの基礎理論とその支援について論じた。どの巻も，基礎理論，アセスメント，支援，評価という過程を踏まえた臨床発達支援の実際を記述して

いる。

　本シリーズは，臨床発達心理士を育て，社会に送り出していくために大学院の授業で，また臨床発達心理士認定運営機構が主催する指定科目資格取得講習会などのテキストとしての活用を考えている。また，それにとどまらず，人と関わるとはどのようなことか，人を支援するとは何をすることなのか，適切な支援がなされたとは何をもって判断できるのかといった，いわゆる自分自身の「臨床的かかわり」を見つめることを通して，臨床発達心理学の学びを深めていってほしいと願う。さらには，生涯発達を支援する専門家としての活動に貢献できればと願う。

　最後に，本シリーズの出版にあたり，企画段階からともに議論し，根気強く，ていねいに尽力し続けていただいたミネルヴァ書房丸山碧氏に深く感謝したい。

2017年2月28日

編者代表　　秦野悦子

はしがき

　臨床発達心理士は，人々の生涯発達の過程に寄り添い「人の健やかな育ちを支援する専門家」である。

　その専門性の1つは，「人を発達的に理解する」専門性である。専門性の2つ目は，「発達的観点に立ち人を支援する技能」である。「講座・臨床発達心理学」第2巻は，主に，後者の「発達的観点に立ち人を支援する技能」に関して，その専門性の詳細を解説している。

　第Ⅰ部では，「臨床発達心理士の社会的役割」として，まず第1章で，資格の誕生までの流れや社会背景が記述されている。発達心理学，あるいは他領域の心理学を学んだ人々が，現場において，障害など，発達に様々な困難のある子どもに対する支援に懸命に挑み，それにより発達心理学の進化・深化が進み，そして臨床発達心理学が生まれ，臨床発達心理士の成立をみたことが描き出されている。臨床発達心理学と本資格との関係や，本資格を特徴づける3つの「発達的観点」は，それらの背景を知ることにより，より深く理解できるであろう。

　第Ⅰ部第2章，第3章は，臨床発達心理士の有資格者として重要かつ基本的な姿勢について記述した。第2章では，職業倫理について解説した。職業倫理とは，守るべきルールという意味ばかりでなく，支援技能の専門性の1つであり，職業倫理に関する高い敏感性や感受性をもつことは，支援技能の専門性の高さにも通底している。第3章は，より高度な専門性を学び続ける態度や方法，スーパーバイザー資格に関して解説した。この2つの章に関しては，有資格者となった後でも，繰り返し参照されたいと願うものである。

　第Ⅱ部では，生涯発達のみちすじに沿って，それぞれの現場における支援ニーズの現状，具体的な支援の考え方や支援方法，支援事例（架空事例）について解説した。第4章「育児への支援」，第5章「保育への支援」，第6章「学童期における支援」，第7章「前期青年期における支援」，第8章「後期青年期に

おける支援」，第9章「成人期における支援」である。各章においては，今日のわが国におけるリアルな問題や支援ニーズに沿った解説がなされている。そして，臨床発達心理士による支援を成り立たせている枠組みは，法律や法令等の法的根拠である。臨床発達心理士の支援技能の専門性として，それら法的根拠に基づく制度やサービスの仕組みに関する基礎知識を有することは必須である。そこで，各章において，それぞれの支援の内容や領域に関連する重要な法律・法令等についても解説をくわえている。

　時代とともに問題は変容し，新たな問題が次々と生まれるであろう。臨床発達支援の基本にかかわる専門性を携えつつ，その時々の新しい問題に対し，「本当に役に立つ支援とは何か」を常に追い求め，立ち向かっていく臨床発達心理士であろうとすることを期待したい。

第2巻編者　　西本絹子・藤﨑眞知代

目　次

シリーズ刊行にあたって

はしがき

第Ⅰ部　臨床発達心理士の社会的役割

第1章　臨床発達心理士の成立とその専門性……………………………2

1　成立の歴史・誕生の背景　2

2　本資格の特徴　10

第2章　臨床発達心理士の職業倫理…………………………………17

1　倫理の基本　17

2　倫理綱領と倫理・懲戒規程　27

3　倫理問題と臨床発達支援の形態　31

4　倫理問題と臨床発達支援の現場　32

5　専門職としての成長と倫理問題　33

第3章　臨床発達心理士の高度専門性の確立……………………34

1　臨床発達心理士としての成長　34

2　関連諸職種とのチーム・アプローチとコンサルテーション　41

3　スーパービジョンとは何か　44

4　臨床発達心理士スーパーバイザー資格とその特徴　55

vii

第Ⅱ部　生涯発達における臨床発達支援

第4章　育児への支援 ……………………………………………………… 60

 1　育児への支援とは何か　60

 2　育児への支援の現状　75

 3　育児支援の方法　83

 4　育児支援に求められる専門性　87

 5　支援の実際　95

第5章　保育への支援 ……………………………………………………… 106

 1　保育への支援とは何か　106

 2　保育を取り巻く現状と支援ニーズ　110

 3　保育への支援に関わる心理職　112

 4　保育支援に求められる専門性　126

 5　支援の実際　137

第6章　学童期における支援 ……………………………………………… 144

 1　学童期における支援とは何か　144

 2　学校を取り巻く現状と支援ニーズ　147

 3　学校現場における支援の方法——学校コンサルテーション　165

 4　放課後支援　169

 5　放課後支援の方法——学童保育コンサルテーション　177

 6　学童期の支援に求められる専門性　181

 7　支援の実際　184

目　次

第7章　前期青年期における支援 …………………………………………… 190

1　前期青年期における支援とは何か　190

2　中学・高校生への支援の現状と支援ニーズ　195

3　方法──学校コンサルテーション　211

4　高等学校での学校コンサルテーションの実際　222

5　前期青年期の支援に求められる専門性　233

第8章　後期青年期における支援 …………………………………………… 237

1　後期青年期における支援とは何か　237

2　大学生への支援の現状と支援ニーズ　238

3　障害のある青年への支援の現状と支援ニーズ　254

4　関連する法案と支援との関係　266

5　方法──カウンセリングとコーディネーション　271

6　後期青年期の支援に求められる専門性　273

第9章　成人期以降における支援 …………………………………………… 275

1　成人期における支援とは何か　275

2　成人・中年期の現状と支援ニーズ　278

3　高齢者への支援　287

4　方法──カウンセリングとコーディネーション　301

5　成人期以降の支援に求められる専門性　304

文　　献　309

索　　引　327

第 I 部

臨床発達心理士の社会的役割

第1章　臨床発達心理士の成立とその専門性

1　成立の歴史・誕生の背景

（1）「臨床発達心理士」が生まれるまで

①　心理学のメジャーな資格が存在しなかった時代

「臨床発達心理学」ということばが正式に流布されはじめるのは，2001年12月に「臨床発達心理士認定運営機構」が発足して以降のことである。「発達臨床」ということばは，それ以前からあった。そのことばすら，1995年の時点では，まだ学界に定着しているとは言いがたかった（山口，1995）。「発達臨床心理学」ということばでは，「臨床心理学」の一分野であるとの誤解を生むおそれがあるとの意見があった。また，「発達臨床心理学」の元となる英語は，clinical developmental psychology であった。そのこともあって，新たに「臨床発達心理学」ということばが用いられるようになったのである。

だが，「臨床発達」という心理学の領域は，そのことばが生まれるよりも，はるか以前から存在していた。ずいぶん昔から，発達心理学者は子どもの発達の相談や育児へのアドバイスに深く関わってきた。「子どもの心身の発達・知的発達・発達不良・子育て・子どもの教育・子どもの非行」などに関して，当時児童心理学者と呼ばれていた発達心理学者は，世間から頼られ，また期待を寄せられていたといえよう。

たとえば，ピアジェの翻訳者としても著名な大伴茂（1892-1971）は，シカゴ大学で心理学の学位を取り1924年に帰国したのだが，1935年には「我が子の育て方全書」全10巻の最終巻『我が子の乳児期より青年期まで』（大伴，1935）を出版している。そこには，その当時の先端的な発達心理学の知見とともに，わが子をどのようにすれば，りっぱな子に育てることができるのか，具体的な指針をまじえながら書かれている。子どもの発達を学問的にとらえることは，具体的な子どもたちの養育や教育に適切なアドバイスをすることと表裏の関係にあると考えられていたことは間違いないだろう。

京都では，1931年に「今や母性と児童の保護は緊急一日も忽せすべからざる重大問題となり来った」（園原〔1985〕の引用による）との意識で，京都市児童院が設けられている。その児童院に，後に京都大学教授となる園原太郎（1908-1982）が，大学卒業後1933年から1938年まで勤めている。園原は理想をかかげた児童院の任務を遂行すべく，子どもたちに日々接しつつ，手探りでビューラーやゲゼルやビネなどの外国文献をあたり，発達検査の可能性を模索している（園原，1985）。1950年に，園原の弟子である生澤雅夫（1927-2002）が児童院勤務となり，後に児童院長となる嶋津峯真などとも協力して，新版K式発達検査2001の元となるK式発達検査を1960年頃に完成させている。関東では，1928年に東京帝国大学文学部心理学科を卒業した山下俊郎（1903-1982）が，長女が誕生し家庭教育相談所に関係することが多くなったことを契機に，理論心理学の研究を捨て，児童の心理およびその教育の実際的研究をするようになっている（山下，1949）。

ここで紹介した人物は氷山の一角にすぎない。わが国の，有名無名を問わず数多くの児童心理学者（発達心理学者）が，約100年近く前から，現実の子どもの養育や教育に関わる雑多な問題に，懸命に取り組んできたのである。アンリ・ワロン（Wallon, H., 1897-1962）のように，正常な発達を知るには，それを逸脱した発達の障害についても知る必要があると考えることは，決して特異なことではない。それをどこまで理論化できるかは別にすると，すべての発達心理学にたずさわる者は，発達のつまずきや非典型のコースを理解するには，典型の発達を知る必要があり，また典型発達を理解するには，非典型の発達を知

第Ⅰ部 臨床発達心理士の社会的役割

る必要があることを日々実感していたことはまず間違いない。

今日の「臨床発達心理士」がまだ存在しなかった時代にも，現場で実質的に「臨床発達心理士」と同等の働きをしている心理学関係者が大勢いたのである。しかし，その多くは大学で「発達心理学」をしっかり学んでいたわけではなかった。ある者は知覚心理学，ある者はネズミを被験体とした心理学（行動科学）など当時の主流であった心理学を学んだにすぎなかった。現場で臨床心理学的活動を行っている心理学関係者も同様である。大学で「臨床心理学」をしっかり学び，そのトレーニングを受けた者はきわめて少なかった。

しかし，それは当たり前だった。当時のサラリーマンが会社に入ってからつまり担当部署についてから，その専門的な仕事を覚えていくように，大学で心理学を学んだ者も，臨床現場に関わってから，初めて臨床現場のなんたるかを学んでいくというのが普通のコースであった。臨床の現場が専門家養成の現場でもあった。私の恩師の一人は，大学で知覚心理学を学び，大学を卒業して初めて児童相談所の仕事をして，右も左もわからなかったという。しかし，とにかく必死に一生懸命に取り組んだので，けっこうケースがうまくいき，少なからぬ親御さんたちに感謝されたと語っていた。専門性とは何かと考えさせられる話である。戦前はもちろんのこと，戦後も30〜40年近くの間は大卒の「心理学士」という資格で十分に世間に通用していたのである。むしろ，「専門性」は大学で学ぶものではなく，現場で学び身につけるものだ，というのがすべての人の常識であり，認識であったといえよう。

② 「臨床心理士」という黒船の出現

そのような太平の安眠をむさぼっていた心理学分野に，黒船が出現したのである。日本で初めてユング派の分析家の資格を取得した河合隼雄（1928-2007）は，はやくから日本の臨床心理学者の養成の仕方に疑問を感じていた。欧米のようにしっかりした教育プログラムを作り，臨床訓練やスーパーバイズ制度を取り入れる必要があると考えていたのである。そのような考えに共鳴する人たちが集まって，ついに1988年に「臨床心理士」という新しい資格が誕生したのである。これは画期的なことだった。それまでにも心理学関係の資格というも

のが存在しなかったわけではない。しかし，「臨床心理士」のように大学院修了を要件にし，大学院でも資格の取得のための教育プログラムまで完備させた心理学の本格的な資格は，これが初めてであった。

「臨床心理士」という資格の出現は，しだいに野火のようにその影響を広げていった。その結果，児童相談所や療育教室や様々な福祉施設などで，障害をもつ子どもたちの療育や援助に関わっていた心理学関係者の中に，小さな不安が生まれはじめたのである。それは，自分たちの専門性に対する不安であった。長年「発達」の現場で，経験を重ね，スキルや知識を蓄え，それなりに自分たちの専門性を自負してきたつもりだった。ところが，それが子どもたちの保護者や一般の人たちに，通じにくくなってきたのである。非専門家に見られてしまう危険性が，一気に高まってきたのである。臨床心理士はもちろんのこと，保育士も看護師も社会福祉士もすべて有資格者である。ところが，発達の臨床現場に関わっている「私たち」は無資格者にすぎないのだ。心理学の臨床現場に，有資格者と無資格者とがいるとすれば，どちらが生き残れるかは火を見るより明らかだろう。では，「私たち」は臨床心理士の資格をとればよいのだろうか。だが，臨床心理士の教育プログラムは「発達的援助」を念頭においたものではまったくない。発達支援に関わる「私たち」にも，ふさわしい資格が必要ではないだろうか。そういった思いが，しだいに高まってきたのである。

1996年に「臨床心理士」の資格制度に大きな変更が加えられた。指定大学院制度という仕組みが作られ，「臨床心理士認定運営機構」が，その大学の教育プログラムや専門教員の人数などを査定し，それに合格しなければ「臨床心理士」の養成はできなくなったのである。このことは，臨床心理学以外の心理学を専門とする大学関係者に危機意識を募らせることになった。危機意識は2種類あった。

1つ（危機意識A）は，大学や大学院における基礎心理学の研究や教育が危機に瀕しているという意識である。指定校を目指す多くの大学が，「臨床心理士」の指定校になるために，心理学ポストの多くを臨床心理学関係者で埋める必要を感じはじめていた。そのため，基礎系の心理学ポストや関連する講義や演習を削減する傾向が強まりつつあった。また，心理学を勉強したいと考える

学生の多くが，ますます臨床心理学に関心を抱くようになり，基礎心理学，認知心理学，発達心理学などへの関心をもつ者が，目に見えて少なくなってきたのである。

　もう1つ（危機意識Ｂ）は，障害をもつ子どもたちの発達援助に深く関わっていた心理学関係者が抱いた危機意識である。発達心理学は，先にも述べたように，以前から子どもたちの育ちの現場に深くコミットしてきた学問であった。ところが，大学や大学院で発達心理学を学んだ者が，卒業後に発達の現場でその「専門性」を認めてもらえず，「臨床心理士」の陰に隠れて，社会的に認知されにくくなってきたのである。このことは，発達的な支援を必要としている人々に，適切な支援が届きにくくなることも意味している。もちろん，「臨床心理学」的な支援は当然必要である。だが，それと同時に，障害特性や子どもたちの発達をしっかり理解したうえでの，「発達臨床」的な支援もそれに劣らず必要なのである。世の中の「臨床心理士」ブームの中で，発達支援の「専門性」が風前の灯火になっているように感じられていたのである。また，心理学関係者が，「発達」について深く考え学んでいく場が，大学でもやせ細りつつあることも，危機意識を抱かせることだった。

　かくして，1997年3月に日本発達心理学会理事会は，第一次資格問題検討特別委員会を設立し，発達心理学の新資格設立に向けての第一歩を踏み出したのである。そして，ついに2001年12月に，日本発達心理学会，日本感情心理学会，日本教育心理学会，日本性格心理学会（現：日本パーソナリティ心理学会）の学会連合による「臨床発達心理士認定運営機構」が発足することとなった。そして，2003年，最初の認定者632人に「**臨床発達心理士**」のライセンスが授与されたのである。

（2）「臨床発達心理士」が生まれてから

　2003年に新しい資格が誕生したわけではあるが，その前後のプロセスは，すべてが必ずしも順調であったわけではない。その理由は，先に述べた2つの危機意識の微妙なズレである。

① 2つの危機意識

　「臨床発達心理士」の資格は，「臨床心理士」の資格の轍を踏んではならない，という強い心理学界の使命を背負っていた。「臨床心理士」の資格は当初の理念では，全心理学界から支援を受けて，心理学界全体の興隆を支えるはずのものであった。スタートの理念は悪くなかった。ところが，現実に資格が誕生してみると，「臨床心理学」一人勝ちの状態になってしまったのである。基礎心理学の教育と研究を大事にする研究者にとってこれは実に遺憾なことだった。「臨床発達心理士」は，「臨床心理士」を単に模倣するような浅薄な資格に，決してなってはならなかった。「臨床心理士」が達成できなかった最初の理念をかなえる資格，すなわち心理学全体の興隆を念頭におき，基礎を含む様々な心理学と共存共栄的な資格でなければならないと皆が考えたのである。つまり，この資格は，あくまでも心理学界における統一資格という理念の枠内で実現されるべきものと位置づけられたのである。

　このような使命感を強く感じていたのは，「危機意識A」をより強く抱いている心理学関係者であった。彼らは，いかに基礎と研究をないがしろにしない資格を作るべきであるかということを強調していた。他方，「危機意識B」を抱く心理学関係者も，決して「危機意識A」をもっていなかったわけではない。しかし，思いはより強く，発達臨床の現場の方にあったように思う。彼らは，現場で役立つ資格である必要を感じていたのである。彼らの念頭には，まず，支援を必要としている具体的な人々のニーズに，応えるべきだという思いがあった。

　この2つの危機意識の対立は，別なことばで言えば，「基礎」と「臨床」の対立と言い換えることができるかもしれない。しかし，この対立は単純な対立ではなかった。なぜなら，「基礎」を気遣う研究者たちも「臨床」の大切さは十分に理解しており，「臨床」を気遣う研究者たちも「基礎」の大切さは十分に理解していたからである。しかし，それでも一時期，少しぎくしゃくした雰囲気があったのは事実である。

　その理由は，結局は，「臨床心理士」という資格に対する印象の違いだったように思う。発達臨床の現場では，「臨床心理士」とも協力し合って仕事をす

ることは当然のことである。いちいち悪印象などもっていられない。しかし，基礎や研究を重視する人たちから見ると，「臨床心理士」の資格が，心理学における研究や教育を，過度に「臨床」に偏向させ「基礎」を蔑ろにしてしまったという思いが強かったのである。彼らの最も恐れたことは，自分たちがつくり出した「臨床発達心理士」という資格が，「臨床心理士」の轍を踏み，過度に「臨床」に偏向してしまうことだった。

そもそも両者に大きな対立があったわけではない。今となっては，新しい「臨床発達心理士」という資格の誕生にともなって生まれた，将来を見通せない不安が，さざ波を立てていたにすぎなかったようにも思う。しかし，このさざ波にも，今日の私たちがしっかり胸に抱いておくべき教訓が含まれている。

② 新しく生まれた臨床発達心理学の使命

1つには，心理学全体を見据える大きな視野をもつ必要である。心理学だけでは狭すぎるかもしれない。脳科学，生物学，言語学，社会学，文化人類学，教育学などの隣接諸科学も視野に入れ，それらとの関連も踏まえたうえで，「臨床発達心理学」の学問的基礎を常に吟味し，問い続けていく必要があるのである（麻生，2016）。資格の根底には，そのように不断に「人とは何か」を問い続ける学問的な精神がなければならない。そうでなければ，資格は，単に心理学関係者が自分たちの生き残りのために生み出した方便の1つにすぎなくなる危険性があるのだ。

もう1つは，心理学において，「基礎」と「臨床」とを対比させることは，誤解を招きやすいということである。臨床医学と基礎医学との関係は，臨床心理学と基礎心理学との関係とはまったく異なっている。基礎医学はそもそも臨床医学から生まれた学問である。しかし，基礎心理学は，臨床心理学から生まれたわけではない。両者はまったく出自の異なる学問である。発達心理学と臨床発達心理学との関係も，決して「基礎」と「臨床」の関係にあるのではない。「臨床発達心理学」は，発達心理学の「拡張」として位置づけられるべき新しい学問なのである（麻生，2016）。

心理学においてはかつて，出自の異なる臨床心理学と基礎心理学との間に，

第1章　臨床発達心理士の成立とその専門性

少なからぬ感情的な，あるいは方法論的な，対立が存在していたことは事実である。しかし，今日では臨床心理学にも，様々な経験科学的な手法が取り入れられるようになっている。また，基礎心理学においても，ますますフィールドに重きを置く生態学的な視点が重視されるようになってきている。両者の溝は，かねてよりはるかに小さくなってきているのである。幸い，新しく生まれた「臨床発達心理学」は，ウイングの広い学問である。まさに活躍の出番が回ってきているのである。臨床心理学と基礎心理学とを単に結びつけるだけではなく，両者を含み込んでいけるような包括的な知が，「臨床発達心理学」には期待されているといえるだろう。

　臨床発達心理士認定運営機構は，2009年に法人化し，現在は日本発達心理学会，日本感情心理学会，日本教育心理学会，日本コミュニケーション障害学会の4学会の協力により運営されている。2015年度に会員が3,500名に達し，支部の数は20を数えるに至っている。

　また，第189回国会において「公認心理師法案」が可決され，2015年9月16日付けで公布された。この「**公認心理師**」という国家資格は，「教育」「医療・保健」「福祉」「司法・矯正」「労働・産業」「学術・研究」など様々な分野にまたがる領域横断的な汎用性のある資格である。このことは，「臨床心理士」という資格が最初に生まれたときに，それを支援していた心理学界が抱いていた希望と理念が，ようやく実現したことを意味している。領域横断的な汎用性のある資格ということで，「基礎」と「臨床」とのバランスもある意味とれたということになるだろう。残された問題は，「公認心理師教育カリキュラム」を汎用性のある資格にふさわしく，どのように構成していくのかということである。発達的視点が軽視されているといった危惧すべき点がないわけではない。しかし，以上のような問題はすべて，ある意味，心理学界内部のコップの中の事柄にすぎないともいえる。外部の目から見れば，それらは，心理学関係者が自分たちの利害をめぐって，小競り合いや駆け引きをしているようにしか見えないのも事実である。今こそ，それぞれの心理学の立場から心理学関係者が，自分たちの足下を真剣に考えるべきときなのである。ここでは「臨床発達心理学」という立場から，その使命について述べておきたい。

9

第Ⅰ部　臨床発達心理士の社会的役割

　本当に大事なことは，1つには，「発達心理学」ないしその拡張である「臨床発達心理学」という学問を，真に学問たらしめることである。「人とは何か」という大きな問いを解き明かすために，一人ひとりが個々のテーマを見出し，研究し研鑽せねばならない。そのような学問の共同性を背景にしてこそ，初めて「資格」というものが意味をもつといえるだろう。もう1つは，「資格」が様々な人々の生活や行動の理解やその支援に，本当に役立つ必要があることである。しかし，「本当に役立つ支援」とはどういうことなのか，そのこと自体決して自明でも，簡単な問題でもない。それは奥行きのある学問を背景にしなければ答えきれない問題である。だからこそ，支援の実践活動は，その支援の背景となっている学問の真価を問うことにもなるのである。「臨床発達心理学」という学問と，「臨床発達心理士」という実践活動とが，互いの真価を問い合う，よい緊張関係を保ちつつ，それぞれの内実を深化させていくことが求められているのである。

2　本資格の特徴

（1）3つの発達的観点

　「発達的観点とは何か？」。日本発達心理学会企画のシリーズの第1巻『臨床発達心理学概論』（長崎勤・古澤頼雄・藤田継道編，2002）の「はしがき」において，編者たちは，発達臨床心理学を「人の生涯にわたる生物・心理・社会的側面からなる生活文脈の場の中で起こり得る，さまざまな兆候・問題・障害を内包した（インクルージョンの視点をもった）時間的・発生的な過程から，人間の心的機構の解明を行い，また，そのことを通して，具体的な発達支援の方法論の検討を行う人間探求の領域」（長崎・古澤・藤田，2002，p.iv）と規定している。この規定には，当然ながら，従来の「発達心理学」も含み込まれていると言ってよいだろう。先に「臨床発達心理学」を「発達心理学」の「拡張」と述べたのは，そのような意味である。編者らは，「この定義によると，発達的観点として主なポイントが三つある。一つは，「生物・心理・社会的側面から

10

なる生活文脈」であり，もう一つは，「時間的・発生的な過程」である。もう一つは，「兆候・問題・障害を内包した（インクルージョンの視点をもった）」である」（同上，p.iv）と述べている。

　ここでは，指摘されている発達的観点の３つのポイントをパラフレーズし，若干の説明を加えることにしたい。臨床発達心理学が焦点を当てる対象は，必ずしも個体に限らない。施設や学校や保育所や家庭といった集団の場や，人々の関係性それ自体が，対象となることも少なくない。しかし，ここでは話を簡便にするために，個体を対象として説明を行う。３つの観点とは，①「今ここにおける発達の理解（生物・心理・社会）」，②「生成としての発達理解（進化・歴史・個体史）」，③「発達の具体性・個別性・多様性の理解」という３つの理解を目指すものである。コンパクトに表現すると，発達における「今ここの理解」「生成の理解」「具体性の尊重」という観点である。

①　今ここにおける発達の理解（生物・心理・社会）

　ある子どもがいたとしよう。その子を発達心理学的に理解するには，まずその子がどのような状況や生活文脈の中でどのように生きているのか，そのことをまず「今ここ」の視点からとらえる必要がある。

　まず，その子どもが生命体，有機体としてどのように機能し得ているのか，身体や発育を，生物学的視点で正確に把握することが必要であろう。これは生物学的，生理学的な視点といえるだろう。しかし，そのことは，同時に心理的な側面や，社会的な側面とも深く絡みあっている場合がほとんどである。たとえば，重たい障害があり実年齢は８歳だが，発達年齢は生後３か月レベルの子どもがいたとしよう。その子の睡眠のリズムを把握することは，その子の生物的な次元での身体機能の一部をとらえることである。しかし，同時にその睡眠のリズムは，その子どもの心的状態を示すものとして，養育者に理解されているのである。臨床発達心理士は，そのような心理面の理解も当然もっておかなければならない。またその子の睡眠のリズムは，その子をサポートする支援学校や療育教室や保健所といった様々なところで，支援のテーマとして使われる場合もあるだろう。それらを理解するには，社会的な視点が不可欠である。子

第Ⅰ部　臨床発達心理士の社会的役割

どもの，身体の生理学的諸機能，運動機能，知覚や感覚の機能，知的な機能，神経生理学的な機能など，純粋に生物的次元の発達に思われることも，子ども自身にとっては，様々な心理的意味合いを帯びている。子どもの生きている世界を，できるだけその子どもの視点からとらえようとすることが，心理的な視点からの発達理解である。これは，子どもを一人の有機体として，その発達を生物的次元でとらえる発達理解とは明らかに異なっている。また，その子どもの心身の状態や行動は，家族や学校（保育所）といった関係のネットワークの中で，様々に意味づけられ理解されている。その子自身が，それらの関係のネットワークと，複雑な相互作用を行っている。それらを，しっかり理解することも臨床発達心理士には求められている。

　「今ここにおける発達」を理解するためには，その子の発達の生物的理解や，心理的理解や，社会的理解が必要なのは言うまでもない。重要なことは，それらの3側面が，互いに独立し孤立した次元ではなく，相互に複雑に絡み合って「意味」を生成していることである。それらを全体的包括的に，システム論的視点によって理解することが求められているのである。

②　生成としての発達理解（進化・歴史・個体史）

　発達心理学が，他の心理学や諸学問と最も異なっている点は，「進化」「歴史」「個体史」という3つの時間軸で，人間の諸行動を理解しようとしていることにある。①と同じく，実年齢は8歳で，発達年齢は生後3か月レベルの子どもの睡眠リズムを例にして，3つの時間軸に示しておこう。「進化」的な視点とは，睡眠のレム睡眠やノンレム睡眠のリズムが，魚類・両生類・爬虫類・哺乳類に至る進化の中でどのように変化してきたか，その子どもの睡眠のあり方を生物進化の軸で理解しようとすることである。この観点は①における「生物」的な視点とも重なるところがある。「歴史」的な視点とは，家族の歴史としてとらえるならば，その子が誕生して以来，家族の者がその子の睡眠をどのように意味づけどのように対処してきたのかという関係性を理解しようとすることである。社会史としてとらえるならば，子どもの睡眠を人の社会文化はどのように意味づけてきたのかという歴史社会的な理解である。これは①の「社

会」の視点とも重なる。「個体史」の視点とは，その子が誕生以来どのような睡眠パターンの発達の系譜をたどってきたのかという理解である。このような3つの時間軸によって，子どもの発達は，立体的な奥行きをもったものとして浮かび上がってくる。発達支援は，そのような時間的な理解をもつことで，はじめて未来への展望をもつことができるのではないだろうか。

また，以上では「睡眠リズム」という単一のテーマを例として挙げたが，発達の様々な領域には複雑な連関があることを忘れてはならない。様々な領域の発達連関を，3つの時間軸でとらえることが重要なのである。

③ 発達の具体性・個別性・多様性の理解

先に紹介した「兆候・問題・障害を内包した（インクルージョンの視点をもった）」観点というのは，現場の中で様々な発達上の困難や問題に直面している人たちへの支援を念頭においたものである。これまでも少なからぬ研究者が，典型を理解するためには非典型（障害）を知る必要があり，非典型（障害）を理解するためには典型を知る必要がある，としてきた。しかし，発達における障害の多様性や一人ひとりの個別性といった面に，どこまで正面から取り組んできたかというと，心許ない限りである。おそらく，その原因は，従来の発達心理学の目標が，発達の典型性や一般性の理解にあったためである。

臨床発達心理学はその反省から，発達心理学を「拡張」すべく新しく生まれた学問である。それゆえ，「具体性の理解」「意味の理解」「全体的包括的な理解」「関係論あるいはシステム論的視点」「歴史的な文脈の重視」といった，今までにない新しい目標の達成を目指している学問である（麻生，2016）。

医学的な診断や，従来の科学的な分析では，個々人の障害や問題は，抽象され一般的なカテゴリーで括られてしまいがちである。しかし，同じ診断名がついていようとも，自閉症Ａさんの生活史や生活文脈は，自閉症Ｂさんの生活史や生活文脈とは当然ながら質的に異なっている。よってそれぞれの「症状」（表に現れる困難さ）は，異なった経路をたどり，形成され，異なった意味づけの歴史をもっている。臨床発達心理士は，そのような一人ひとりの「具体性」「個別性」「多様性」をしっかり理解したうえで，人々を支援しようと志してい

第Ⅰ部　臨床発達心理士の社会的役割

るのである。そして，臨床発達心理学には，そのような実践から，今までの発達心理学が見逃してきた人間理解の新たな地平を切り開くことが期待されているといえるだろう。

　また，一人ひとりの「具体」に現れる「個別性」「多様性」を互いに真に尊重し合うことが，障害があろうがなかろうが，皆がそれぞれの固有性をもった存在であることを承認し合うことにもつながる。インクルージョンの視点とは，一人ひとりの「具体」に現れる「個別性」「多様性」，つまり，様々な「兆候」「問題」「障害」を，人間存在の一般的なあり方の現れとして理解しようとすることである。これは，まさに臨床発達心理士の目指すべき視点に他ならない。

（2）専門的技能の特徴

　臨床発達心理士の専門技能の特徴は，以上に述べてきた3つの発達的観点と密接に結びついている。まずは，「生物」「心理」「社会」という3つの視点からとらえる技能である。ある障害をもつ人がいたとしよう。その際，まず身体に関する医学的な診断や神経科学的な診断を押さえておく必要がある。そのためには，発達検査や知能検査など様々な心理テストや神経心理学的診断テストなどを使いこなせることが必要になってくる。アセスメントの技能である。また，医療関係者とよい協力関係をもつことも必要になってくるだろう。以上が「生物」的な方面についてではあるが，これは「心理」の方面とも絡んでいる。「心理」面で大切なことは，その子どもの視点から，その子の環境世界や，その子の表出行動の意味を，共感的に理解する技能である。「社会」に関する技能とは，家族，近隣や地域社会，学校や職場といったところで，その人がどのような困難と課題を抱えているのか，それを関係論的な視点から構造的に分析し理解できる力である。その中には，様々な関係者に接触し交渉する技能も含まれている。児童相談所職員や社会福祉士，園や学校関係者と協力関係をもつことは重要な技能である。

　「生成としての発達理解」に関して，最も重要になるのは，その人の障害の「症状」や「問題」がどのように形成されてきたのか，家族や周囲の人たちとのコミュニケーションの歴史をたどり，その障害をもつ人の生活スタイルの来

歴を個体史，コミュニケーション史として，歴史的・発達的に分析し理解することである。当該の人物と会っているだけでは，そのような時間的な情報は得られない。先に述べた「社会」に関する，様々な関係者と交渉し，聞き取りなどを行う技能が不可欠である。

　最後の観点に関する技能は，個々の対象者の抱える問題には，発達の一般性に還元されない，個別の「具体性」「多様性」が存在していることを，メタ的な一般性として理解する力である。障害は，人の生涯発達の中で，様々にかたちを変えて現れる。発達支援は，本質的に生涯にわたっての持続的な支援である必要が往々にしてある。「具体」の現れの「個別性」を尊重し，またその発現の「多様性」と格闘しつつ，生涯発達の「一般性」を見据えるべく，その都度その都度の支援を工夫し，それを持続していくことが，臨床発達心理士には求められているといえよう。

（3）他の資格との比較

　類似したフィールドで業務を行う資格としては，「臨床心理士」「学校心理士」「言語聴覚士」「作業療法士」「理学療法士」「スクールカウンセラー」「スクールソーシャルワーカー」「社会福祉士」「介護福祉士」「精神保健福祉士」「家庭裁判所調査官」などがある。発達支援の現場では，様々な専門家との協力関係が不可欠である。専門家といわれる者は，それぞれ特化した得意領域をもっているだけでは，十分に活躍できない。境界領域についても，専門家に準ずる技能が求められているといえるだろう。その理由は，現実のケースは実に複雑で，様々な諸要因が絡まり，単一の専門の技能だけでは，対応不可能なことが多いからである。次のような仮想の例について考えてみたい。

　Ａちゃん8歳の祖母Ｂさんからの相談である。Ｂさんは息子Ｃ夫婦と同居している。Ａちゃんは離婚した息子の先妻Ｄの子どもである。息子Ｃと現在の妻Ｅとの間には6歳と3歳の子どもがいる。主訴は，虐待である。しかも，Ａちゃんの精神発達は6歳レベルで，自閉症スペクトラム障害（ASD）の疑いがもたれている。また息子Ｃは失業中でアルコール中毒である。妻Ｅさんは，うつ病で投薬をうけている。6歳と3歳の2人の子どもにも，発達障害の疑いがも

たれている。

　現実にはこのようなケースは数多くあるだろう。もし，上記のようなケースに1人で対応しなければならないとしても，「臨床発達心理士」の専門性だけでは対応しきれないことは言うまでもない。他分野の専門性を，一部なりとももっていなければ，途方にくれることは確実である。また，複数の専門家のチームで対応するとしても，それぞれの仕事の分担は，「専門」によってきれいに分割できるわけではない。仕事は重なり合っている。よって，それぞれの分担をコーディネートする力も必要になってくる。「臨床発達心理士」にも，他の専門家にもそのような力が求められているのである。

　以上に述べてきたことをまとめておこう。臨床発達心理学というものは，「今ここにおける発達の理解（生物・心理・社会）」「生成としての発達理解（進化・歴史・個体史)」「発達の多様性・具体性・個別性の理解」という3つの理解を目指す，他の諸学問に開かれた学問である。また，そのような学問を背景にした臨床発達心理士の活動も，他の多くの資格との連携や協働を前提にした，開かれた活動である。専門性を大事にしつつも，専門性に閉じこもることなく，他の専門性にも開かれ，自らの専門性を拡張し深化させていくのがこの臨床発達心理士という資格の最大の特徴であるといえるだろう。

（麻生　武）

第2章　臨床発達心理士の職業倫理

1　倫理の基本

（1）職業倫理とは

　倫理（ethics）の語源はギリシア語の ethos であるが，倫理について一般の人々が日常生活の中で問われるようになったのは近年になってからではないだろうか。それどころか最近では，倫理の基準を知らなければ社会的問題を引き起こすこともある。倫理とは「善悪・正邪の判断において普遍的な規準となるもの」（『大辞泉』）であり，倫理は，行為の善悪を判断する基準として，法律と同様に一人ひとりが知っておくべき規範であるといえよう。しかし，法律では善悪の基準が明確に規定されていて，社会に対して強制力をもつ外面的な基準であるのに対して，倫理では基準はそれほど明確に示されておらず，その状況に応じて判断が求められる内面的な規範である。また，法律に違反すれば公的に刑罰が科せられるが，倫理に違反しただけで処罰されるわけではない。しかし，処罰されなければそれで大丈夫というのでは困る。法律に抵触しなくても倫理違反であったり，倫理的に問題であることが多々あり，それらに真摯に向き合わなければならない。倫理とは「人として守り行うべき道」（『大辞泉』）でもあり，われわれは，倫理を礎にしながら人としてあるべき道を歩むことが何よりも望まれる。

第Ⅰ部　臨床発達心理士の社会的役割

　それでは，**職業倫理**とは何なのか。字義通りにみれば，まさに「職業の倫理」であり，職業集団における倫理といえる。生命倫理，医療倫理，経済倫理などは，最近のマスメディアでよくみかける用語であるが，これらが専門領域別の倫理の総体を表しているのに対して，職業倫理とは「ある職業集団において，その成員間の行為や，その成員が社会に対して行う行為の善悪を判断する基準としてその職業集団内で承認された規範」（金沢，2006）である。すなわち，一般社会で広く適用されるというより，ある職業集団内で決められた，職業集団のための規範といえる。

　国内外において，多くの職能団体で倫理基準を設定している。われわれの周辺領域を見渡すと，アメリカ心理学会（American Psychological Association：APA）の倫理綱領がよく知られている。現在は，2002年の倫理綱領（APA，2002）を2010年に修正した改正版（APA，2010）が出されている。これは，5つの一般原則とそれに基づいて具現化した倫理基準がかなりの分量で書かれているものである。また，わが国の職能団体では，臨床発達心理士，臨床心理士，学校心理士などでも倫理綱領が制定されている。臨床発達心理士の倫理綱領については，後で詳細に述べる。

（2）職業倫理を考える指針

①　所属する職能団体の倫理を遵守する

　職業倫理とは，人間一般に適用される普遍的な「倫理」を背景にするものの，あくまで職能団体内の規範である。その職能団体がどのような文化圏にあるかによって，また同じ文化圏であっても職能の内容によって，そこで求められる道徳や倫理も違う。たとえば，医療関連の職能団体と経済関連の職能団体との違いなどである。

　しかも，文化圏や職能内容が同じであっても，職能団体によって倫理規範はまったく同じではない。根本的に基準が異なるということはないと思われるが，所属する職能団体によって倫理の規範は異なるため，所属する職能団体の倫理規範を守ることが求められる。臨床発達心理士では，**倫理綱領**と**倫理・懲戒規程**が制定されているので，それを遵守することになる。しかし，ここで問題に

第2章　臨床発達心理士の職業倫理

なるのは，いくつかの職能団体に所属している場合である。たとえば，発達支援センターの心理職であり，かつ臨床発達心理士の資格をもっている人も多いことだろう。まずは自分の主軸とする職場や団体を優先することになるが，日頃からそれぞれの倫理綱領をよく読んでおき，必要に応じてどちらが優先されるかを判断することが求められる。たとえば，臨床発達心理士の研究会に参加して，それを発表する場合には，まずは臨床発達心理士の倫理綱領を遵守しなければならない。もちろん，所属する職場での倫理綱領に抵触しないかどうかも確認しておく必要がある。

②　倫理は法律ではない

倫理の規範は，所属する職能団体が決めた行動基準であり，その構成員が行う行為の判断基準である。すなわち，判断基準が示されているだけで，複雑かつ多様な現実問題にすべて対応できる基準が提示されているものではない。前述したように，法律では，現実に起こった問題に対処するための基準が規定されているのに対して，倫理では基準はそれほど明確に示されていないため，状況によって自分で臨機応変に判断していかなければならない。

③　現実に起こる倫理問題は多様である

現実の臨床活動や研究活動において起こる倫理問題は実に多様である。特に，臨床活動では，人を対象にしているので，いつ何が起こるかわからない。想定外のことが起こることもあり得るため，臨床場面では，その時々に起こる事象について即座に対応することが求められる。常日頃から自分の所属する職能団体の倫理綱領をよく理解しておき，臨床場面では即座に的確な行動がとれるようにすることが基本である。

しかし，臨床場面で起こる倫理問題が多様であるだけに，職能団体の行動規範を遵守していることで解決できる問題もあれば，それだけでは判断できない問題も多く存在する。すなわち，倫理綱領を理解することは基本であるが，それだけではすべての問題に対応できないということである。そこには，人間としてあるべき倫理や道徳の規範に基づき，自分で考え，判断していく倫理感と

19

第Ⅰ部　臨床発達心理士の社会的役割

倫理観が求められるのであり，それをトレーニングすることを常日頃から心がけなければならない。倫理感とは，倫理的であるか否かを見極める感性であり，倫理観とは，倫理についての考え方やとらえ方であるといえよう。

④　被支援者の利益を第一に考える

それでは，臨床現場で起こる倫理問題について何を基準に判断すればよいのだろうか。まずは，**被支援者の利益を第一に考える**ことである。支援者なら多くの人が，あたりまえだ，すでに被支援者の利益を第一に考えていると答えるかもしれない。しかし，もう一度自分の行動や考えを見直してみよう。支援者が「よかれ」と思っても，必ずしも被支援者の利益になるとは限らないことがある。

たとえば，支援者が，知らず知らずに，被支援者より自分の立場を優先している場合がある。被支援者にとって必要なアセスメントや介入を行うのではなく，自分の知っている心理検査や介入方法を中心に行うことなどが，これに相当する。また，最初は被支援者の利益になっていても，時間経過にともない最終的に被支援者の不利益となる場合がある。

したがって，どんな場合でも，被支援者の利益を第一に考えることが重要である。それでは，逆に，支援者が不利益を被ってしまうと思う人がいるかもしれないが，そうではない。被支援者の利益を大事にすることが，最終的には支援者を守ることにもなる。また，支援者自身が憔悴してしまっては支援にならない。救助の基本が，まず救助者の身の安全を守ることにあるように，臨床活動においても，支援者を守る視点を忘れないようにしたい。

（3）職業倫理の原則

①　人権の尊重

人権とは，すべての人間が，人間の尊厳に基づいてもっている固有の権利である。日本国憲法においても，人権は，侵すことのできない永久の権利として国民に与えられたものであることが謳われている。職業倫理においても，この**人権の尊重**が基盤にある。そこでは，誰の人権を尊重するかが問われることに

なるが，人権はすべての人間がもっている権利であることを考えると，当然，対象は，被支援者だけでなく支援に関わるすべての人である。臨床活動においては，とかく，被支援者の人権が問題にされることが多いが，支援者の人権も尊重されなければならない。

② インフォームド・コンセント

インフォームド・コンセント (informed consent) とは，「説明したうえでの合意」という意味である。もともとは，医療の用語として使われはじめた医療倫理的概念である。インフォームド・コンセントの意義は，医療者は治療の前に，患者に治療に関する十分な説明と対話を行い，患者が合意したうえで治療を行っていくことにある。この際に重要なのは，医療者が一方的に治療方針を決めて推し進めていくのではなく，患者の意思を尊重していくことである。

インフォームド・コンセントは，当初，医療での取り組みであったが，今では，心理臨床の場でも重要な概念として取り入れられている。心理臨床の場に置き換えると，支援者は支援・介入を行うにあたって，被支援者に対してインフォームド・コンセントを行うこと，すなわち支援内容を説明し，被支援者の合意を得ることが求められる。説明の具体的内容としては，「支援の目的，方法」「支援の効果，限界，リスク」「記録や情報の守られ方」「相談機関の料金」「支援者の資格や立場」などが挙げられる。その説明を受けたうえで，被支援者が自己決定し，自己選択していくことが望まれる。

心理臨床の場においても，このインフォームド・コンセントの概念が浸透してきている。すでに自分の職場などで行っているという人も多いだろう。「インフォームド・コンセントは今では常識」と思っている人もいるだろう。しかし，実際にはインフォームド・コンセントが適切に行われていない事例もしばしば見受けられる。様々な側面を配慮した適切なインフォームド・コンセントとはなかなか難しいものである。一度自分のやっていることを見直してみよう。

以下に，実際に起こりがちな問題を示す。

1）一方的に説明する

支援者は，被支援者に対して一方的に支援内容を説明するだけ，あるいは内

容について文書を送りつけるだけで，被支援者の意思を聞くことがない。これは，説明であってインフォームド・コンセントではない。あるいは，「どうしても嫌であれば無理にやりません」「今決められなければ，支援の途中でも拒否することができます」と，被支援者の意思を聞く態勢をとったつもりでいても，実際には，被支援者は支援を受けている立場で拒否することが難しいものである。「これを拒否したら，もう支援を受けられないのではないか」「支援者を怒らせたら，今後の支援に影響がでるのではないか」などと考えると，正直な気持ちを伝えられないだろう。

被支援者の立場や気持ちに配慮しながら十分に相手が納得するように説明したうえで，被支援者の意思が尊重され，自己決定が保障されることが求められる。

2） インフォームド・コンセントの対象は誰か

インフォームド・コンセントの対象は，基本的には被支援者本人である。しかし，被支援者が支援者の説明を理解できない場合がある。たとえば，小さな子ども，知的能力障害をもつ人，重度の精神疾患をもつ人などである。このように説明の理解が難しい被支援者の場合は，保護者に説明して同意を得ることが基本であるが，被支援者への配慮を忘れてはならない。支援を受ける本人が最も尊重されるべきであり，その人が理解できるようにできる限り工夫しながら説明していくことが求められる。

3） インフォームド・コンセント自体がなされていない

そもそもインフォームド・コンセントを行っていない場合がある。支援内容を拒否されると困るので意図的に同意を得ないなど，自分の都合を優先するのは言語道断である。しかし，支援の内容を知らせることで，せっかく築いた信頼関係が悪くなることを恐れて説明しない場合がある。しかし，一時的に信頼関係が維持されても，いずれ支援内容がわかるときがくれば結局，信頼関係は損なわれることになる。倫理を守ることは，支援者と被支援者の双方を守ることでもあるので，相手の心情に配慮しつつ，確実に説明して同意を得ることが必要である。

第 2 章　臨床発達心理士の職業倫理

③　多重関係への配慮

　多重関係とは，「支援者と被支援者との関係」以外の人間関係をもつことをいう。たとえば，支援者と被支援者が私的な親密関係になることである。よくあるのが，恋愛関係や営利関係である。このような関係になると，被支援者は支援者に対して，支援関係以上の様々な期待を寄せてくるだろう。一方支援者は被支援者に対して遠慮が生じることになり，結果として，支援に対する支援者の判断に客観性が失われることになる。

　セラピストとクライエントとの一対一のカウンセリングや心理療法の場では，恋愛関係による多重関係が最も大きな問題として取りあげられている。前述した APA の倫理綱領でも多くの頁を割いている。しかし，発達に関する問題を取り扱っている臨床発達心理士の場合，恋愛関係が問題になることが少ないため，多重関係への留意を怠りがちであるが，恋愛関係以外でも多重関係は起こりうるので気をつけなければならない。たとえば，プレゼントや謝礼をもらう際に生じる営利関係がある。いつもの支援のお礼にと親からプレゼントをもらうことはないだろうか。そのような場合，親が特別な配慮を期待したり，支援者自身が特別な配慮をしていないか注意する必要がある。プレゼントをもらったことにより，その子どもを他の子どもより優遇しているとしたら，それは多重関係となる。高額なプレゼントなら判断がしやすいが，旅行のお土産だったらどうなのかと迷うところであるが，支援者は，そのときの状況を臨機応変に判断していくことが求められる。

④　情報に関する取り扱い

1 ）　守秘義務

　支援者は，支援に際して知りえた被支援者の秘密を守らなければならない。この秘密を守る義務が**守秘義務**である。守秘義務という言葉は，臨床活動に関連する職業倫理の中でも最も有名な規範である。被支援者の秘密を守ることは，支援者にとって当然であると思っているかもしれない。しかし，守秘義務を的確に履行していない事例も散見されるので，一人ひとりが注意しなければならない。

23

第Ⅰ部　臨床発達心理士の社会的役割

２）　個人情報の保護

　現代の情報社会において**個人情報の保護**は，重要な課題である。2005年には，「個人情報の保護に関する法律」が全面施行され，どの分野でも個人情報の取り扱いを慎重に行うようになった。特に，臨床活動の場では障害や病気などの個人情報を保有していることが多いため，個人情報の保護には十分な配慮が必要である。そのためには，

・個人情報の適切な管理（記録と保管）

・個人情報の漏洩・紛失・改ざん・不正利用等の防止

について，しっかりと対策をとっておかなければならない。

３）　情報共有（情報の開示）

　一方では，情報を開示することが求められることがある。たとえば，ある機関で行った子どもの知能検査結果を開示しないと，他の機関で同じ検査を再度行わなければならない。それでは，子どもは何度も同じ検査をやらなければならず，子どもに負担がかかる。そうかといって誰にでも開示すれば，個人情報の漏洩になってしまう。守秘義務の基本は，検査や支援に関する情報は，本人に帰属すること，本人以外への情報提供は，本人の了承を得ることである。これは，**情報開示**の基本でもある。個人情報を本人が要求してきたときには必ず開示するが，本人以外が開示を要求してきたときには本人の了承を得なければならない。これは基本的に保護者が要求してきたときも同じであり，本人の了承が必要である。ただし，小さい子どもや障害児者の場合のように本人から了承を得ることが難しいときには，直接，保護者に開示することもでてくるだろう。しかし，どのくらいの年齢か，どの程度の障害かなど，それが適用される基準については，その状況を鑑みて臨機応変な判断が求められる。

４）　守秘の限界

　守秘義務は，倫理の基本であるが，いかなる場合にも守秘しなければならないとは限らない。守秘には例外がある。たとえば，被支援者が虐待や暴行を受けている場合は，守秘よりもまず被支援者の安全を守る必要がある。また，死にたいなどと自殺をほのめかしている場合は，守秘よりも自殺を未然に防ぐ方策をとらなければならない。いずれの場合も，守秘義務よりも守秘によって生

じる危険の方が重大だと判断したら，関係者や関連機関と情報を共有し，連携していくことが求められる。

⑤　専門性の向上

　これまで述べてきた「インフォームド・コンセント」「多重関係」「守秘義務」は，倫理の基本の中でも中核的な原則である。これらの原則を守るためにも，臨床の専門家は，資質向上への努力が求められている。

　1）　研修を受ける義務

　臨床活動を行うには，ただ自分の経験を積み上げるだけではなく，自分の知識や技術を広げたり，深めたりするために研修を受けることが必要である。現代では，支援のアセスメントや方法は日進月歩で進歩している。自分の知っているアセスメントや方法だけに固執して，その狭い範囲で支援しているならば，被支援者に合った最も適切な支援を提供することができない。常に社会にアンテナを張りながら，自分の知識や技術を広げる努力をするべきである。

　2）　スーパービジョンを受ける責任

　資格をとっても，また経験をつんできても，自分の臨床活動に慢心することなく，スーパービジョンを受けることを心がけるべきである。自分だけで考えているととかく狭い範囲でとどまっていることが多い。スーパービジョンを受けることによって，臨床をより深くとらえることができ，また専門家としての資質を向上させることができるだろう。

　研修やスーパービジョンを受けることは，自分の専門性を深め広げることになるが，習得できる知識や技術には限界があることも事実である。逆説的であるが，専門性を深め広げることは，究極的に，自分の知識や技術の限界を知ることにつながる。自分ができることと自分ができないことを知ることが大切である。自分ができないことは，その専門家にリファーする，また，仲間と協同，分担，連携して，知恵を出し合いながら対応するということも念頭におきたい。

　3）　研究の責任

　臨床活動を行う専門家は，臨床活動を通して研究を行う機会もあるだろう。それは，臨床活動を深め，専門性を向上させるうえでも役に立つ。しかし，研

第Ⅰ部　臨床発達心理士の社会的役割

表 2-1　医の倫理綱領

　医学および医療は，病める人の治療はもとより，人びとの健康の維持もしくは増進を図るもので，医師は責任の重大性を認識し，人類愛を基にすべての人に奉仕するものである。
1．医師は生涯学習の精神を保ち，つねに医学の知識と技術の習得に努めるとともに，その進歩・発展に尽くす。
2．医師はこの職業の尊厳と責任を自覚し，教養を深め，人格を高めるように心掛ける。
3．医師は医療を受ける人びとの人格を尊重し，やさしい心で接するとともに，医療内容についてよく説明し，信頼を得るように努める。
4．医師は互いに尊敬し，医療関係者と協力して医療に尽くす。
5．医師は医療の公共性を重んじ，医療を通じて社会の発展に尽くすとともに，法規範の遵守および法秩序の形成に努める。
6．医師は医業にあたって営利を目的としない。

出所：日本医師会，2000

表 2-2　医師の職業倫理指針（第3版）

　2．医師と患者
　(6)守秘（秘密保持）義務
　医師が診療の過程で取得する患者に関する情報は，患者にとってきわめて秘密性の高いものである。医師がこのような患者の情報を他人（第三者）に漏らすことは患者に実害を与えたり，患者の名誉を毀損することになりかねず，医師・患者間の信頼関係を損ない，円滑な診療を阻害することになることから，古くから医師は職業倫理として患者の秘密を保持する義務，すなわち守秘義務を重視してきた。また，法律でも刑法などを通じて，患者の秘密保持とこれを守る医師の立場の保護を図っている。
　医師が患者情報についての守秘義務を免れるのは，患者本人が同意・承諾して守秘義務を免除した場合か，または患者の利益を守るよりもさらに高次の社会的・公共的な利益がある場合である。近時の最高裁判例には，患者の尿中に覚せい剤反応が出たことを警察に通報した行為は違法ではないとしたものもある。さらに，児童虐待の通告，配偶者からの暴力の通報，「養護者」による高齢者虐待の通報など，それらが法律の守秘義務違反とはならないことを明示する法律もある。
　医師が正当な理由なく患者情報を他人に漏らした場合は，倫理上非難されることはもちろん，刑法第134条（秘密漏示）などの罪に当たり処罰の対象とされる。また，民法上プライバシー侵害・名誉毀損を理由に損害賠償を請求されることもある。公的機関への通知について守秘義務の観点から迷う場合には，弁護士や医師会などと相談のうえ決定することも大切である。

出所：日本医師会，2016

究の際にも，倫理の基本を十分に踏まえながら，協力者に負担をかけない努力をしながら進めたい。

（4）様々な領域の職業倫理

　他の職業倫理と比較するために，日本医師会の倫理綱領を紹介しよう（表2-1)。これは6項目からなる理想追及型の内容であり，専門家として目指す行

動の原則が書かれている。詳しい具体的な内容については，2004年に日本医師会から「医師の職業倫理指針」が刊行され，2016年には第3版が作成された。表2-2には，その職業倫理指針の「(6)守秘（秘密保持）義務」の抜粋を掲載する。守秘義務の範囲や怠った場合の罰則などが具体的に書かれている。

2　倫理綱領と倫理・懲戒規程

（1）倫理綱領とは

倫理綱領とは，職能団体が職業倫理を成文化した行動規範である。日本医師会の倫理綱領については前掲したが，おおむね多くの職能団体で独自の倫理綱領が出されている。臨床発達心理士の倫理に関しては，「臨床発達心理士倫理綱領」と「一般社団法人臨床発達心理士認定運営機構倫理・懲戒規程」（以下，倫理・懲戒規程）の2つの倫理基準が出されている。

（2）臨床発達心理士の倫理綱領

臨床発達心理士倫理綱領（表2-3）は，全部で7条から構成されているが，それらは，前節の「（3）職業倫理の原則」における各原則におおむね対応しており，図2-1には，職業倫理の原則が，臨床発達心理士倫理綱領の何条に相当するかがわかるように図示した。

まず，倫理綱領第1条は，倫理の基盤であり，被支援者の「人権の尊重」を最大限に尊重することが謳われている。また，第2条は，臨床発達心理士の活動全般にわたって求められる社会的・人道的責任の自覚を促すものである。

第3条には，2つの倫理基準が書かれている。最初の段落では，発達支援の際の配慮として，被支援者に十分に説明をして同意を求めるという「インフォームド・コンセント」について書かれている。次の段落では，発達支援の際の制約として，「多重関係への配慮」への注意喚起がなされている。

第4条は，守秘義務に関連するものである。最初の段落は，「守秘義務」について，次の段落は，「個人情報の保護と情報共有」について，そして最後の

第Ⅰ部　臨床発達心理士の社会的役割

表2-3　臨床発達心理士倫理綱領

本倫理綱領は，臨床発達心理士の役割と任務について考慮すべき事項を示すものである。

第1条（人権の尊重）

　臨床発達心理士は，その任務の遂行を通して関わるすべての人の基本的人権を最大限に尊重する。

第2条（責任の保持）

　臨床発達心理士は，自らの活動について，社会的・人道的責任を自覚することが求められる。

第3条（発達支援の実行における配慮と制約）

　臨床発達心理士が，発達支援を行う場合，相手の心身状態および環境条件に最大限の配慮をはらい，活動を通して関わる人に分かりやすく十分に説明をして，同意を得るように心がける。

　また，自らの知識や能力，状態を自覚した上で，専門的職務の範囲を越えた介入をしないように留意し，要支援者に不利益が生じる多重関係につねに注意をする。

第4条（秘密保持の厳守と守秘の例外）

　臨床発達心理士は，活動を通して知り得た個人を特定しうる情報を，許諾を得ないまま支援の範囲を越えて使用しないように留意する。

　個人情報を含む記録の保管は厳重に行い，開示の請求には所属する職場の規程に従う。

　ただし，自傷他害や虐待などに関係する場合や法の定めによる場合，また，裁判に関わる事案については守秘の例外となり，要支援者と公共の福祉を考慮して対応する。

第5条（研修の義務とスーパービジョンを受ける責務）

　臨床発達心理士は，自己の専門的資質を高い水準に保持しつづけるように努力することが必要である。そのために，臨床発達心理士は，臨床発達心理学やその関連領域の新しい研究知見の動向に積極的な関心をもち，自己研鑽に努めるとともに，発達支援の技術を磨くために研修やスーパービジョンを受ける責務を自覚する。

第6条（研究と公開）

　臨床発達心理士は，研究への協力者に対して，不要な負担をかけたり，苦痛や不利益を与えないように配慮し，また，研究及びその公開の社会的責任についても自覚する。研究成果公開にあたっては，学術的に公正であること，さらに，研究発表や論文掲載等において，人権を尊重し，個人が特定されないよう十分注意する。

第7条（倫理の遵守）

　臨床発達心理士は，この倫理綱領を十分に理解し，決して違反することがないように努めるとともに，他の臨床発達心理士の不適切な言動等を目撃した場合は，注意を喚起し自覚を促す必要がある。また，倫理問題の解決に協力することが求められる。

段落には，「守秘の限界」が書かれている。

　第5条では，高い専門性の水準を保つための「研修を受ける義務」と「スーパービジョンを受ける責務」が書かれている。

　第6条は，研究を行う際の協力者への配慮をする「研究の責任」と研究公開にあたっての留意点が書かれている。

　そして，最後の第7条では，これまで述べてきた倫理綱領をよく理解し，臨床発達心理士として倫理を遵守することを求めている。自分に悪意や落ち度がないと思っても，倫理に対する無知や倫理意識の欠如によって，結果的に倫理

第2章　臨床発達心理士の職業倫理

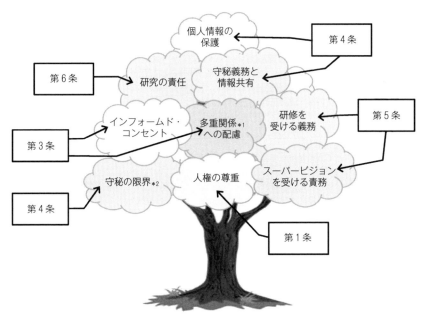

図2-1　倫理のキーワードと倫理綱領
注：＊1　本来の支援関係を超えた個人的な関係で，要支援者に不利益となるようなことが生じかねない関係。
　　＊2　自傷・他害・虐待などの場合は，守秘義務の例外になる。
出所：日本臨床発達心理士会倫理相談委員会パンフレット「倫理は基本」を改変

違反となる場合があることを認識し，自己研鑽に努めることが重要である。

（3）臨床発達心理士の倫理・懲戒規程

　臨床発達心理士認定運営機構では，臨床発達心理士が行った倫理的な違反行為に対して倫理・懲戒規程（表2-4）を設けている。臨床発達心理士の倫理的違反の程度によって，資格の認定取消，役職の解任，文書による戒告，口頭による注意，その他必要に応じた懲戒処分が科せられる。倫理綱領を遵守することはもちろんであるが，それに違反したときには懲戒処分が科せられることも念頭において，くれぐれも日々の臨床活動の中で自分の倫理観を確かなものにし，倫理感を養っておくことが求められる。
　臨床発達心理士の懲戒処分に至るまでの手順を説明しよう（図2-2）。まず，

第Ⅰ部　臨床発達心理士の社会的役割

表 2-4　一般社団法人臨床発達心理士認定運営機構倫理・懲戒規程

（目的）
第1条　この規程は，本機構の倫理に関する基本となるべき事項を定めることにより，本機構の業務執行の公正さに対する疑惑や不信を招くような行為の防止を図り，もって本機構，臨床発達心理士会，及び臨床発達心理士の社会的な信頼を確保することを目的とする。

（適用範囲）
第2条　この規程は次の者に適用する。
　1．本機構の役員
　2．本機構の社員
　3．本機構の職員
　4．本機構によって臨床発達心理士資格の認定を受けた者（以下「臨床発達心理士」という）

（基本的責務）
第3条　本機構の役員，社員，職員及び臨床発達心理士は，本機構の目的を達成するため，法令，定款，関係規程等を厳格に遵守し，社会的規範に反することのないよう行動しなければならない。

（遵守事項）
第4条　役員，社員，職員及び臨床発達心理士は，次の行為をしてはならない。
　1．法令に違反する行為
　2．セクシャル・ハラスメント，パワー・ハラスメント，差別的言動，暴言，暴力など基本的人権尊重の精神に反する言動
　3．個人及び団体の名誉を毀損し，またはプライバシーを侵害する言動
　4．公私を混同し，職務やその地位を利用して不正に自己または他人の利益を図る言動

（違反した場合の処分）
第5条　前条の遵守事項に違反した場合の処分は，次のとおりとする。
　1．役員及び社員については，役職の解任，文書による戒告，口頭による注意，その他必要に応じた処分
　2．職員については，解雇，減給，文書による戒告，口頭による注意，出勤停止，その他必要に応じた処分
　3．臨床発達心理士については，資格の認定取消，役職の解任，文書による戒告，口頭による注意，その他必要に応じた処分

（処分の決定）
第6条　本機構の社員総会が，違反行為に対する処分を決定し，速やかに当事者ならびに当事者の所属団体に文書にて通告する。
　処分内容は，相当性の原則により，違反行為の内容，結果の重大性，被害者の心理的負荷，事後の態度，過去の処分事案との均衡等を総合的に考慮し決定する。

（その他）
第7条　本規程は，理事会の議決を経て社員総会の承認を得て変更することができる。

申立人からの訴えは，日本臨床発達心理士会の倫理相談委員会に出される。倫理相談委員会では，申立人から事情を聴取し，可能な場合は問題解決を試みる。しかし，申立人がさらに申立書を提出した際には，必要に応じて調査委員会を立ち上げて，申立人と被申立人の両方に聞き取り調査を行う。調査結果は，臨床発達心理士認定運営機構の倫理委員会に報告され，倫理委員会で倫理・懲戒

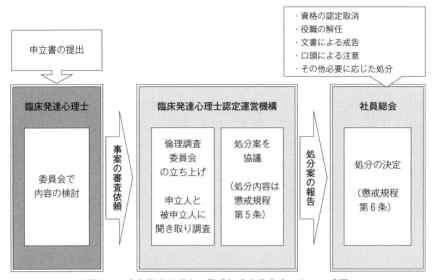

図2-2　臨床発達心理士の懲戒処分を決定するまでの手順

規程に基づいて処分案を協議する。その処分案は，社員総会に提出され，社員総会において検討したうえで処分が決定される。

3　倫理問題と臨床発達支援の形態

臨床発達の支援は，アセスメント（観察，面接，心理検査），発達的介入，カウンセリング，セラピー，心理教育プログラム，スーパービジョン，コンサルテーションなど様々な形態で行われている。これらの形態を用いて支援を行う際に，多様な倫理問題が生じることが想定されるが，その際の判断の拠り所になるのは，前述の職業倫理の原則である。その原則を十分理解したうえで，その場の状況に合わせて，自分で判断していくことが求められる。

発達支援の倫理に関して生じる問題の1つに心理検査がある。心理検査は誰が依頼するか，検査結果は誰のものか，検査結果の開示はどうすればよいかなどに迷うことがある。判断力のある成人が自分の心理検査を依頼してきた場合は，本人が依頼し，検査結果は本人に帰属する。したがって，本人から検査結

第Ⅰ部　臨床発達心理士の社会的役割

果の開示の要求があれば，いつでも知らせなければならない。また，本人以外の人から結果の開示を求められた場合には，本人の了承を得なければならない。というように，成人本人が検査を依頼してきたときには，判断基準は明確である。しかし，実際には，様々な状況が存在し，その中で判断していくことが迫られる。発達支援の際には，小さな子どもや障害児者が対象であることが多く，検査を依頼してくるのは保護者や所属機関の先生であることがよくある。さらに，検査後も，小さな子どもや障害児者に代わって，保護者に結果を伝えることがよく行われている。その場合，当事者である子どもたちは何も知らされないままに検査を実施されることになる。当時は事情がわからなかった子どもたちがやがて大きくなって自分が受けた検査を不服に思ったり，検査結果を自分に帰属させたいと思うかもしれない。このような問題に対処するためにも，インフォームド・コンセントの意味を確認し，発達過程で起こる様々な事態を想定しながら対応できる力量を育成してほしい。

4　倫理問題と臨床発達支援の現場

　臨床発達支援のフィールドは，療育機関，発達支援センター，保健・医療機関，社会福祉施設，保育所・幼稚園・学校・学童保育，子育て支援センター，心理クリニック，大学の心理臨床センターなど広範囲にわたる。前節と同様に，これらのフィールドによって生じる倫理的問題は実に多様であるが，問題の対応においては，職業倫理の原則をもとにして臨機応変に判断していくことが求められる。

　これらの現場で支援をはじめるときに，共通して配慮しなければならないのが，インフォームド・コンセントである。医療現場では少し先んじてインフォームド・コンセントが行われてきたが，支援の現場では，まだ浸透していないところがある。医療現場では，20世紀後半に，強い立場の医者が弱い立場の患者に一方的に指示・介入するという**パターナリズム**（paternalism）が社会問題化し，インフォームド・コンセントが議論されるきっかけになった。発達支援の場でも，ひと昔前までは，支援者が被支援者によかれと思って，事前の説明

32

もなく一方的な支援や教育を行うことがよく見られた。現場では，それに疑問を感じることなく，長年の慣習を引き継いでいることがある。しかし，これまでやってきたことが被支援者にどのような不利益を与えていたかを想像してみよう。中には，自分で希望した支援をしてもらいたいのに，一方的なやり方を押しつけられていた人がいたかもしれない。しっかりと自分が受ける支援が説明され，自分が納得したうえで支援を受けることが，どれだけ被支援者の前向きな姿勢を引き出していくかを肝に銘じて，インフォームド・コンセントを行うこと，あるいはそれを行う環境作りをすることに努力してほしい。

5　専門職としての成長と倫理問題

　専門職として経験を積めば，専門性は高まっていくだろう。しかし，専門的な経験を積むだけで倫理感や倫理観が育つわけではない。自分の倫理観に対峙し，常に臨床活動において自分の倫理感を磨くことによって，適切な倫理観が育成されていく。したがって，支援者として初心者であっても正しい倫理観をもっている人もいれば，どんなにベテランであっても倫理観に欠けている人もいる。倫理問題についてマスメディアを騒がせている人の中に，ベテランの人がいることは大変残念である。どのような人も十分に倫理について考えていってほしい。

　臨床現場には，生きた倫理問題の教材が豊富にある。教科書や専門書には書かれていない，あるいは書ききれない問題が，臨床現場には日々起こっているのである。それに対して真摯に取り組み，倫理感を磨いていく経験を積み上げていけば，専門職の成長によって倫理観も向上していくことになる。その気になれば，日々の臨床の中で倫理教育を受けることができ，倫理に関する経験が積み上げられていくのである。

（尾崎康子）

第3章 臨床発達心理士の高度専門性の確立

1 臨床発達心理士としての成長

　臨床発達心理士有資格者の内訳を見ると，学校・幼稚園の教員，保育所の保育士や施設職員等の資格や免許をもって仕事をしながら有資格者となった場合が多い。こういう場合，臨床発達心理士の資格を取得しても，仕事上は臨床発達心理士という専門職としてのアイデンティティより，これまで通りの教員や保育者，施設職員としてのアイデンティティが優先されることが多いように見受けられる。臨床発達心理士という資格は，取得することが目標でも目的でもないことはいうまでもない。資格取得後は，臨床発達心理士としての専門性を仕事に反映させるスタートであると同時に，臨床発達心理士として成長していかなければならない。

（1）専門職としての成長・発達とそのプロセス

　臨床発達心理士として成長するには，すでに別の資格・免許で仕事に就いている場合も，この資格で心理職として働く場合も，その専門性をさらに高度なものにするための努力が必要となる。臨床発達心理士の専門性とは，乳幼児から高齢者に至る多様な人々を支援することであり，その支援は発達的視点に立脚したものでなければならない。これまでは，自分が主に対象としている年齢層の支援だけを考えていればよかったが，生涯発達の視点からは，他の年齢層

第3章　臨床発達心理士の高度専門性の確立

への支援も視野に入れた支援を考えていく必要がある。対象の幅が広がり，支援を必要とする人々がますます多様化していくと，これまで実践してきたアプローチだけでは対応が難しくなってくる。様々な人々へのアプローチの引き出しが増えることは，支援を受ける人にとっても臨床発達心理士にとっても望ましいことである。そのためには，1つの支援方法，1つの支援理論にこだわるのではなく，多様な支援方法，支援理論を学んでいく必要がある。これまで，大学や職場で，ある支援方法や支援理論を学ぶ機会があり，大学の指導教員や周囲の先輩に習ってその技術を習得してくると，「支援方法や支援理論ありき」となりがちで，多様なニーズを抱えた，多様な人々に対して，どのような支援方法や支援理論を用いたらよいかという適切な支援仮説・支援計画の作成を行わないまま，支援を行っている場合を見受けることがある。適切なアセスメントを行った後，どのような支援仮説を立てるのか，その支援仮説を受けて，どのような支援計画を立案するのかという段階では，1つの支援方法や支援理論にとらわれることなく，多くの支援方法・支援理論の中から，支援を受ける人に最適なものを「吟味」する力が望まれてくる。

　多様な支援方法や支援理論を学んだとしても，次に自分の実践が本当に良い支援となっているのかという課題が出てくる。このことはなかなか自分だけでは解決しにくい課題であろう。そのようなとき，同僚や先輩から助言を受けることで，自分の臨床実践を見つめ直す機会となる。すべての人に対して最良の支援を提供することが臨床発達心理士に課せられた使命であるが，いつも最良の支援が提供できるとは限らない。最良の支援が行えたと自負していても，もっと良い支援があったかもしれないし，うまくいかなかったと感じた支援のときは，どんな支援をすればよかったのか，まずそのことに気づくことが重要である。これらのことに対する感覚のセンシティビティを養うには，同僚や先輩の支援を見せてもらうことや，自分の支援を見てもらって意見をもらうことが重要となってくる。これが，いわゆる**スーパービジョン**である。

　このように，新人の臨床発達心理士は，人の生命にも関わる他の職業，たとえば医師，弁護士，消防士などと同様に，自分で臨床実践を積み重ね，アドバイスを受けることで成長していくわけである。支援を受ける人からみると，も

第Ⅰ部　臨床発達心理士の社会的役割

っと経験豊富な人に担当してもらいたいと思うだろうし，支援する側自身も，もっと経験を積んだ人が担当すれば，結果はもっと良くなっていたのではないかと悩みながら実践を続けるしかないのである。しかしそこに，なんとか自分の実践をより良くしようという意識と努力があれば，臨床発達心理士として成長し，発達していけるのである。

（2）専門職としての生涯発達

　この領域で活躍している著名な人でも，必ずしも優れた臨床発達心理士とは限らない。かつては優れた業績を残したかもしれないが，その実践理論は古くさく，すでに過去のものとなっているかもしれない。常に支援ニーズのある人と対峙し，人と人との関わりの中で仕事をする臨床発達心理士は，新人には新人の発達があり，ベテランにはベテランの発達がある。発達理論や支援技法は常に改良され，新しいものが次々に産み出されている。常に新しいものを追い求めることが必ずしも良いとは限らないが，生涯，臨床発達心理士として発達し続けるためには，新しいものにも目を向け，その真偽を見分ける力をもち，それを取り入れる柔軟性と努力を身につけることが，臨床実践の幅を広げ，質を高めることとなるのである。

①　自己研鑽とは

　優れた臨床発達心理士とは，常に自分の臨床実践を見つめ直し，より良い実践を目指す存在である。それは，人任せにできないもので，自分から自発的に研鑽していく姿勢が必要となってくる。自分で研鑽するということには，いくつかのことが含まれる。たとえば，1）自分の臨床実践に研究的視点をもつこと，2）そのためには，国内外の関連した研究を精査し自分の臨床実践に反映できること，3）自分の臨床実践を他の臨床発達心理士と共有するため，臨床発達心理士全国大会や関連学会で研究発表や研究論文にまとめて公表すること，4）自分の臨床実践が妥当なものであるかどうか，同僚や先輩からスーパービジョンを受け，自分の実践を見直す努力を怠らないこと，などである。

第3章　臨床発達心理士の高度専門性の確立

1）　自分の臨床実践に研究的視点をもつこと

　臨床に追われていると，つい目の前のケースをこなすことで精一杯となり，自分の立てた支援仮説や支援計画は妥当であったのか，支援内容や支援技法に問題はなかったのかなどを検証することなしに，流されてしまいやすくなる。それを防ぐためには，自分の臨床実践をできるだけ客観的なデータとして分析し，自分の支援内容や方法が妥当なものであるかどうかについて検討してみることが必要となる。また他の関連した研究を参照，比較するなどの研究的視点が重要となる。

2）　国内外の関連した研究を精査できること

　いったん臨床の現場にでると，自分の実践記録をつけるのが精一杯で，関連した論文などを探して読み込み，自分の実践に生かすことなどはなかなか難しい場合が多い。まずは，臨床発達心理士になると送られてくる「臨床発達心理実践研究」に掲載されている論文を紐解くことから始めてみよう。多くの論文の中から，自分の臨床実践に関連のある論文を1つでも見つけることができたら，参考・引用文献のリストから，手に入りやすそうな文献を探してみることができる。自分1人で論文を精読するのが困難であれば，職場の同僚などと読み合う機会を提案することもよいであろう。

3）　自分の臨床実践を他の臨床発達心理士と共有するため，研究発表や研究論文にまとめて公表すること

　自分の実践の良い点や課題となる点をまとめ，公表することは，自分の実践を見つめ直す一番の方法であるといえる。発表する最初の場は，同じ職場内などで行われるカンファレンスや事例検討会と呼ばれるものがよい。人数も多くないし，知っているメンバーなので，発表自体もやりやすいはずである。そこでは，同僚や先輩から忌憚のない意見やアドバイスを受けることができる。貴重なコメントをくれた人には，あとから個別に意見を聞く機会が得られれば，さらに本音の助言が得られることもある。その努力を怠らないことが自己研鑽の重要な鍵となる。次に，本格的な公表と共有の機会は学会発表であろう。臨床発達心理士になると，年に1回開催される日本臨床発達心理士会全国大会に参加できる。参加者は臨床発達心理士のみであるが，様々な職種，職場，研究

第Ⅰ部　臨床発達心理士の社会的役割

テーマをもった人たちが集まり，研究発表や情報交換をする場であるので，ぜひここで，自分の臨床実践を発表してほしい。学会発表というのは，自分の実践を他の人に聞いてもらい，他者の立場からのコメントや新しい情報をもらう場であるから，ほめてもらうことばかりを期待するものではない。中には，辛辣な意見もあるかもしれないが，そういう意見をもらってこそ，本当の意味で，自分の実践を見直す良い機会となるのである。もう1つの発表の場としては，日本発達心理学会がある。先の日本臨床発達心理士会全国大会より規模も大きく，臨床発達心理士以外の様々な背景，立場の人たちが集まる場なので，幅も広く，より多くの角度・視点からの意見を聞くことができる。全国大会が口頭発表であるのに対し，日本発達心理学会の発表は，すべてポスター発表という発表形式をとっている。口頭発表は聴衆の前で口頭で発表するので緊張するが，多くの人に自分の実践を効果的に発表することができる。それに対し，ポスター発表は指定された日時にあらかじめ作成しておいた模造紙1枚分程度のポスターを会場に貼り出し，見に来た人に個別に説明するため，パーソナルな雰囲気で意見交換をすることができる。もちろん，この他にもいろいろな学会があるので，自分の領域，テーマにあった学会を選んで発表することもできる。

　このように学会発表で指摘された点を考慮しながら，改善点を反映させて実践を継続した後，それを研究論文としてまとめる段階となる。いきなり自分1人で論文にまとめるのは難しいと考えるかもしれないが，学会発表の際に書いた文章をもう少し詳しくていねいに記述することから始めればよい。もちろん，大学時代の指導教員や，職場の先輩などに**スーパーバイザー**として見てもらいながらまとめる方がよい。大学の紀要や職場の紀要，年報などは査読審査がなく投稿しやすいが，良質の論文に仕上げることができないデメリットもある。紀要に比べると少しハードルは高くなるが，臨床発達心理士会で刊行している「臨床発達心理実践研究」のように，しっかりした査読審査がある研究誌に投稿した方が自分のためにはよいだろう。複数の審査者が自分の書いた論文について，あらゆる角度から検討し，様々な点について指摘してくれるので，大きな研鑽となる。

第3章　臨床発達心理士の高度専門性の確立

4）　自分の臨床実践が妥当なものであるかどうか，同僚や先輩からスーパ
　　　ービジョンを受け，自分の実践を見直す努力を怠らないこと

　スーパービジョンについては後で詳しく述べるが，誰もが一度はスーパービジョンを受けたことがあるはずである。おそらく，臨床発達心理士を受験する際，事例報告書や実習報告書としてまとめるときに，スーパーバイザーから様々な指摘を受けながら臨床実践を進め，報告書にまとめあげるプロセスが，まさにスーパービジョンである。職場でスーパーバイザーを招聘した**グループ・スーパービジョン**などが行われている場合は，定期的にスーパービジョンを受けることができるが，そのように恵まれた環境でなければ，ほとんどの人が，臨床発達心理士を取得する際に受けただけで，それ以降スーパービジョンを受けずにきていることが多いかもしれない。もしかしたら，スーパービジョンは受験の際にのみ必要なもので，資格を取ってしまえば必要のないものと考えている人がいるかもしれない。しかし，それは大きな間違いである。スーパービジョンとは，生涯を通して定期的に受ける必要があるもので，ベテランになるにつれて頻度はだんだん少なくなっていったとしても，自分の臨床実践を見てもらい，どのようにすればもっと良い臨床実践ができるようになるのか，自分で見つめ直すための助言を得る機会として継続されるものである。

②　研修会を受ける意義

　日本臨床発達心理士会では，資格更新のための研修会を開催しているが，その他にも支部研修会など様々な研修会が企画されている。また，先に紹介した日本臨床発達心理士会全国大会では，実践研究発表のほかに，各種セミナーやシンポジウムも企画されているので，2日間に集中して研修を受けることができる。文献を精読することも重要であるが，研修会を通して，最新の研究や様々な実践内容，関連した議論などに触れることも，新しい理論やシステムに関する知識，違う考え方やアプローチを知ることができる重要な機会といえる。研修会には，様々なテーマの企画が用意されているので，自分の興味，関心にあわせて参加することができる。研修会に参加することで，新しい実践や理論に触れることができることは当然であるが，それに対する様々な意見を聞き，

39

第Ⅰ部　臨床発達心理士の社会的役割

議論に参加することで，自分の考えとは異なる多くの視点や意見に接する機会が得られる。研修会で得られたことに自分の実践を重ね合わせることで，新しい発見が得られるとともに，様々な刺激も得ることができる。また，他の参加者との交流ができ，その交流を通して，新しい情報や新しい世界が広がっていくことが期待できる。

③　スーパービジョンを受ける意義

　スーパービジョンを受けることについては，自己研鑽のところでも触れたが，まず最初に，優れたスーパーバイザーと出会うことが重要なポイントとなる。通常，スーパーバイザーとなってくれる人は，大学時代の指導教員であったり，職場の先輩であったりする場合が多いが，研修会や学会で知り合った人など，様々な機会をとらえて探すことができる。よく，スーパーバイザーが見つからないという人がいるが，関連学会や臨床発達心理士の全国大会に参加し，発表したり，研修会を受ける際に，積極的に発言したり質問したりすることで，必ずスーパーバイザーとなってくれる人と巡り会えるはずである。学会や研修会にもあまり参加しなかったり，参加しても受動的でただ漫然と参加しているだけでは，よいスーパーバイザーと巡り会うことはできないのである。重要なことは，自分の臨床実践に対する問題意識と積極性である。スーパービジョンを受けるということは，幅広い経験と知識をもった第三者（スーパーバイザー）から，自分の臨床実践について客観的に分析してもらい，助言やコメントをもらうことで，自分の臨床実践を見つめ直す機会を得ることである。またスーパービジョンには，その後の自分の臨床実践がどのように変化，改善されたかを評価してもらうという側面もあるので，定期的に長期間にわたってスーパービジョンを受ける必要がある。このようなスーパービジョンを定期的に受けることで，自分の臨床実践の妥当性を確認し，自分の行っている支援に対する自信をもつことができるようになると同時に，問題点，改善点を自覚し，より良い方向に導く努力を行うきっかけとすることができる。

　また，自分の臨床実践に自信をもつことは重要なことであるが，自信過剰になったり，自分の実践を変えるための柔軟性がないと，スーパービジョンを受

ける意味がない。助言されたことすべてに従順に従うことがよいこととは言えないが，せっかく問題点を指摘されても「私はそうは思わない」と主張するばかりで相手の意見に耳を貸さない人は，いくら優れたスーパーバイザーに出会っても，吸収することは何１つないことになってしまうだろう。逆に，スーパーバイザーやある療法や理論のグループを盲信したり，そこで言われたことに従うだけでは，スーパービジョンを受けたとはいえない。ある流派やグループに所属していると，自信と安心感は得られるかもしれないが，お互いにほめ合うだけであったり，このやり方をやっていれば大丈夫という状況に陥りやすく，適切なスーパービジョンを受けているとはいえない。まず自分の臨床実践に対する自分なりの考えやスタイルがあり，それに対する助言やコメントを受け入れ，検討してみるというプロセスが重要である。そのためには，自分の考えと多少異なる考えや領域の人からスーパービジョンを受ける方がよい場合もあるかもしれない。

2　関連諸職種とのチーム・アプローチとコンサルテーション

　臨床発達心理士のもつ高度な専門性の１つに，関連諸職種との間でチームを組んで仕事をしたり，関連諸職種の人に対して**コンサルテーション**を行うことがある。そのためには，臨床発達心理士としての専門性を自覚し，その専門性を高める努力が必要となる。

（1）関連諸職種とのチーム・アプローチ

　臨床発達心理士としての**チーム・アプローチ**以前に，そもそも職種の異なる人たちとチームで仕事をするということの要件を考えたい。同じ支援の必要な人に対して支援する仕事でも，臨床発達心理士以外に，公認心理師，臨床心理士，学校心理士，作業療法士，理学療法士，言語聴覚士，学校の教諭，保育士，幼稚園教諭，支援センターの職員，保健師，社会福祉士など，背景も受けてきた教育も異なる様々な職種があり，それぞれの分野で活躍している人たちと協同する場面が必ず出てくるだろう。その際，打ち合わせや議論を交わすときに

第Ⅰ部　臨床発達心理士の社会的役割

使う用語も異なれば，同じ用語をそれぞれ違う意味で使うこともあるだろう。同じ職種でも，立場や観点が違う人もいるかもしれない。最低限，チームを組む相手の職種はどういう仕事をする人たちなのか，どういう教育を受けてきているのかなどを知っておかなければ，議論が噛み合わないことも多いだろう。ここで最も重要なことは，自分の専門性を主張することではなく，関連諸職種の専門性を理解し尊重する姿勢である。「自分の専門性の方がこの人の支援には適任だ」とか「やはりこの人への支援では，私が中心となってやるべきだ」などという考えが最初にあると，排他的な議論や否定的な発言が多くなって，うまくいかない。関連諸職種の発言内容や考え方をよく理解しようという姿勢が重要となる。ここで派閥争いや縄張り争いをするなどもってのほかで，支援を受ける人の利益や幸福が最優先されるべき場面であり，そのためには，集まった職種の人たちがそれぞれの専門性を結集して，最も良い支援となるように努力することが，関連諸職種とのチーム・アプローチとなる。

　そのような基本的な事柄を踏まえたうえで，臨床発達心理士としての専門性を発揮するためには，どのようなことが必要となってくるのだろうか。同じ心理職でも，様々な立場からの様々な資格が存在している。国家資格としての公認心理師は，心理職としてのベースとなる資格という位置づけになっていくであろうし，その他の既存の心理士資格は，医師の専門医制度のように，さらに高度の専門性を発揮するための資格となっていくだろう。したがって，場面によっては，背景や専門性が違う心理職同士でチームを組む機会もあるだろう。そのような場合は，同じ心理職同士で対立するのではなく，それぞれの専門性を発揮しそれを融合することで，多様な角度や視点から幅広く心理学的にアプローチすることが可能となる。また，心理学分野以外の専門職とのチームでは，同じ人に対して様々な分野からの知見が出されるだろう。一見違う提案が出されたとしても，同じ現象を異なる分野からとらえていることもあるし，同じ問題に対して違う分野からアプローチすることで1つの大きな支援として有機的に働くこともあるかもしれない。それこそが関連諸職種のチーム・アプローチの醍醐味といえよう。その際には，当然のことながら，臨床発達心理士としての専門性である，発達的観点，生涯発達の観点，多角的なアセスメント力など

をもとに，関連諸職種と協同して様々な提案や支援を行うことができるのである。

（2）関連諸職種へのコンサルテーション

　よく，コンサルテーションとスーパービジョンとを混同している人がいるが，まったく別物である。スーパービジョンは，同じ職種の先輩が後輩に助言し，サポート・教育することを指すのに対し，コンサルテーションは，自分の専門とは異なった職種の専門家に対して，自らの専門性の立場から助言することを意味する。スーパービジョンの場合，上から下への教育的立場の違いがあるが，コンサルテーションの場合は，異なる専門性をもった専門家同士が同等の関係性の中で，今抱えている問題について問題点を整理し，より良い解決方法を導き出し，相談者の専門性が最大限に機能するように行う相談のことを指すのである。したがって，チーム・アプローチ同様，相談者の専門性について深く理解し，相談者の立場や考えを十分に尊重して相談を行うことが前提となり，そのうえで臨床発達心理士の専門性という立場から提案や助言を行うこととなる。たとえば，保育所や幼稚園での巡回相談もコンサルテーションであるが，臨床発達心理士として，気になる子や障害のある子どもについての知識や個別指導の経験があったとしても，保育所や幼稚園という集団生活の場における保育という視点への十分な理解がないと，日常の保育に生かせる助言とならないことも多い。自分の臨床発達心理士としての専門性を確立するということは，他の職種の専門性を深く理解して初めて行えることともいえよう。臨床発達心理士としての専門性から見えてくる問題点とそれに対する提案が，保育士や幼稚園教諭の行う保育という営みにうまくフィットし，彼らの解決の糸口となるようでなければ，コンサルテーションにならないのである。また，当然のことではあるが，関連諸職種の専門家が相談した子どもへの支援内容，支援結果などにも責任をもつことが要求される。したがって，1回のみのコンサルテーションで，その後の結果のフィードバックもなくそのままで終わるやり方では，コンサルテーションとはいえない。その後の結果のフィードバックがあるからこそ，自分の行ったコンサルテーションの意義や質が明らかになるのである。自分の

第Ⅰ部　臨床発達心理士の社会的役割

行ったコンサルテーションをモニターしながら，より良いコンサルテーションを追求していく姿勢が重要といえる。一方で，コンサルテーションを受けた関連諸職種の相談者が，うまく結果を出せなかったとき，相談者自身の問題と受け止めてしまうことも避けなくてはならない。せっかくコンサルテーションを受けたにもかかわらず，結果が出せなかったのは自分の力のなさだと，逆に自信を失ってしまうことになれば，コンサルテーションを受けた意味がなくなるだけでなく，逆効果となってしまうからである。こういう場合は，次の提案や助言を行い，相談者自身の専門性と臨床発達心理士としての専門性が融合して，臨床現場に新たな効果が生まれることを見届ける必要がある。

　このように効果的なコンサルテーションを行うためには，臨床発達心理士としての自分の専門性以外に，関連諸職種の理論，視点，用語，背景，動向，対象者や家族のニーズ，臨床実践の実際や問題点などについて深く理解し，自分の専門性との相違点や類似点についても把握しておく必要がある。したがって，どの職種に対してもすぐにコンサルテーションができるようになるというものではない。多くの人が，関連諸職種の人との共同研究や研究会等を通じて少しずつ理解を深めていく中で，コンサルテーションが行えるようになるのである。もちろん，コンサルテーションを行う中で，関連諸職種に対するいろいろな学びを深め，その職種の専門性により寄り添ったコンサルテーションが行えるようになるという，臨床発達心理士としての専門性の発達がある。これも関連諸職種に対するコンサルテーションを通して，自らその職種の専門性を意識して学ぼうという姿勢がないと，一方的な内容のコンサルテーションとなりがちで，関連諸職種である相談者の混乱を招くだけでなく，その人の専門性を伸ばすコンサルテーションとはなり得ない。

3　スーパービジョンとは何か

　これまでにもすでに述べてきたが，スーパービジョンとは，同じ職種の先輩が後輩に助言し，サポート・教育することを意味する。特に心理職におけるスーパービジョンについては，平木（2012）によると，「心の危機支援に関わる

専門職への個別実践指導」とされ，三川（2014）は，「専門性を共有しうる関係を基礎にして，スーパーバイジーの専門性と資質の向上を目指して行われる心理的・教育的サポート」と定義している。いずれにしても，臨床発達心理士という共通の専門性の中で，先輩心理士や大学教員が，後輩心理士や大学院生を育てるための教育的支援と考えることができる。また，単発的なものではなく，定期的に長期間にわたって受けるものである。

（1）スーパーバイザーの定義

スーパービジョンの定義は，すでに述べたようなかたちで散見するが，スーパーバイザーの定義はほとんど見当たらない。あえて定義するなら，スーパーバイザーとは，「スーパーバイジー（スーパービジョンを受ける人）と同職種あるいは指導教員という関係で，スーパーバイジーとの間にスーパービジョンに関して契約関係にあり，定期的に長期間にわたって，臨床実践を通してスーパーバイジーが成長するために，実践的な教育的サポートを行う臨床実践家」ということになろう。スーパーバイジーが大学院生の場合と，すでに臨床発達心理士の資格を取っている人では，スーパーバイザーとの関係性や誰がスーパーバイザーとなるのかなどについては，意味合いが異なってくる場合もあるが，基本的な部分での，臨床実践を通して自分の支援を振り返り，より良い支援に気づくための教育的サポートをする存在としては変わりない。

（2）歴　史

スーパービジョンの歴史をひもとくと，よく，フロイトの弟子であるアイティンゴン（Eitingon, M.）によって始められたとされている場合が多いが，精神分析学の分野で当時行われていたのは，「教育分析」に近い内容であり，現在われわれがスーパービジョンと呼んでいる内容とは異なっている。現在のスーパービジョンは，1960年代のアメリカで，カウンセリングやケースワークの分野の大学院教育の一環として開始されたといわれている（平木，2012）。アメリカでは，1990年代にスーパービジョンに関する研究が進み，多くの著書が出版されてきた。

第Ⅰ部　臨床発達心理士の社会的役割

　わが国では，残念ながら，スーパービジョンの歴史は，まだ一部で始まった
ばかりといわざるを得ない。現在でさえ，スーパービジョンとコンサルテーシ
ョンの区別が明確にできていない場合も多く，事例報告，事例検討会などとの
混乱も多く見られる。1回限りの助言や，過去の事例に対するコメントまでも
スーパービジョンといわれたり，スーパーバイザーも，コメンテーターや助言
者と混同される現状がある。現在，スーパービジョンを実施しているスーパー
バイザーも，正式なスーパーバイザー養成の教育を受けていない人が，社会的
要請に応じて手探りで行っている場合が多く，スーパービジョンの手法，内容，
質は様々である。

　そうした中で，わが国では2000年代に入って，学会レベルでは初めて，日本
産業カウンセリング学会が独自のスーパーバイザー養成講座を実施し，認定を
行っている。臨床発達心理士認定運営機構では，2008年からスーパーバイザー
資格を創設し認定を行っているが，養成講座などは実施しておらず，スーパー
バイザー資格を取得した後に，スーパーバイザー研修会を実施し，より良いス
ーパービジョンを模索している。

（3）機　能

　スーパービジョンの機能は，主に，教育的サポート，心理的サポート，評
価・ゲートキーパーとして機能がある。

①　教育的サポート機能

　これから臨床発達心理士を目指そうとしている大学院生や，資格を取得して
間もない初心者などに対するスーパービジョンでは，臨床実践に関する専門的
知識や情報を提供する教育的サポート機能が大きく働く場合が多い。ある程度
の臨床実践を経験している臨床発達心理士に対してのスーパービジョンでは，
異なったスーパーバイザーの視点から，自分では気づかなかった部分への指摘
が中心となることが多い。いずれにしても，ハウツー式に正解を教えるのでは
なく，自分で考え，自分の支援方法や支援内容を見直すきっかけとなることを
目指すのが，スーパービジョンの特徴といえる。

第3章　臨床発達心理士の高度専門性の確立

スーパービジョンにおいて，スーパーバイジーのニーズや期待，これまでの経験や教育の背景，本人の力量，採用している支援モデルなど様々な要因が複雑に絡み合っている。それらの要因を考慮に入れたうえで，該当のスーパーバイジーに特化した教育的サポートを行う必要がある。

②　心理的サポート機能

われわれは，様々な臨床実践を通して，壁にぶつかり，自信をなくすこともある。支援がうまくいかないと不安になり，焦りを感じたり，出口が見つからず，様々なことを思いつくままに実践しようとして逆効果になってしまう場合もある。これは，大学院生や経験の浅い臨床発達心理士に限らず，経験の豊富な人でも遭遇する場合もあるかもしれない。そのようなとき，スーパービジョンを通して，スーパーバイザーに報告するための資料を作成していく過程で，問題点が整理され，それに気づくこともある。違う観点からの助言を得て腑に落ちることもあるだろう。スーパービジョンを通して，このように心理的サポート機能によって自信を回復したり，前向きな姿勢を学ぶ機会となる。時々，スーパーバイザーに徹底的に糾弾される場面に遭遇することがあるが，これでは心理的サポートはおろか，スーパービジョンによって心理的危機をもたらされることになるだろう。このような方法をとることで，スーパービジョンなどは二度と受けたくない，こりごりだなどと思わせることは，スーパービジョンではあってはならないことである。

このように，教育的サポートと心理的サポートは，有機的に作用させながら，スーパーバイジーの成長を促すことができるのである。

③　評価・ゲートキーパー機能

特に，これから臨床発達心理士になろうとしている大学院生の場合，臨床実習におけるスーパービジョンにおいて，ある一定の基準に従って評価として表すことができる。それは，臨床発達に関する専門職として通用するかどうかの判断であり，発達アセスメントやそこから導き出す支援仮説，支援計画の作成，支援の実施内容，支援結果を考察する力，その事例から学びとる力，支援を行

ううえでの倫理観などを総合して判断し，質の確保を行うためのゲートキーパーとしての機能である。一方，職場の同僚や後輩などへのスーパービジョンにおいては，一定の評価基準などがあるわけではないが，スーパーバイジーのニーズ，問題意識にあわせて，どのような臨床実践を行っているのかをモニターしながら評価し，臨床発達心理士としての一定の水準を確保することが可能となる。

また，スーパーバイジーのクライエントへの支援が正しく行われているかどうかの評価・管理も行う必要がある。スーパーバイザーは，スーパーバイジーが行う支援内容もスーパービジョンの中で当然検討しているはずで，それに対する責任を負うことが求められている。したがって，発達途上のスーパーバイジーが行う支援についても，クライエントに対して一定の水準の支援が行えるよう指導しなければならない。

（4）形　態

スーパービジョンの形態は様々で，個人で行われる場合が多いが，グループで行われることもある。

①　個人スーパービジョン

個人で受けるスーパービジョンの場合，スーパーバイジーが担当している事例に関して，より深いスーパービジョンを実施することができる。第三者を意識することなく，スーパーバイジーの不安や葛藤を出しやすくなるし，事例の詳細な個人情報をめぐる事柄についても検討することができる。また，スーパーバイザーとスーパーバイジーの関係性も深まり，様々な助言を受けやすい関係性を築くことが可能である。

その反面，その密接な関係性が崩れる恐れもあり，パワハラ（パワーハラスメント）などが生じる可能性もある。また，ある特定の支援方法や考え方にこだわるスーパーバイザーの場合，スーパーバイジーはそれに従わざるを得ない状況が生まれやすい。このように，関係性が一方的で，時には高圧的になりやすい面も否めない。

② グループ・スーパービジョン

　大学院生が対象の基本的な内容のスーパービジョンで，より多くの人と共有しておいた方が良い内容の場合などは，グループで行われることがある。また，幼稚園などで保育経験の豊富な保育者を講師として招き園内研究などを行う場合も，講師と職員全員で，あるクラスの保育を参観し，スーパービジョンを全員で受ける場合などはよく見かける光景である。このようにグループで行う場合，スーパーバイジー同士の意見交換が活発になり，様々な問題について共有できる利点がある。また，個人スーパービジョンを全員が受ける時間や費用がない場合も，合理的な方法となり得る。

　一方で，人前で話せない内容などには触れられないこともあり，スーパービジョンが深まらないというデメリットもある。スーパーバイザーとの関係性も，グループで受けているので，表面的な関係性で終始するため，助言の内容が深まらない場合が多い。また，個人のニーズというより職場の事情が優先されるため，スーパービジョンの頻度が低くなったり，1回で終わってしまう場合もあり，定期的な継続性が保たれなくなる場合もある。

③ ピア・スーパービジョン

　藤崎（2016）によると，大学院の修了生で臨床発達心理士として活躍している人たちに呼びかけて，非常勤の外部スーパーバイザーとして位置づけ，彼らが先輩として後輩の大学院生のスーパービジョンを担当するシステムを構築しているという。先輩修了生の大学院時代の経験がスーパービジョンに反映され，大学院生の気持ちに寄り添ったスーパービジョンが行えると同時に，大学院生も年齢が近い先輩修了生に親しみを感じながら相談がしやすく，互いに満足度が高まるという。その際，教員スーパーバイザーは修了生スーパーバイザーに丸投げにするのではなく，彼らの行うスーパービジョンも管理する役割を担うことが重要である。

（5）方　法

　基本的には，スーパーバイジーの口頭による説明か，記録に基づく説明かが

第Ⅰ部　臨床発達心理士の社会的役割

中心となる。遠隔地のスーパーバイザーを依頼したり，多忙を理由にメールなどでスーパービジョンを受けることなどはあり得ないので，注意を要する。

①　口頭による報告に基づくスーパービジョン

事例の緊急性や柔軟な対応が求められる場合などに有効である。事例のセッションの直後などで，記録などの資料を作る時間がない場合など，記憶も鮮明なうちで，問題意識が明確な時点でスーパービジョンが受けられるメリットもある。また，気づいていない点についても，口頭で報告をしていくうちに，指摘されなくてもその点に自分で気がつくこともある。その反面，全体を見渡した考察などに欠けるデメリットもある。時間がないときや記録が間に合わないときなどに有効であろう。

②　記録による報告に基づくスーパービジョン

記録といっても，スーパーバイジーが当日とったメモや録音，録画をもとにした逐語録，それらをもとにまとめた記録，事例報告書としてまとめたものなど多岐にわたる。スーパービジョンの段階ややり方によって，様々なかたちの資料や記録が用意されることになる。メモや逐語録などの資料は参考程度に提示されるが，すべてに目を通す作業は通常のスーパービジョンの時間内でこなすことは難しいだろう。それらをもとにまとめた記録や報告書を見ながら，それについての説明を口頭で求めてやりとりをするやり方が多いと思われる。その際，自分として困難だと感じたこと，迷っていること，スーパーバイズを受けたいと思う点などをまとめる欄を作って報告するとよい。

記録は，書くことで自分の支援をまとめ，振り返ることができるメリットがあり，書き終わった段階で全体を見渡すこともでき，新たな気づきが生まれることも多い。スーパーバイザーも一通り記録を読むことで，その時点のクライエントとスーパーバイジーの関係性，支援の内容，方法，問題点などを概観することができる。デメリットは，資料や記録の量が多いと時間がかかることである。事前に記録や資料を提出しておいて，当日は記録を見ながら要点を絞ってスーパービジョンを受けるやり方であれば時間の節約になるが，スーパーバ

50

イザーが費やす時間は減ることはない。

　ビデオなどの記録を必要な場面だけに絞って見ながら，スーパービジョンを行うこともできる。スーパーバイザーも支援内容やクライアントの様子を確認できるし，スーパーバイジーが自分の支援を映像で確認することで，支援のタイミングや支援内容，見落としていたことなどに気づくこともできる。ビデオ撮影の段階でクライエントの承諾がなければできないが，映像資料は，スーパーバイザー，スーパーバイジー双方にとってメリットがある。ただし，時間がかかるのがデメリットであろう。

③　スーパーバイザーも同時観察するスーパービジョン

　記録や口頭の説明だけでは，細かい点で支援内容を十分に理解しにくいことがある。また，あくまでスーパーバイジーの視点による報告なので，異なった視点からの助言も，仮定の話になりやすい。大学院生の実習などの際は，個別の支援であれば，観察室などのマジックミラー越しに見ることで，スーパーバイザーも支援を共有することができる。施設や保育所・幼稚園などでの支援では，スーパーバイザーも近くで観察することで，リアルな支援内容や子どもの反応などをうかがい知ることができる。このように，スーパーバイザーもスーパーバイジーが行う支援を同時に観察することができれば，スーパーバイジーとは違った視点で見ることができ，また，スーパーバイジーが見逃していること，気づいていなかったことについて助言することも可能となり，スーパービジョンの内容は飛躍的に濃いものになる。セッションの直後に，口頭で確認や情報交換を行い，記録をもとに別の時間にスーパービジョンを行うことができれば理想的であろう。

（6）スーパーバイザーに求められる資質

　ホーキンズ（Hawkins, P.）とショエット（Shohet, R.）（2012）によると，スーパーバイザーの資質として，以下の9点を挙げている。

　①　柔軟性
　②　多角的な視点

第Ⅰ部　臨床発達心理士の社会的役割

③　スーパーバイズする方法論のチャートを頭に入れていること
④　文化を越えて仕事ができること
⑤　管理能力と不安の抑制
⑥　学習を受け入れる力
⑦　幅広い状況での課題に敏感であること
⑧　力関係を適正に取り扱えること
⑨　ユーモアのセンス，謙虚さ，そして忍耐力

1）　柔軟性

これまでも触れてきているように，1つのことにこだわっていたり，自分の
やり方を曲げようとしないと，よいスーパービジョンが望めない。スーパーバ
イジーがもたらす，新しい考え方や方法論に対して柔軟な姿勢が重要となる。
この柔軟性は，「②多角的な視点」「⑥学習を受け入れる力」「⑦幅広い状況で
の課題に敏感であること」との関連性が高い。

2）　多角的な視点

これも今までに何度も触れている点であるが，初心者のスーパーバイジーの
視点は，偏っていたり，狭かったりする場合が多いので，もっと幅広い，多角
的な視点が提示できなければならない。この背景には，①の柔軟性がなければ
もち得ない視点である。また，スーパーバイジーの置かれている状況全体を俯
瞰できる視点も必要であろう。

3）　スーパーバイズする方法論のチャートを頭に入れていること

スーパービジョンの方法論は，本来正式な教育や研修を受けていなければな
らないはずであるが，これまでの持論のほかに，他人のスーパービジョンのプ
ロセスなどを参考にしながら，スーパーバイジーの発達のプロセス，スーパー
ビジョンの段階，レベルなどの方向性などを描く力が必要となる。1つの方法
論に固執するのではなく，スーパーバイジーの性格や置かれている状況によっ
て柔軟に対応する必要があり，この点においても，柔軟性が重要であることが
わかる。

第3章　臨床発達心理士の高度専門性の確立

4）　文化を越えて仕事ができること

欧米では，民族，文化の多様性が進んでいるため，この力が必須であるが，わが国ではつい最近までは，あまり必要がないと思われていた点である。しかしながら，近年，わが国でもグローバル化が進み，この点についての多様性も進んできている。また，聴覚障害者の文化や発達障害者の文化についての理解も必要となっている。

5）　管理能力と不安の抑制

スーパーバイザー自身の管理，不安の抑制という面と，スーパーバイジーの管理と不安の抑制という両方の側面がある。スーパーバイザー自身の管理は，⑧で扱う「力関係を適正に取り扱えること」とも関連し，スーパービジョンの新しい局面になったときの不安のコントロールなども重要である。スーパーバイジーの管理や不安の抑制は，評価・管理や心理的サポートとしては基本的な事柄であるが，スーパーバイジーが大学院生の場合，スーパーバイザーが意図しない部分での不安を抱える場合も多いので，注意が必要となる。自分が若かったときの経験などを自己開示することで，スーパーバイジーの不安を軽減することも可能となる。

6）　学習を受け入れる力

スーパーバイザー自身が，完成された心理士と自負していては，この力は存在しないだろう。生涯，学習し続ける存在として自分をとらえ，スーパーバイジーからもたらされる新しい視点や新しい局面から，様々なことを学ぶ柔軟な姿勢が必要となる。

7）　幅広い状況での課題に敏感であること

スーパーバイジーの抱えている問題や状況などをいち早く察知する敏感さは，適切なスーパービジョンには欠かせない力である。どんなに忙しいスーパーバイザーであっても，スーパーバイジーに対して誠実に向かい合う姿勢とこの敏感さがないと，スーパーバイジーの機微に触れることはできない。

8）　力関係を適正に取り扱えること

スーパーバイジーが同じ職場の同僚であれば，ほぼ同等の関係を維持することも可能である。先輩・後輩の関係でも，多少の上下関係，力関係は出てくる

第Ⅰ部　臨床発達心理士の社会的役割

かもしれないが，大学院生の場合は，教員という評価する立場と重なるため，ただでさえ高圧的になる傾向があり，様々なハラスメントが起こりやすくなる。ハラスメントは，相手の感じ方にもよるので，大学院生の性格や感受性の傾向を把握して，対応をコントロールする力が求められる。

　9）　ユーモアのセンス，謙虚さ，そして忍耐力

　ユーモアのセンスは，スーパーバイジーの不安の抑制，力関係の制御などに効果を発揮するものであろう。高慢な態度は，これとは逆に，不安を増大させ，力関係に大きく影響を与える。高圧的で高慢な態度が教員としての威厳であると勘違いしてはならない。また柔軟性も学習を受け入れる力も謙虚さと大きく関連している。「こんなことが何でわからないんだ」と思ってしまうと，相手を責めたり，指示的になったりするので，見守る力，忍耐力は重要な要素である。スーパーバイジーの能力を信頼し尊重する姿勢，ヒントを与えてスーパーバイジー自身の力で問題を解決するのを見守りながらサポートする姿勢が重要であろう。

　この他にも，APA（2015）の「健康援助心理学における臨床的スーパービジョンのためのガイドライン」には，A．スーパーバイザーの能力，B．多様性，C．スーパービジョンにおける関係性，D．スーパービジョンのプロフェッショナルとしての責務，E．アセスメント，評価，フィードバック，F．スーパーバイジーの専門職としての能力の問題への対応，G．倫理，遵法，管理力など，スーパーバイザーとしての資質と役割について，細かく規定されている。

（7）スーパービジョンの課題と展望

　現在の日本では，残念ながら心理士のためのスーパーバイザーを養成する教育課程やプログラムはほとんど存在していない。現実的には，各自が手探りで行っている状況がある。産業カウンセリングの分野では，スーパーバイザー養成講座で教育を受けた後，スーパーバイザー資格を認定するシステムを構築している（三川，2014）。臨床発達心理士スーパーバイザー資格では，認定の段階では，それまでのスーパーバイザーとしての活動内容，スーパーバイザーとし

ての資質などを審査し，スーパーバイザー資格を取得した後，スーパーバイザー研修会を課して，臨床発達心理士スーパーバイザーとして求められる資質や役割について学ぶ場を提供している。しかし，研修内容も手探りであることと，誰が講師として研修を進めるのかなど，試行錯誤の部分が多い。今後は，これらの課題を解決するため，十分な検討を行ったうえで研修プログラムを作成し，そのプログラムに沿ったかたちで，事例をもとにディスカッションしたり，ロールプレイなどができる研修を実現させることが今後の課題であろう。

またスーパーバイザー資格は，臨床発達心理士の今後の発展のために尽力する資格であるため，ボランティア的要素が強く，本業以外の仕事が増えるので，積極的に資格を取ろうという人が少ないのも悩みの種である。スーパーバイザーは，新人臨床発達心理士をサポートし，より良い人材として育成する部分と，これから臨床発達心理士を目指している人に対して教育的サポートをする部分とがある。いずれにしても，これからの臨床発達心理士の発展に大きく寄与することは事実であり，そのような自覚のもとに，1人でも多くの人がスーパーバイザー資格を取得するように願っている。そこで，次に，臨床発達心理士スーパーバイザー資格について紹介しよう。

4　臨床発達心理士スーパーバイザー資格とその特徴

臨床発達心理士スーパーバイザー資格は，通常の臨床発達心理士の専門性をさらに高め，その活動範囲を広げることを目的として，2008年5月に設けられている。臨床発達心理士として5年以上の業務・活動歴があり，資格更新をしていることが申請要件である。また，これまでのスーパーバイザーとしての経験，臨床発達心理士会・支部組織での活動状況，研究論文，著書等を総合的に審査し，臨床発達心理士スーパーバイザーとしての活躍が見込めるかどうかを判断し，認定している。

臨床発達心理士スーパーバイザーとは，臨床発達心理士になろうとしている人や臨床発達心理士になった人（スーパーバイジー）に対して，スーパービジョンを通して支援し，その人たちの発達を支える役割を担う人のことである。

第Ⅰ部　臨床発達心理士の社会的役割

本来スーパービジョンは，同じ臨床発達心理士同士という仲間関係の中で，先輩から後輩へ，その人の発達に合わせて行われるものである。したがって，スーパーバイザー有資格者に求められていることは「支援者を目指す人・支援者として活動している人への支援」であり，臨床発達支援の技術的な側面だけでなく，関係的な調整を支える感受性と，社会的責任に対するバランスのとれた指導性が求められている。さらにスーパーバイジーに対する指導的な責任と同時に，スーパーバイジーからの支援を受けるクライエントに対しても責任をもつ存在となる。

（1）スーパーバイジーに対する発達的観点

　臨床発達心理士は，「発達的観点」を重視した支援のための資格である。それでは，臨床発達心理士スーパーバイザーに必要な発達的観点とはどのようなものであろうか。臨床発達心理士には，①生物・心理・社会的側面からなる生活文脈から対象をとらえる視点，②時間的・発生的な過程としてとらえる視点，③兆候・問題・障害を包んだ（インクルージョンの視点をもった）視点が発達的観点として要求されている。臨床発達心理士スーパーバイザーに必要とされるスーパーバイジーに対する発達的観点は，臨床発達心理士に要求されるものとまったく同じものといってもよいであろう。スーパーバイジーに対しても，発達的観点をもったアセスメントを行い，導き出された支援計画に基づき，発達的観点をもった支援を行う点では，観点は同じなのである。

（2）スーパーバイジーの発達を支援するための研鑽姿勢

　臨床発達心理士スーパーバイザーは，「他者を支援する臨床発達心理士」を育て支援することがその役割である。スーパーバイジーといっても様々な人がいて，多様な支援ニーズを抱えている。そのような多様なスーパーバイジーを支援するためには，まずスーパーバイジーの的確なアセスメントを行い，それぞれのスーパーバイジーの発達にあったスーパービジョンを提供する必要があることは，すでに述べた。スーパービジョンの長いプロセスでは，当然スーパーバイジーの発達的変化に合わせてスーパービジョンの方法や内容を変えてい

く必要がある。したがって，スーパーバイジーの発達的変化を的確に把握する力や，支援の内容を変えていく方法論をもちあわせていることが要求される。特に臨床発達心理士を目指す大学院生に対する指導では，高圧的な態度や指導であってはならないことは当然であるが，一人ひとりの大学院生の資質を見ぬいたうえで，実習での未熟な対応や臨床的な知識の不足を自ら気づき，修正しようとする態度を支援することが重要となる。このようなスーパービジョンを実現するためには，自らのスーパービジョンをモニタリングし，振り返りを行う研鑽姿勢が要求される。適当にアドバイスしておけばよいというような軽いものではないということをしっかりと認識しておかなければならない。

（3）スーパーバイザーとしての自己啓発

　臨床発達心理士の活躍する場面は，実に様々である。したがって，臨床発達心理士が身につけるべき技能や知識は，多岐にわたっている。臨床発達心理士は，常に自分の接する場面や状況に役立つ技能や知識を学び続ける必要があり，そのための様々な研修会が行われている。そのように様々な場面で活躍する臨床発達心理士へのスーパービジョンを行うわけであるので，広い視野をもち，常に研鑽し自己啓発していく必要がある。自分の行っている特定な技法や考え方だけにとらわれてそれを押しつけようとするのではなく，スーパーバイジーが興味を示す様々な考え方や技法にも心を開き，それらを理解し実践しようとする広い視野と大きな度量をもつことも求められている。

（4）スーパーバイザーとしての自覚と責任

　スーパービジョンを受けている期間のスーパーバイジーが担当している子どもへの支援内容，支援結果についても，スーパーバイザーが責任をもたなければならないことは言うまでもない。さらに，スーパーバイザーは，長期間にわたって自らがスーパービジョンを行って育てた臨床発達心理士の，その後の活動のあり方にも目配りをきかせている必要がある。その意味で，広く臨床発達心理士の活動全般をとらえ，その社会的な意味について常に反省的に把握している必要がある。臨床発達心理士という資格制度のあり方にも，自分が深く関

第Ⅰ部　臨床発達心理士の社会的役割

与しその責任の一端を担うべき存在であることを自覚しておかなければならない。

（5）日本臨床発達心理士会の地域における支部組織での活動実績

　臨床発達心理士が地域の現場で働き続けるには，互いに連携し情報交換し合って，常に互いに研鑽し続けていく必要がある。そのような連携と研鑽の場を保証しているのが，日本臨床発達心理士会の支部会活動である。各支部では，支部に所属する臨床発達心理士のための研修会などを企画して，日々の研鑽の場を提供している。臨床発達心理士を育成しその成長を支援するスーパーバイザーは，そのような地域の支部の運営や，研修の企画，講師などにおいても大いに活躍することが望まれている。

（6）スーパーバイザーとしてのより高度な倫理観

　臨床発達心理士自体が臨床発達心理学に関する深い知識・技能と，専門職としての高い倫理性が求められる資格であることからすると，その指導的役割をになうスーパーバイザーには，人の尊厳と権利を尊重する臨床的態度，臨床発達心理学についてのより高度で広範な知識・技能はもちろんのこと，人と人，機関と機関をつなぐ関係調整力，セクハラ（セクシャル・ハラスメント）・パワハラ（パワー・ハラスメント）等への高い倫理観など，より一層高い水準の力が期待されている。

（伊藤英夫）

第II部

生涯発達における臨床発達支援

第4章 育児への支援

1 育児への支援とは何か

(1)「子ども・子育て支援新制度」はスタートしたけれど

2015年4月,「子ども・子育て支援新制度」がスタートした。この新制度は1990年の1.57ショックから四半世紀近い歳月をかけて検討を重ねてきた施策の集大成とも言うべきものであるとともに,社会保障制度改革の中に明確に位置づけられた施策としての重みをともなったものである。すべての子どもに良質な発達環境を保障し,親の子育てを社会全体で支えること,そのために国は財源を確保し,基礎自治体が実施主体としての役割と責任を果たすことを明確にした新制度は,子どもと子育て家庭にとって新たな時代の到来を告げる画期的なものであったと言っても過言ではない。

しかし,スタート当初から様々な課題が指摘されたことも事実であった。とりわけ待機児童問題があらためて浮上し,その対応に都市部や首都圏の自治体が追われることとなった。

新制度がスタートして,なぜ待機児童問題は解消されないのか,そもそも待機児童問題はどのように考えるべきなのかは,子育て支援のあり方を考えるうえでの重要な視点の1つと考えられる。したがって,ここでは主に待機児童問題を糸口に,新制度に至るまでの施策の経緯を振り返りながら,子育て支援と

第4章　育児への支援

はいかにあるべきかについて考えてみたい。

（2）1.57ショックから「子ども・子育て支援新制度」まで

①　「保育園落ちた。日本死ね」ブログの波紋

　新制度がスタートして1年近く経った2016年2月，わが子の保育所入所が認められなかった1人の母親の怒りに満ちたブログが大きな話題を呼んだ。タイトルも中身もかなり激しい文言で綴られている。子どもの健やかな成長を願って子育て支援のNPO活動にも携わっている筆者にとって，いかなる理由があろうとも，また誰に向けて言うとしても，「死ね」という言葉を用いることには正直賛同しきれない思いである。しかし，わが子が保育所入所を認められるか否かは，就労の可否も含めて親にとって切実極まりない問題であることは事実である。しかも，数年先まで待てない，「今」，解決してほしい問題であることは言うまでもない。国・自治体には可及的速やかな対策が求められていることからも，厚生労働省は，2015年4月1日現在の待機児童が50人以上いる114市区町村および待機児童を解消するために受け皿拡大に積極的に取り組んでいる市区町村を対象として，「待機児童解消に向けて緊急的に対応する施策」を打ち出した（図4-1）。

②　「エンゼルプラン」以来，四半世紀余りの施策検討の経緯

　しかし，国はこれまで待機児童対策に何もしてこなかったわけではない。1990年の1.57ショックを契機として今日まで，様々に試行錯誤を重ねてきた（図4-2参照）。

　その流れを見てみよう。日本社会の少子化対策は，1990年の1.57ショックに始まりを見たものである。1.57ショックとは1966年，当時のひのえうまの迷信によりバースコントロールをはかった親が多かったことから合計特殊出生率が1.58に突如下がったときに比べて，さらに0.01低下したことが明らかとなったことを指す。その4年後の1994年に「エンゼルプラン」と「緊急保育対策等5か年事業」の策定がなされ，さらに1999年に「少子化対策推進基本方針」「新エンゼルプラン」が策定されて，保育所や子どもの施策を充実していくための

61

○ 待機児童解消までの緊急的な取組として，平成27年4月1日現在の待機児童が50人以上いる114市区町村及び待機児童を解消するために受け皿拡大に積極的に取り組んでいる市区町村を対象に，以下の措置を実施する。

Ⅰ 子ども・子育て支援新制度施行後の実態把握と緊急対策体制の強化

1. 厚生労働大臣と市区町村長との緊急対策会議等
   ○ 厚生労働大臣と待機児童が100人以上いる市区町村長との緊急対策会議及び待機児童対策緊急部局長会議を開催し，国・市区町村が一体となって待機児童解消に向けた積極的な取組を促進
2. 自治体からの優良事例・課題・要望等の受付（実施中）
3. 厚生労働省ホームページによる保育に関する国民からのご意見等の募集（実施中）
4. 「保活」の実態を調査
   ○ 保護者目線に立った施策展開に資するため，平成28年4月入園に向けた「保活」の実態を調査
5. 保育コンシェルジュの設置促進（Ⅳの1参照）

Ⅱ 規制の弾力化・人材確保等

1. 保育園等への臨時的な受入れ強化の推進
   ○ 人員配置基準，面積基準において，国の最低基準を上回る基準を設定している市区町村に対して，一人でも多くの児童の受入れを要請
2. 自治体が独自に支援する保育サービスへの支援
   ○ 「認可化移行運営費支援事業」の補助要件である認可化移行期限（5年間）を緩和し，自治体が単独事業として支援する認可外保育施設への支援（運営費の一部及び改修費の補助）を行う　　　　　　　　等

Ⅲ 受け皿確保のための施設整備促進

1. 施設整備費支援の拡充
   ○ 資材費等の高騰などを踏まえた借地料への支援の強化
   ○ 地域の余裕スペースを活用した保育園等の整備促進　　等
2. 改修費支援等の拡充
   ○ 小規模保育等の多様な保育サービスへの改修費等支援の拡充　　　　　　　　　　　　　　　　　　　等

Ⅳ 既存事業の拡充・強化

1. 保育コンシェルジュの設置促進
   ○ 待機児童が50人以上いる市区町村を中心に「保育コンシェルジュ」の設置促進を図り，利用者と保育施設のマッチング（利用者支援）の強化
2. 緊急的な一時預かり事業等の活用
   ○ 待機児童を緊急的に預かるため，一時預かり事業を活用・拡充して，保育園等への入園が決まるまでの間，保育サービスを提供
3. 広域的保育所等利用事業の促進
   ○ 隣接する市区町村の間で，市区町村の圏域を越える保育園等の利用を送迎バスを活用し促進
4. 地域の中での円滑な整備促進
   ○ 保育園等の新規開設に向け，地域住民等との調整や防音壁設置対策を引き続き講じるなど，円滑な保育園等の整備が図られるよう，環境整備（コーディネート等）を促進

Ⅴ 企業主導型保育事業の積極的展開

図4-1　待機児童解消に向けて緊急的に対応する施策について

出所：厚生労働省，2016

数値目標が掲げられた。これが子育て支援の充実に向けて国の施策の流れがスタートしたときである。

　さらに2003年に「少子化社会対策基本法」が議員立法で成立して国の基本的な政策の中に少子化問題が位置づけられ，これに基づいて「新エンゼルプラン」を引き継ぐかたちで「子ども・子育て応援プラン」が策定された。このプランが提起した課題を受けて決定された「子どもと家族を応援する日本」重点戦略（2007年）はその後の日本の少子化対策・子育て支援がとるべきベクトルを明確に決定したものといえる。

　重点戦略は，「働き方の改革」と「家庭における子育てを包括的に支援する枠組み（社会的基盤）の構築」を主要な対策として位置づけ，この施策の実現に要する費用は単なるコストではなく未来への投資である，と踏み込んだ見解

第4章 育児への支援

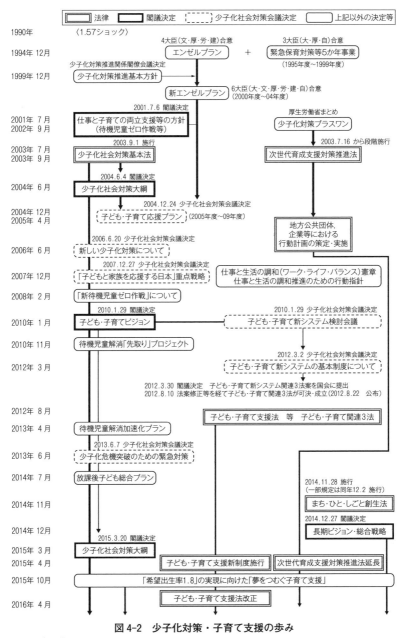

図4-2 少子化対策・子育て支援の歩み

出所：内閣府，2016

第Ⅱ部　生涯発達における臨床発達支援

を示して，効果的な財政投入の必要性を明記した。

　重点戦略において「働き方の改革」と「子育てを包括的に支援する枠組み（社会的基盤）の構築」の２つがピックアップされたのは，若い世代の願望と実態とのかい離が問題と認識されたからである。"結婚したい，子どもも産んで育てたい，同時に働き続けたい"と望みながらも，就労環境の厳しさや保育所入所の難しさから，仕事か子育てかのどちらかの二者択一的選択を余儀なくされていることが，日本社会の少子化の真の原因だという問題意識に基づいて，男女が子育て中も無理なく働き続け，一定の経済力を身につけるためのワーク・ライフ・バランスと，安心して子どもを預けることができるための地域の保育や子育て支援拠点の充実が急務とされたのである。これはとりもなおさず，社会保障と経済成長を車の両輪としてとらえようとする視点であり，その後の施策に及ぼした影響の点でも大変意義深いものであったといえよう。

　この重点戦略の視点はその後，2010年に打ち出された「子ども・子育てビジョン」の数値目標となり，新制度の前身の「子ども・子育て支援新システム」構築のための制度案要綱につながった。この要綱に基づいて議論されたものが，2012年８月に成立した「税と社会保障の一体改革」の中で一部議員修正等が加えられ，「子ども・子育て関連３法」として成立し，子ども・子育て支援新制度構築に向けた議論の礎となった。

　この間，自民党から民主党へ，再び自民党へと政権交代が行われ，いくつかの修正変更もあったが，子育て支援の流れの基本は政党の壁を越えて継承され，大局が引き継がれて新制度へと結実していったと言って良いであろう。20余年の経緯から，子どもと子育て世代を思う人々の超党派の願いがあったことを読み取ることもできる。

（3）待機児童問題とは何か──その解決の視点は

①　保育の受け入れ枠は増えている

　施策の経緯の概略は前述の通りであり，その中で実は保育の受け入れ枠は増加している。2015年度は，保育所と幼保連携型認定こども園を合わせて前年比，約139,000人増であった。新制度により地域型保育事業に位置づけられた小規

模保育や家庭的保育なども含めれば，約196,000人の増加である。それでも待機児童は2015年4月で23,167人。前年4月比で1,796人の増加を見たのである（10月22,148人　10月比2,131人：計45,315人）。

受け入れ枠を増やしても，なぜ待機児童は減らないのか？

まず待機児童の定義が変わったことが挙げられる。保育所入所基準を従来の「保育に欠ける」から「保育の必要な児童」とし，パートタイム，求職中，祖父母同居も含めて，対象が拡大された。人々，特に女性のライフスタイルが多様化する一方で，出産後も働き続けたい，育児が一段落した後に早期に復職したい等の希望も増えている昨今である。女性の経済的自立と社会貢献はこれからの日本社会にとって重要であることを考えても，保育を必要とする対象を拡大したことは適切だったと考えられる。

待機児童問題は，現に今，子どもの預け先に困っている親をどう救済するかという喫緊課題である。しかし，単に保育所を増やせば済む問題でもない。保育の質の維持向上を図ることは議論の余地のないことであり，これまでの子育て支援施策の経緯に基づいて，企業や地域社会のあり方全体も視野に入れた根本的な対策が必要である。

しかも，子育て支援全体に視点を置いて考えれば，待機児童問題は決して全国共通の問題ではないことも事実である。待機児童のいる自治体の7割強は都市部（首都圏・近畿圏の7都府県と政令指定都市・中核市）に集中している。全国的には保育の受け入れ枠253万人に対し，利用児童は237万人であり，2015年現在，定員割れを起こしている市町村は628と報告されている。また首都圏でも立地によっては定員割れを起こしている所もあることから，待機児童を抱える自治体は需要と供給のアンバランスにも配慮した主体的な取り組みが不可欠とされているところである。

②　働き方の改革も課題

待機児童問題の解決にとっては，働き方の改革も重要である。現状は多様な働き方が認められていないことから，保育所入所のために無理をして育児休業を切り上げる親が少なくないことが待機児童増加の一因ともなっている。また，

親の就労形態希望の内実は多様であり，子どもが小さいときは短時間勤務など
を希望する親も少なくない。しかしながら，保育所入所枠確保のためにポイン
トが高くなるフルタイマーとしての働き方を選択せざるを得ないこともあって，
さらに多様な働き方が阻害されるという悪循環も生じている。

③　新制度の理念をいかに活かすか

　こうした現状を解決するためには，認可保育所を増やせる自治体は増やすべ
きであることは言うまでもない。しかし，都市部では土地の確保や建設費用等
を考えても，その即効的な実現可能性に疑問を禁じえないのも残念ながら事実
である。むしろ，既存施設の活用と地域の実態に即した機動性の高い，かつ，
質を担保した多様な保育を増やすことも鋭意検討すべき点であろう。

　既存施設の活用としては，たとえば幼稚園の認定こども園化の促進が考えら
れる。2015年4月時点で約2,800の認定こども園のうち，幼稚園由来の認定こ
ども園は約1,500施設となっている。幼稚園は認定こども園化のほかに預かり
保育の充実等，待機児童の受け入れについて一定の役割を担っている所も増え
ている。もちろん，園の判断もあるが，都市部の幼稚園で余裕のある所は認定
こども園となることや，一時預かり事業を活用して保育を必要とする子どもの
受け入れにさらに積極的に協力することも，待機児童対策として考えられるこ
とであろう。

　認定こども園の推進充実による幼保一体化の推進の意義は，待機児童対策だ
けでない。親の就労の有無にかかわらず学校教育法上の幼児教育と保育を一体
で受けられる環境を整備することは，親の生活スタイルの違いにかかわらず子
どもにより良い発達環境を保障することであり，同時に親にとっても安心して
働ける環境の整備につながることである。新制度の前身の新システムでは，す
べての保育所が3年以内に，幼稚園も可能なかぎりすみやかに「幼保一体の総
合施設」へと移行することが提案されたが，それは認められず，代わって認定
こども園法の一部改正が議員立法で成立した。しかし，総合施設が目指した幼
保一体化の理念は変わらず，新制度における認定こども園に踏襲されているの
である。

さらに新制度では小規模保育や家庭的保育を地域型保育事業に組み入れてその充実を図っており，そのいっそうの注力も必要と考える。

待機児童の多くは0歳から2歳までである。この年齢では少人数できめ細やかな保育を受けることが大切であり，地域型保育の充実は単なる対症療法的な待機児童対策ではない。なお，そのために質の確保にはくれぐれも留意することが必要であることは言うまでもない。小規模保育で3歳以上の子どもの保育を行うことや人数枠を拡大する提案も一部でなされているが，子どもの行動範囲や行動量の観点からして，それは本来あるべき姿ではない。むしろ，連携園の確保に注力することが必要と考える。

④ 保育士の処遇改善

待機児童対策には，保育を担う人材の確保も大きな課題である。特に保育士等の処遇改善は急がれなくてはならない。ここ2，3年，保育士等の給与アップは一応はなされてはいる。公務員給与改定に対応した公定価格の単価のアップが，2014年度＋2％（約356万円→約363万円），2015年度＋1.9％（約363万円→約370万円）となっている。また，2015年度に平均3％の処遇改善も行われているが，これで十分でないことは言うまでもない。

しかし，保育士不足は給料の低さだけが原因ではない。親の就労にあわせて保育時間が長時間化し，発達上留意が必要な子どもや親のクレーム対応も増えているなど，保育士の勤務状況は厳しさを増している。そうした中，保育士の勤務年数も短くなり，職員構成が若年層に偏っている現場ではOJT的機能が働きにくい。保育士が保育の喜びを現場で深めることが難しくなっている実態を精査し，総合的な観点からの改革が求められているといえよう（図4-3参照）。

⑤ 企業市民としての貢献も

少子化は企業にとっても深刻な影響が及ぶ。仕事と家庭の両立支援の推進は言うまでもないが，この度，子ども・子育て支援法の一部改正として，事業主拠出金制度を拡充し，最大5万人の保育の受け皿の整備がなされることは評価したい（図4-4参照）。そこでは自社従業員の子どもだけでなく，地域の子ども

第Ⅱ部　生涯発達における臨床発達支援

○　就業している保育士における現在の職場の改善希望としては、「給与・賞与等の改善」が6割（59.0%）で圧倒的に高い。次いで「職員数の増員」(40.4%)「事務・雑務の軽減」(34.9%)「未消化（有給等）休暇の改善」(31.5%) など、労働条件や職場への不満の高さが見られる。

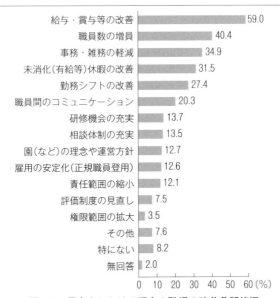

図 4-3　保育士における現在の職場の改善希望状況

注：(1)　2008年4月から2013年3月までの、東京都保育士登録者で現在保育士として働いている者（正規職員、有期契約職員フルタイム及びパートタイムを含む）を対象。
　　(2)　「現在の職場に対して日ごろあなたが改善してほしいと思っている事柄はありますか」（複数回答あり）との質問に対する回答。
出所：東京都福祉保健局，2014（『東京都保育士実態調査報告書』）より作成

にも枠を広げることも、企業市民のあり方として必要であろう。

(4) すべての子どもと子育て家庭を視野に収めて

　待機児童対策が喫緊課題であることは、いくら強調しても足りない思いである。しかし、少子高齢化の中で社会保障費確保も厳しい今日、全国的には過疎地域や人口減少地域に住む子どもの問題、子どもの貧困対策、学童期の放課後対策、虐待や要保護児童対策、被災地の親子への支援等々、課題も山積している。繰り返しになるが、子ども・子育て支援新制度はすべての子どもに良質な発達環境を保障し、親が安心して喜びをもって子育てができる環境の整備を目的としたものであるが、こうした施策が求められているということは、それだ

第 4 章　育児への支援

仕事・子育て両立支援事業等のイメージ図

【背　景】：待機児童解消加速化プラン……2017 年度末までに待機児童解消を目指す。
　　　　　　2017 年度末までの保育の受け皿の整備目標を上積み：40 万人 ⇒ 50 万人（＋10 万人）

【子ども・子育て支援の充実】

内訳
「10万人」の

＋5.6万人分……市町村主体の認可保育所等の上積みで対応（市町村計画の合計数）
　　　　　　←市町村の積極的な取組に対し，整備費・運営費について国費で支援

＋5 万人分……企業主導型保育事業により，最大 5 万人分の受け皿確保
　　　　　　←事業主拠出金（後掲）財源による整備費・運営費の支援

＜企業主導型保育事業＞
☆企業の負担により，従業員の多様な働き方に応じた柔軟な事業所内保育を支援
（特長）　　　　　　　　　　　　　　　　　　　　　　　　（具体例）
・夜間等時間帯のずれた働き方に対応　　　　　　　　　　・小売り，飲食，
・休日等の利用に対応　　　　　　　　　　　　　　　　　　24 時間稼働工場，公共交通
・短時間等の非正規社員の利用に対応　　　　　　　　　　・パートタイマー
・複数企業での設置が可能，整備費・運営費の支援により，中小企業の設置に対応 → ・工業団地，卸売団地，
・設置に当たり市町村の関与なく企業の柔軟な取組に対応　　　　　　　　　　　　　複合商業施設

＜病児保育の拡充＞，＜企業主導型ベビーシッター利用者支援事業＞

【財源の確保】
事業主拠出金の拠出金率の上限引き上げ（標準報酬の 0.15%→0.25%）※事業主負担のみ
　・2016 年度は 0.2%（＋0.05%）：835 億円　　　　　　　　　（労働者負担なし）
　・2017 年度は 0.23%（＋0.08%）：約 1300 億円　　※2018 年度以降は実施状況を踏まえ，
　注）拠出金は，厚生年金保険料等と併せて徴収　　　　協議の上決定

図 4-4　子ども・子育て支援法の一部を改正する法律案の概要

出所：内閣府，2016 より作成

け現実の子育てが厳しいことにほかならないのである。待機児童問題以外に視野を広げた対策もまた急務である。

① 子育て・子育ちをめぐる困難現象が急増

　近年，急速に少子化が進む中，育児に悩む親が急増している。少子化ゆえに子育てへの期待が高まっており，育児情報も氾濫しているが，親が自分に本当に必要な情報を入手することは難しいのも実態である。また地域の人間関係が希薄化し，子育て家庭が孤立する傾向は年々強まっている。こうして育児に孤軍奮闘する中で，**育児不安**やストレスを高じさせ，そのあげ句に虐待に至ってしまうという事例も少なくない。家族が抱える問題も年々複雑化・深刻化しており，社会的養護を必要とする子どもも増加している。

　また，女性の活躍促進は言われているが，仕事か子育てかの二者択一構造は依然として根深く，半数近い女性が第一子出産を機に仕事を辞めている。

69

第Ⅱ部　生涯発達における臨床発達支援

「イクメン」という言葉もすでに新鮮味を失いつつあるが，男性が育児に携わることを可能とする職場はまだ決して多くはない。イクメン・ブームがかえって父となった男性たちを心理的に追い詰めたり，あるいは妻も夫の育児協力への期待を高めるだけに，それが得られない場合にかつてより強い不満を抱いてしまうなど，子育てが夫婦の危機を招く一因ともなっている家庭も少なくない。

近年，注目されている子どもの貧困とそこから生じる格差問題も深刻である。子どものときの貧困格差は，教育や学習の機会の格差となって，大人になってからの貧困につながることもあって，対策が急務である。

こうした子どもや子育てをめぐる厳しい実態を放置することなく，困難に苦しむ子どもと子育て世代を1人も残すことなく見守り，支える体制を整備することが，社会の成熟度を示すものであると考える。そのために何が求められているのか，次項で述べてみたい。

②　行政・市民・企業が一体となった子育て支援体制の整備

まず，子育て支援には恒久財源の確保が不可欠である。待機児童問題の現状と課題は上述の通りだが，新制度スタートの時点で保育の量の拡充と質の担保に消費税増税分を全額投入してもなお3,000億円余りの不足が指摘されていた。今般，消費税増税が先送りとされたことで，あらためて恒久財源確保の必要性を強調しておかなくてはならないであろう。

子育て支援の必要性は誰もが認めるところであるが，同時に公費の投入増は国民の負担増も避けられないという覚悟も必要であろう。子育て支援は社会にとって決してコストではない。むしろ未来への投資であり，その未来への投資は国・行政府だけに任せて解決できるのか。国民・市民・企業等が一体となった協働体制をいかに確かなものとするかの視点が求められていることも忘れてはならないことと考える。

子ども・子育て支援新制度において，その実施主体としての基礎自治体の役割と権限が大きくなっていることは冒頭で述べた通りである。地域の子育て世代の親のニーズをいかにきめ細やかに把握し，地域の実情に合わせて多様な施

策を展開できるかが求められているのであるが，それは果たして基礎自治体だけに託して実現が可能なのか。実現可能性だけでなく，そもそも子育て支援とはいかにあるべきかを考える観点からも疑問である。

　この点について，新制度で発足した利用者支援事業を例として考えてみたい。

　前述のように，親は不慣れな子育てに直面し，地域からも孤立しがちな中で育児不安やストレスを強めている。地域にある様々な子育て支援施策や関連施設等を必要に応じて適切に利用できるようにする支援が必要であることから，新制度では「利用者支援制度」の充実が盛り込まれている。

　問題は誰が，いかにその制度の担い手になるかである。ソーシャルワーカー等の資格も考えられるが，マンパワー的に十分でないこともある。むしろ，利用者支援の理念を徹底するためには，従来の資格の枠を超えて，地域住民が相互に支え合う仕組みづくりとそのための人材養成が不可欠といえる。親の悩みや不安に辛抱強く寄り添いつつ，地域の社会的資源等との連携も密にできる人材の発掘養成が必要である。

　地域には子育てや介護，様々な職種の仕事の経験等をもった人がともに暮らしている。そうした人々を地域の子育て支援の「人財」として養成し，活用することを基礎自治体とNPOの協働で実施している事例がNPO法人あい・ぽーとステーションの「子育て・家族支援者」養成講座である。子育てや職業経験・人生経験豊かな中高年男女が講座を受講し，支援者としての認定を受けた後に，地域の一時保育や訪問型保育，子育てひろばの見守り・子育てコーディネーター等で活躍している。いくら人生経験が豊かだといっても，子どもの命に関わる仕事であり，単に個人的な子育て経験や人生経験だけで，さらにはボランティアマインドだけで行うことができる活動ではない。乳幼児の発達や保育・子育てへの理解，親や家族への支援に関して，十分な知識と技術を習得する研修を前提とし，認定後もバックアップ研修の受講を義務づけるなど，かなりハードな認定資格となっている。それにもかかわらず，2004年度の開始から受講者は絶えることなく，すでに港区・千代田区・浦安市・戸田市・高浜市で1,600人余り（2015年度現在）の認定者が誕生し，それぞれの地域の実態に即した活動を展開している（図4-5参照）。この養成講座は2015年度から厚生労働省

第Ⅱ部　生涯発達における臨床発達支援

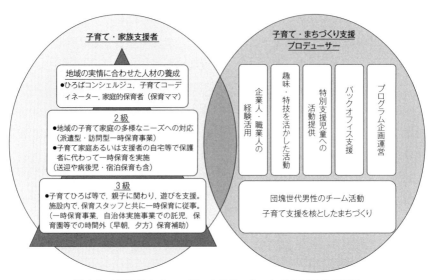

図4-5　NPO法人あい・ぽーとステーションの人材養成の概要
出所：NPO法人あい・ぽーとステーション人材養成推進室，2015

がスタートさせた「子育て支援員」研修制度のモデルの1つとなったと言われている。こうした地域住民の相互扶助システムが全国に展開し実を結ぶことが期待される。

(5) 子育て支援を社会保障に位置づけて

地域の人材養成に携わって痛感することは，第1に子育て支援は行政だけで，あるいはNPOだけで担えるものではないということである。基礎自治体とNPO等がそれぞれの特性と強みを活かした協働体制のもとで，地域の中に住民主体の相互扶助の仕組みをつくることに力を注ぐことが求められている。そのためには，双方が対等な立場で率直に議論しあえる信頼関係を育むことが何よりも大切である。

第2は，市民・住民の子育て支援に対するマインドの重要性である。子どもの有無や子育て中か否かを問わず，子育て支援にすべての人が理解と協力を惜しまないコンセンサスをいかにつくれるか。子どもの声が騒音だとして保育所建設を阻み，公園で子どもが声をあげて遊ぶことも禁止させるような人々の意

識をどう変えていけるのかが大きな課題といえよう。

　また，支援はあって当然なのではなく，国や自治体だけではできないことがあるとすれば，それを率直かつ真摯に説明し，市民に求める努力もまた避けてはならないと考える。そのためにも子育て支援を子どもや子育て世代の問題の枠にとどめず，広く社会全体の問題として提起する視点が大切ではないかと考える。

　具体的には社会保障の一環として，子育て支援を位置づける視点の重要性である。そのためにも，ここであらためて，子ども・子育て支援新制度は2012年の「税と社会保障の一体改革」の中で成立した子ども・子育て関連3法を法的なよりどころとしたものであることを述べておきたいと思う。

　この改革は「医療」「年金」「介護」の3分野から成り立っていた従来の社会保障に，初めて「少子化対策」として，子育て支援を位置づけたものである。その背景には，社会保障をめぐる大きな社会経済状況の変化が指摘される。

　現行の社会保障制度は1970年代型といわれ，右肩上がりの経済成長や終身雇用の夫といわゆる専業主婦の妻というモデルをもとにした，高齢化率も低かった時代のものであった。しかし，1.57ショックに象徴されるように，1990年代以降，少子高齢化が急速に進み，社会経済環境も大きく変化している。若者や子育て世代に非正規雇用の労働者の増加や雇用の流動化が起き，子育て困難現象や，貧困・格差問題も深刻化していることは前記の通りである。給付は高齢者，負担は現役世代という1970年代型社会保障はもはや限界であるという認識と危機感を社会全体で共有し，若い人々も含めてすべての世代が安心感と納得感の得られる全世代型の社会保障をつくらなくてはならないというのが，2012年の社会保障制度改革の趣旨であった。

　とりわけ，持続可能な社会保障制度の構築に関しては，若い世代，あるいは子育て世代が夢と希望を抱いて，社会保障制度の維持に積極的に参加できるような制度を構築することが目指されたのである。

　社会保障の問題を議論するときに1つ懸念されることは，世代間対立の視点が持ち込まれることである。すなわち「高齢者あるいは子育てが終わった世代にとっては，子どものために施策を充実しても，自分たちには益するところが

ない，なぜ子どものことだけ，現役世代にだけ手厚くするのか」というような声があり，その一方で「日本の社会保障給付は高齢者支援に偏って，子ども関係があまりにも少ない。高齢者には我慢を求め，子どもや少子化対策を手厚くすべきだ」という意見が出されることがしばしばである。

　しかし，日本の社会保障は世代間で支えあう構造である。高齢者が安心して社会保障を利用できるためにも，現役世代を応援し，その子どもがまた未来を支えてくれるという順繰りであることを考えても，子ども・子育て支援は単に子育て世代への支援ではなく，未来の社会を確かなものにすることへつながっているという理解が大切であろう。

　そもそも日本の社会保障給付費は諸外国に比べて少ない。その小さいパイを高齢者と子どもで奪い合う議論の不毛性にも気づくべきではないかと考える。近年，ダブルケア問題（育児と介護，介護と孫支援など複数のケアが同時進行する状態）が浮上していることからもわかるように，高齢者問題と子育て問題は，決して VS 構造で議論できるものではない。高齢者が安心して医療や介護を受けられてこそ，現役世代は働くことができ，子育ても可能となる。高齢者への施策を仮に貧弱にして，高齢者が安心して老後を過ごせない社会となったとき，若い世代が夢をもって，未来に向けて年齢を重ねていけるのかを真剣に考えるべきではないだろうか。

　社会保障を全世代型とする理由には，私たちが生きていくうえでは，年齢や世代を問わず，誰もが人生にリスクを抱えていることもある。老いは誰もが直面する課題であるが，病気や障害は，高齢者の問題とは限らない。若くして認知症になる場合もある。いつ障害のある状態になるか，またいつ事故に遭うかはわからない。人生のリスクを単に負担とみなしたり，世代論で済ませたりするのではなく，皆で分かち合おうという哲学を醸成することが必要と考える。

　この点についてスウェーデンが参考となる。高福祉国家として知られているスウェーデンは，他方で高負担国家でもあるが，そこには高福祉と高負担を支えている哲学があるという。すなわち「人生には喜びもあるが，それと同じくらいに哀しみも多い。哀しみをわかちあってこそ，社会が豊かになれる」という哲学“オムソーリ”である。しかも，支える側により多くの喜びがもたらさ

第4章　育児への支援

れるという理念が込められているという（神野，2010）。

　新制度には待機児童問題や財源確保など，多くの課題が山積していることは
これまで述べてきた通りである。しかし，すべての子どもにより良い発達環境
を保障し，親の子育てを社会全体で支えようとする新制度の理念それ自体は，
これからの子育て支援の揺るぎない道標となるものである。その新制度が多く
の課題を乗り越えて真に実りあるものとなるためには，行政と市民とが一体と
なった協働体制の構築，そして，オムソーリのような哲学が日本社会の隅々に
醸成されていくことが必要と考える。

（大日向雅美）

2　育児への支援の現状

（1）様々な機関での育児支援

　妊娠から出産を経て，その後の乳幼児の発達にともなう育児への支援は，図
4-6 に示されているように，新生児訪問事業や乳児家庭全戸訪問事業など医療
機関から保健事業として地域へと徐々に移行していく。そこでは，多職種の連
携による継続的な支援が必要であることがわかるであろう。自治体によって
様々な機関で，地域のニーズに合わせた多様な事業が展開されてきているが，
ここでは多くの自治体で行われている育児への支援の現状をみていこう。

①　保健所・保健センター，および発達支援センターにおける育児支援

　保健所・保健センターはいずれも保健所法（1947年）に基づくが，1994年に
地域保健法に改正された（厚生労働省，2010）。**保健所**は都道府県，政令指定都
市，中核都市などに設置されており，そこには医師，保健師，栄養士，診療放
射線技師，臨床検査技師，獣医師，薬剤師のほか，精神保健福祉相談員，理学
療法士，作業療法士，聴覚言語専門職などが配置されている。精神保健，難病
対策，感染症対策など地域保健の重要な役割を担っており，市民生活に密接に
関わりがある行政窓口である。「母子保健」については，母子保健離乳食講習

75

第Ⅱ部　生涯発達における臨床発達支援

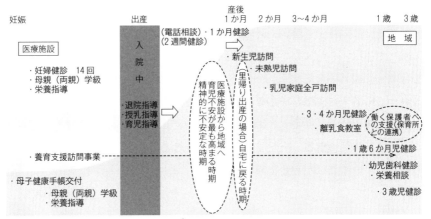

図4-6　多職種連携による継続的支援の必要性
出所：山崎，2014

会や乳幼児健康相談，乳幼児健診などを行い，さらに最近では保健所内に子育て支援の担当を設置しているところもあり，乳幼児の健康不安だけでなく，子育てに関する相談にも応じている。

一方，市区町村単位でみれば**保健センター**が設置されていて，保健師，看護師，栄養士等が配置されており，地域住民に対する健康相談，保健指導，予防接種や各種健診のほか地域保健に関した事業として子育て支援を担っているところが多い。

さらに，各自治体などによる**発達支援センター**では，0～18歳まで切れ目のない支援が目指されている。相談事業として心理相談，就学相談，専門指導事業として言語指導や運動・活動指導，ペアレント・トレーニングなどが行われている。しかし，実際には，就学を境に学校教育の管轄である文部科学省と福祉の管轄である厚生労働省との縦割りの壁は高く，子ども中心となり得ていない部分もある。また，個人情報保護の問題も大きい。これらの壁を乗り越える，真の意味で0～18歳までの切れ目のない支援の体制づくりが望まれる。

②　児童家庭支援センターなど福祉施設における育児支援

　虐待を受けたりして実親と一緒に暮らせない子どもを社会的に養育する仕組みを社会的養護という。法的根拠は1947年に公布された児童福祉法によるが，時代の変化にともない児童福祉法は繰り返し改正されてきている（詳細は第6章参照）。

　地域の児童福祉に関する諸々の問題に対して，その向上を図ることを目的とした1997年の一部改正により乳児院や母子生活支援施設，児童養護施設などに附置するものとして新たに**児童家庭支援センター**が創設された。そこでは，①地域の児童，母子家庭その他からの相談への対応や，②児童相談所において施設入所ほどではないが保護を必要とする児童や施設を退所して間もない児童など，継続的な措置が必要とされる児童および家庭に対して専門的な知識，および技術を必要とする指導を行っている。さらに③児童や家庭に対する支援を迅速かつ的確に行うために，福祉事務所，児童福祉施設，民生委員，児童委員，母子相談員，母子福祉団体，公共職業安定所，保健所，市町村保健センター，精神保健福祉センター，教育委員会，学校などとの連絡調整を行う（厚生省，1998）。また2008年の一部改正で，市町村の求めに応じ，技術的助言その他必要な援助を行うことも業務に加えられ，単独設置も可能となった。さらに2011年の実施要綱改正により，里親や養育者の住居において5～6人の要保護児童の養育を行うファミリーホームの支援を行うことも明記された。

　今日，東京都23区，および周辺の市には（子ども）家庭支援センターが設置されている。虐待への対応を中心に事業が展開されているが，18歳未満の子どもや子育て家庭のあらゆる相談に応じるほか，ショートステイや一時預かりなど在宅サービスの提供やケース援助，サークル支援やボランティア育成，地域の子育てに関する情報提供など，事業内容は広がっている。

　児童相談所も児童福祉法のもとに設置され，業務としては児童虐待への対応から予防的対応を目指しているが，実際に生じる虐待事例への対応に追われているのが現実である。そのような中で，医療機関と児童相談所との連携では，虐待が疑われる事例だけでなく，妊娠中の受診がまったくないままに分娩のために急患として搬送された事例，いわゆる「飛び込み出産」については，病院

第Ⅱ部　生涯発達における臨床発達支援

から児童相談所に連絡することになっている。こうした連携により悪条件での出産に対して，極初期から子どもの発達を保障していくために具体的な育児のあり方を検討し，臨床発達心理士などの専門家を含めて育児支援の個人カルテが策定されていくことになる。子どもの命を守り，発達を保障するための連携としての意味は大きい。

　児童相談所の一時保護所は乳児への対応ができない場合が多いことから，乳児については乳児院が一時保護機能を担っている。乳児院は児童福祉法第37条では「乳児（保健上，安定した生活環境の確保その他の理由により特に必要のある場合には，幼児を含む）を入院させてこれを養育し，あわせて退院した者について相談その他の援助を行うことを目的とする施設」（厚生労働省，2013）とあり，1歳未満の乳児を主に養育するが，必要がある場合には小学校入学以前の幼児も養育することができる。被虐待児だけでなく病児・障害児などにも対応できる専門的養護機能をもっている。また，地域の育児相談やショートステイなどの子育て支援の機能も担っており，地域に開かれた施設として変容しつつある。

　児童養護施設とは児童福祉法第6条の3に規定する「要保護児童（保護者のない児童又は保護者に監護させることが不適当であると認められる児童）」を入所させて，これを養護し，あわせて退所した者に対する相談その他の自立のための援助を行うことを目的とする施設である（児童福祉法第41条）。被虐待児に限らず，非行児童も含まれる。対象児の年齢は1歳以上18歳までであるが，必要な場合は20歳未満まで措置延長できるとされている。児童虐待の増加にともない要保護児童数も増加し，児童養護施設の入所児童数は1995年の27,145人から，2013年には28,831人と1.06倍，乳児院は1.20倍となっている。また障害等のある児童も増加しており，2008年には23.4％を占めるようになっている（厚生労働省，2017）。また，2008年には7割が定員20人以上の大舎制であったのが，2012年以降小規模化が進み，定員12人以下の小舎制が増えている。さらに，社会的養護が必要な児童を，可能な限り家庭的な環境において安定した人間関係のもとで育てることができるよう，施設のケア単位の小規模化が推進されている。児童指導員，保育士，家庭支援専門相談員，個別対応職員ほか，里親支援

専門相談員，心理療法担当職員，看護師が加算される。入所児に対して心のケアや学習支援の充実が望まれ，臨床発達心理士の活躍も期待されるところである。

　母子生活支援施設とは，1947年に制定された児童福祉法第38条に定められる社会的養護施設の１つである。配偶者のいない女性，またはこれに準ずる事情のある女性やその女性が監護すべき子どもの入所を受け入れ保護する施設である。同時に，これらの人々の自立を促すために生活を支援するほか，退所した人々の相談を受けたり，援助を行ったりもしている。今日では，「配偶者からの暴力の防止及び被害者の保護等に関する法律（配偶者暴力防止法）」（内閣府，2001）による一時保護施設として，最も多く利用されており，ドメスティック・バイオレンス被害者の保護から自立支援を進めるための重要な施設となっている。

　さらに，2016年６月の児童福祉法等の一部改正では，社会的養護の新たなあり方として，①家庭への支援に重点を置き，②家庭で難しい場合，家庭環境と近い里親委託や特別養子縁組を優先するが，③それが適さないケースは小規模化した施設に入所する，との新しい政策方針を打ち出している。具体的には，特定の大人との安定した関係をつくる「愛着（アタッチメント）関係」のために，家庭に近い環境で育てることを望ましいとし，就学前の子どもは原則，施設入所を停止することが掲げられている。３歳未満はおおむね５年以内，３歳から就学前はおおむね７年以内に里親，あるいはファミリーホームへの委託率を75％とすることを数値目標としている。就学後については10年以内の目標達成を目指している。しかし，児童養護施設や里親のもとでの虐待も生じていることから，職員や里親への研修の充実なども併せて慎重に行っていく必要があろう（厚生労働省，2017）。

③　保育所，幼稚園，認定こども園における育児支援

　保育所，幼稚園では，在園児は無論のこと，地域の未就園児に対して園庭を開放したり，未就園児の親子を対象とした支援プログラムを行ったりしている。

　幼稚園では，満３歳児保育とは別に，２歳児の親子グループを開設している

ところも多い。週１回から２回，親子での遊びと，親子別々のプログラムが設けられ，具体的な内容は様々であるが，在園児の日常保育と並行して行われるため，両者の活動内容の調整や誰が担うかといった課題がある。たとえば，家庭児の３歳入園に向けて，家庭と園との双方にメリットがある一方，あくまで一人ひとりの子どもの発達を支えるという視点を中心に据えられているかが問われる現状もある。

　一方，公立保育所は地域の**子育て支援センター**としての役割を担っているところもある。石川県では，３歳未満児を在宅で育てる母親と妊婦の希望者には，地域の１つの保育所を「マイ保育園」として登録し，妊娠から出産，その後の子育ての過程に一貫して個別に寄り添うシステムが2005年に制度化されている。

　さらに，2008年から新たに設けられた認定こども園は，子育て支援を行うことが義務づけられており，**幼保連携型認定こども園**を基本とした教育・保育の目的が保育所や幼稚園と同様に要領として示されている。在園児の保護者に対しては，生活形態が異なる保護者間の相互理解や交流が深まるような工夫が課題である。また，地域の保護者に対しては，参加しやすい事業を展開し，きめ細やかな子育て支援が保護者の安心感につながるような予防的機能が重視されている。そのためには，日頃から地域の関係機関や専門職との連携に基づく園内の体制づくりが必要となる。加えて未就園児だけでなく，小・中学生が遊びに来るなどの人的・物的環境を整えることで，次世代の育成も視野に入れた支援が求められている。

（２）関連する法律と育児支援

①　母子保健法にみる乳幼児健診

　市町村が実施する**乳幼児健診**は，1965年に制定された**母子保健法**第141号第12条及び第13条によって，「満１歳６か月を超えて満２歳に達しない幼児」，および「満３歳を超えて満４歳に達しない幼児」を対象に，健康診査を行わなくてはならない，とされている。また実際の乳幼児健診の実施要綱は，「乳幼児に対する健康診査の実施について」（1998年）として各健診の目的が掲げられ

ている。1歳6か月健診の目的には，「幼児初期の身体発育，精神発達の面で歩行や言語等発達の標識が容易に得られる1歳6か月児のすべてに対して健診を実施することにより，運動機能，視聴覚等の障害，精神発達の遅滞等障害を持った児童を早期に発見し，適切な指導を行い，心身障害の進行を未然に防止するとともに，生活習慣の自立，むし歯の予防，幼児の栄養及び育児に関する指導を行い，もって幼児の健康の保持及び増進を図る」とされている。また，3歳児健診については，「幼児期において幼児の健康・発達の個人的差異が比較的明らかになり，保健，医療による対応の有無が，その後の成長に影響を及ぼす3歳児のすべてに対して健康診査を行い，視覚，聴覚，運動，発達等の心身障害，その他疾病及び異常を早期に発見し，適切な指導を行い，心身障害の進行を未然に防止するとともに，う蝕の予防，発育，栄養，生活習慣，その他育児に関する指導を行い，もって幼児の健康の保持及び増進を図る」とされている。

　いずれの健診においても具体的な検査項目が示されており，また，留意事項として家族の育児面での情緒を養い，児童に対する虐待防止が図られるよう指導することが挙げられている。

　3歳以降，就学前健診へつなぐものとして満5歳児健診が検討されており，一部の自治体では実施されている。たとえば，東京医師会では東京方式として5歳児の乳幼児健診を位置づけている（東京医師会次世代育成支援委員会，2011）。そこでは保護者や関係者に生活習慣を含む5歳児の姿を認識してもらい，就学期を迎えるための準備を始める契機とすることを目指している。しかし，5歳児健診の意義については見解が分かれており，その取り扱いは自治体によって異なっているのが現状である。

②　改正育児・介護休業法

　育児・介護休業法は2016年3月に改正され，2017年1月から全面施行された。改正のポイントは，仕事と育児の両立支援制度として，育児休業の取得を申請する要件が緩和された点である。すなわち，①過去1年以上継続雇用されていて，②1歳6か月（従来は満2歳であった）になるまでに雇用契約がなくなる

ことが明らかでないこと，と改正された。そして，このような育児休暇を取得できる対象は，法律上の親子関係がある実子・養子に限定されていたが，特別養子縁組の監護（試験養育）期間中の子，養子縁組里親に委託されている子どもなどにも拡大された。また，いわゆるマタニティ・ハラスメントやパワー・ハラスメントについて，事業主による妊娠・出産・育児休業・介護休業などの理由で不利益な取り扱いはこれまでも禁止されていた。しかし，今回の改正によりさらに，上司・同僚からのこうした理由による嫌がらせを防止する措置を講じることを事業主へ新たに義務づけ，派遣労働者の派遣先にも同様のことが適用されるようになった。

このほか，小学校就学の始期までの子どもを養育しながら就労する者は１年間に５日，子どもが２人の場合は10日まで，また病気やケガをした子どもの看護，または子どもの予防接種，健康診断の受診のための休暇を１日単位から半日（所定労働時間の２分の１）単位で取得することができるようになった。さらに，３歳に達するまでの子どもを養育しながら就労する者については，短時間勤務の措置，１日原則６時間を義務づけ，小学校就学前までの子どもを養育，あるいは介護を行う者が請求した場合，１か月24時間，１年150時間を超える時間外労働を制限したうえで，もし３歳に達するまでの子どもを養育する者が請求した場合は所定外労働が免除されるようにもなったのである。

③　多子世帯に対する経済的負担の軽減

少子化対策の一環として，一定の要件下で**多子世帯の児童手当**や幼児教育・保育の保育料の負担軽減といった措置が行われている。児童手当では，３歳から小学校修了前の子どもに対して，第１子，および第２子については月額10,000円を支給し，第３子以降については月額15,000円が支給される。また，幼稚園・保育所などの保育料では，一定範囲で第２子を半額負担，第３子以降を無償としている。2016年度からは世帯収入が一定額以下の場合，①ひとり親世帯は第１子が半額，第２子以降は無償，②ひとり親でない世帯では第２子は半額，第３子以降は無償に拡大されている。また，特に経済的に厳しい状況にあるひとり親家庭に重点をおいた多子加算額が改善され，第２子では月額

5,000円から月額最大10,000円に，第3子以降では月額6,000円とする「児童扶養手当法の一部を改正する法律」が2016年に成立している。

　さらに，多子世帯，または第3子以降であることを，保育所などの優先利用の事由の1つとして位置づけるような配慮を地方公共団体に対して働きかけてもいる。同様に住宅政策でも，多子世帯への配慮・優遇措置公営住宅の入居者選考に際しては，地域の実情を踏まえた地方公共団体の判断によって多子世帯が優先的に入居できるような取扱いを行っている。

　本章の第1節でみたように，エンゼルプランに始まり少子化対策の施策，次世代育成への施策，さらに企業を巻き込んでの働き方の見直しを含めての**子ども・子育て支援新制度**まで，様々な施策が取り組まれてきている。それにもかかわらず，子育てをめぐる状況は**待機児童問題**や子どもの貧困など，新たな対策が迫られているといえよう。

3　育児支援の方法

　育児への支援は今日では，子育て支援として地域のニーズを踏まえて，様々な内容・形式によって取り組まれている。こうした支援事業の広がりにともない，利用者は日々，多数ある育児支援の取り組みの中から，ニーズにあった支援を選択するようになってきている。育児支援の場で経験することは，子どもにとってどのような意味をもっているのであろうか。家庭と保育所では同じ子どもでも泣きの様相が異なることから，保育所は家庭の代替ではなく，むしろ質的に異なる独自な環境であることが示されている（根ヶ山ら，2008）。したがって，育児支援の内容・形式の広がりは，保護者だけでなく，子どもにとっても家庭とは質的に異なる経験となっていると考えられる。

　育児支援の方法として特徴的なことは，アセスメントとして発達検査などを個別に行うのは例外的であることである。すなわち，日常的な親子の触れ合いのエピソードから，親子それぞれの問題を把握し，支援することが中心となる。そのような観点から，育児支援の方法について以下にみていこう。

第Ⅱ部　生涯発達における臨床発達支援

（1）拠点型育児支援とアウトリーチ型育児支援

　育児支援は一番必要としている人に届かない，といわれ続けてきたことから，最近では拠点型の育児支援のほか，支援者らが地域や家庭に出向くアウトリーチ型の様々な支援が行われるようになってきている。乳児家庭全戸訪問事業もその1つといえよう。生後4か月までの赤ちゃんがいるすべての家庭を，保健師や助産師，看護師が訪問し，母子の健康や授乳といった養育相談や子育てに関する情報の提供などを行っている。また，臨床発達心理士などの発達の専門家が地域の公共施設に出向き，広場事業の一環として育児相談なども行っている。

　しかし，地方によっては医療関係者以外の発達の専門家がいない地域も存在する。そのような場合には他の地域の専門機関との協働のもと，その地域のニーズにあった内容・形式によるアウトリーチ型の育児支援を展開していく必要があり，そこでは自治体主導であることが肝要である。というのは，地域のニーズに即した支援内容・形式による継続性のあるアウトリーチ型の支援を行っていくためには，場所や人材の確保に財政的バックが欠かせないからである。だからといって発達の専門家は行政からの依頼を受け身的に待っているのではなく，地域のニーズを積極的に掘り起こし，自治体を巻き込みながら，その地域の実情に即した最も効率的で継続可能な支援システムを創出し，具体化していく努力をすべきであろう（藤﨑ら，2016）。そのために支援者には発達の専門家としての力量だけでなく，システムとして機能するように支援者同士や支援者と行政をつなぎ，さらには諸々の機関との連携を実現するコーディネート力が求められる。そのうえで，実際の支援プログラムの一端を担い，その効果を評価しつつ発展させていくことが重要である。

（2）オープンな育児支援とクローズドな育児支援

　拠点型の育児支援の方法として，いつでも，誰でも自由に参加できるオープン・システムと，一定のメンバーで定期的に開催されるクローズド・システムの2つの形式がある。前者は登録しておくことで，利用者のその時々の状況や

目的に合わせて機関を選択し気楽に参加することができる。たとえば，プログラムの内容によって，複数の機関を組み合わせて利用し続けることも，辞めることも利用者の意思に委ねられている。一方，後者は抽選などで選ばれた10〜15組前後の親子と支援者との触れ合いが一定期間継続される。毎週1〜2回，1回1時間半程度の1年間のプログラムとして組まれる形式が多い。親子が継続的に参加することを前提として，子どもの発達にともなった活動や子育てに関する保護者の悩みや疑問について話し合いなどが行われる。

　このような2つの形式には，それぞれにメリット，デメリットがある。前者では，敷居が低く利用者は気軽に出入りできるだけに，支援者との関係はゆるやかで弱い。そのため，気になる親子の姿が見られた場合，支援者は親子がこの場に参加し続けるようにするには，どのような配慮が必要かを探ることが特に重要となってくる。後者の場合は，一人ひとりの子どもが保護者へのアタッチメントを形成しながら，その子らしく主体的に行動するようになるのと並行して，保護者は支援者や他の親子との関わりを通して自分の子どもの姿や子育てを肯定的にとらえるようになり，さらに親子の人との関わりを広げていくことなどが意図されている。そのためには保護者と支援者との信頼関係の形成が出発点となる。支援者との関係を介して参加親子相互の関係も深まり，プログラムに参加することが親子双方にとって楽しい機会となっていく一方，子ども同士のトラブルなどから保護者がネガティブな感情を抱いたりすると，クローズドであるだけに閉塞感がつのり，居場所がなくなり，継続しての参加が困難になることも生じかねない。

　いずれの形式についても保護者のニーズにより選択されるため，育児支援の形式の違いだけでなく，保護者の参加意識の違いが支援プログラムの効果に影響することが示唆されている（川並，2017）。したがって，どのような形式であっても，他の親子が遊ぶ姿を見て自分自身の親子関係のあり方を振り返り，子どもの個性や気持ちを理解し，子どもの発達をより肯定的に受け止め，子育ての苦楽を受け入れることができるようになっていく支援プログラムの創出が肝要である。それは単なるサービスではなく，親子それぞれが発達していく基盤となるものである。

第Ⅱ部　生涯発達における臨床発達支援

（3）妊娠期からの切れ目のない支援——子育て世代包括支援センター

　親子が抱える問題は複雑な要因が絡んでいることが多く，1人の支援者や1つの機関での対応には限界がある。一方，利用者の立場からすると，縦割り行政の中で，複数の窓口に行かなくては必要な支援が得られないという不便さがある。そうした現状に対して，2014年には子ども・子育て支援を推進するために，「利用者支援事業」が打ち出された。それは子どもやその保護者，または妊娠している人が教育・保育施設や地域の子育て支援事業などをスムーズに利用できるように，①身近な実施場所でそれらの情報を収集したうえで提供すること，②必要に応じ相談・助言などを行うこと，必要ならば③関係機関との連絡調整なども実施し支援すること，の3つを目的としている。

　この利用者支援事業の1つの型として「母子保健型」では，市町村が妊娠期から出産，育児期にかけて「切れ目のない支援」を実現するワンストップの拠点となる「子育て世代包括支援センター」を設置することを掲げている。それを受けて2015年度以降，「日本版ネウボラ」として取り組む自治体が広がりつつある。ネウボラとは，フィンランド語で「ネウボ＝助言」と「ラ＝場所」を合わせた言葉で，「助言の場」「助言を受ける場」の意味である。フィンランドにおけるこの制度には4つの特徴がある。すなわち，①利用しやすいこと，②支援者との信頼関係を重視していること，③身体面だけでなく精神面も含む包括的ケアであること，④ハイリスクとなることを防ぐために早期発見・早期治療を可能とするようすべての親子を対象とする普遍主義であること，である（榊原智子，2016）。

　こうした特徴のあるフィンランドのネウボラをモデルとして，日本では和光市，浦安市，名張市が2014年度から先駆的に取り組んできている。たとえば，和光市の「わこう版ネウボラ・子育て世代包括支援センター」には2つの特徴がある。1つは，これまで市役所や保健センターで行われてきた母子保健事業，具体的には母子手帳の交付や産前両親学級，育児期初期の母親教室などを地域の子育て支援拠点で実施するようにしたのである。もう1つは，保健・医療・福祉が一体的に提供される高齢者の地域包括的ケアシステムの枠組みをネウボ

ラに導入したことである。具体的には，支援を必要としている家庭に対して，個別の面接（アセスメント）を実施し，そこで抽出された課題に応じて，母子保健ケアマネジャー，および子育て支援ケアマネジャーがケアプランを作成するというものである。このケアプランに即して関係機関の連絡調整を行っていくことになる。こうして妊娠初期から地域につながることは，育児の孤立化を防ぐだけでなく，子育てで困る前につながることによりハイリスクとなってしまう危険性を食い止めることができる。「支援の核心は対話にある」として，個別の面接において家族の状況をていねいに把握し，その家族が，どこで，どのような支援が必要なのかを「見える化」していく場としている（榊原久子，2016）。

　このような取り組みは全国的な広がりをみせている一方，精神面のケアには高度な専門性が求められることから，臨床発達心理士の活躍が期待される。

4　育児支援に求められる専門性

　育児支援は保護者の子育てを支援すると同時に，子どもの発達を支えることを目的としている。そのためには，親子の日常的な触れ合いの場面を通して，それぞれの問題を把握し，無理のないかたちで必要な支援につなげていく必要がある。それゆえ育児支援においては，親子の発達に関する高度な専門的知識と支援技法を有しながらも，その専門性を前面には出さずに黒子的存在となり，親子との触れ合いを継続していくようにするには，どのようなアプローチが可能かを探ることが鍵となる。以下，そうした育児支援の専門性についてみていこう。

（1）基盤としてのカウンセリングマインド

　カウンセリングとは，人と人との基本的信頼に基づいて，相談者が自分の人生を自分のものとして生きていくよう援助することである。そこでは，傾聴，受容，共感的理解が基調となる。育児支援においては，カウンセリングそのものを行うというよりは，保護者に対して**カウンセリングマインド**をもって触れ

合うことが支援者の基本的な姿勢であるとされる。

　そのカウンセリングマインドとは，コミュニケーションをする際に「安心感・信頼感，自尊心」を相手に与える受容的・共感的な態度を特徴とする。すなわち，受容的な態度とは相手の言葉を否定せず，「あなたはそう思ったのですね」「そう感じたのですね」と相手をありのまま受け入れようとする態度である。共感的な態度とは，「わかります」「それは嬉しいですね」と，相手の気持ちになって話をする態度である。このような支援者の姿勢により，相手は「わかってくれている」と実感することができる。ただ話を聞くだけではなく，カウンセリングマインドをもって相手の気持ちを理解して話を聴けたとき，それは相手にとって大きな支えとなる。こうした態度での触れ合いを続けていくことにより，当初は目にみえる変化としては現れないかもしれないが，話をする前より，少しでも心が軽くなるなどの小さな変化から，徐々に大きな変化，つまり「問題解決・成長への方向」の変化に向かっていくことが目標とされる。

　支援者の人としての大きさとカウンセリングマインドの豊かさは比例する一方，カウンセリングマインドとは知的に理解できるものではなく，経験によって体得されるものであり，それによって保護者が信頼感，安心感を抱き温かい心の交流となって，育児支援としての意味をもっていく。

　保護者のストレスを単純に低減させることだけが支援の目標ではない。そのことが子どもの発達とどのようにつながるかということを念頭におきながら，支援内容や支援方法を決定していくことが重要である。カウンセリング的関わりを行う場合でも，保護者の状況によりアプローチを段階的に行っていくことになる。たとえば，保護者の不安を低減させ，子どもに対する支援方法を受け入れる態度をまず形成することを目標とする場合もあるであろう。あるいは，自分自身や子どもを肯定的に受け止めることができるように，新たな認知的枠組みや感情を形成し，より積極的に子どもと関わることができるようにすることを目標とする場合もあるであろう。そのうえで，他領域の支援も同時に行っていくことが必要となってくるかも知れない。また，親子関係を改善することが最も有効であると考えられても，保護者自身が不安定な状態にある場合は，

有効であると考えられる支援があったとしても，実際には行えない場合もあるであろう（本郷，2002）。

こうした保護者のおかれている状況を踏まえ，育児ストレスを減じるだけでなく，保護者自身の自尊感情を高めることが必要であり，そうした方向への支援の基盤に支援者のカウンセリングマインドがある。

（2）臨床発達心理学に基づく親子の発達理解

育児支援の対象は，乳児期から少なくとも児童期までの子どもを育てる保護者や祖父母などの身近な人々であり，こうした人々との関わりを通して，間接的に乳幼児・児童の発達を支えることになる。また，時には，保護者などの大人を介さずに子どもに関わり，彼らの発達への直接的支援を行う場合もある。そのためには，親子それぞれの発達に関する基礎的知識をもつことが前提である。たとえば，エリクソン（Erikson, 1959/1973）の発達理論において，乳幼児期から児童期にある子どもの発達課題と同時に，彼らを育てる若い成人期の保護者の発達課題も踏まえて，親子両世代への支援の可能性を探ることになる。

このように生涯発達の課題として子育てを考えると，それは母親だけでなく父親も参加して行う**共同子育て**（Cowan et al., 1998）であり，それを実現するためには，父親・母親それぞれにとって納得のいく**ワーク・ライフ・バランス**とする調整が必要である。父親の多くは育児参加の時間を確保し，母親の多くは個としてのアイデンティティを再構成していくことが必要な時代となっている（藤﨑，2011）。一方，親といえども人間である以上，子どもとの日々の生活の中で疲れ，泣き止まない子どもに対してネガティブな感情を抱いてしまうことは誰にでも起こり得ることである（菅野，2001）。こうした過程に支援者が寄り添い支えることも大切である。

また，親子それぞれの発達を支えるには，様々な領域の発達の最近接領域をとらえ，現時点での潜在的発達可能水準を，1人でできる現在の発達水準としていくには，どのような援助が可能かを探ることになる（Vygotsky, 1978）。そこでは，必要な知識や技能を伝えるだけでなく，新たに1人でできるようになったことで，より主体的な行動や自己肯定感につながるようなやりとりを支援

第Ⅱ部　生涯発達における臨床発達支援

者は心がけたい。保護者の場合には，子どもを育てる親としての問題を把握し，その問題の解決を通して，育児自己効力感につながっていくように心がけたい。

　そのためには，親子それぞれが生涯発達のプロセスにあるという発達的視点から現在の姿をとらえ，生活文脈の中で可能な具体的支援を行うことが求められる。そうした親子の生活の背景や生活文脈を把握する方法の1つとして，ブロンフェンブレンナー（Bronfenbrenner, 1979/1996, 1994）の生態学的システムが挙げられる。彼は一人ひとりの人間を取り巻く環境を，入れ子構造の5つの生態学的システムととらえている。すなわち，①マイクロシステムとは子どもが直接属している家庭，保育所や幼稚園などを指し，②メゾシステムとは子どもが属している家庭と保育所，あるいは家庭と地域など，マイクロシステム間の相互関係を指す。③エクソシステムとは直接に子どもは属していないが，マイクロシステムやメゾシステムに間接的に影響を及ぼすものであり，親の職業や社会福祉サービスなどがそれにあたる。そして，④マクロシステムとはこれら3つのシステムの外側にあり，システム全体の一貫性を生じさせる文化的信念体系，たとえば，日本文化や制度・法律などを指す。さらに，時間経過にともなって生態学的システムは変化する。育児期の親子は，祖父母による協力や様々な支援制度を求めて転居する場合が少なくない。そうした居住空間の変化にともなって，親子は新たな困難に遭遇することもある。それが5つ目のクロノシステムであり，発達にともない多くの人が経験するきょうだいの誕生や就学，就職などもあれば，転居や病気，さらには親の離婚など個人的な経験も含まれる。

　母子それぞれがどのようなマイクロシステムをもっているかは，親子が示す小さなサインを周囲の人々が気づき，支援につなげていく可能性を示しているともいえる。しかし，だからといって子どものマイクロシステムが多すぎることは，ストレスになりかねない。したがって，親子の生態学的システムをとらえ，親子が抱える問題の背景要因を把握し，支援の可能性を探っていくことは，育児支援においても重要な専門性といえる。そして，支援者は現時点での困難を支えると同時に，中・長期的な視点から発達には多様な道筋があることや，

眼前の子どもの姿を肯定的に受け入れられるように，保護者の視野を広げてい
くことも大切である。

（3）インクルージョンという視点

　障害の定義やとらえ方が変わり，インテグレーションからインクルージョン
が謳われるようになり，様々な人々との共生社会が目指されている。すなわち，
人は人との関係の中で発達していくが，その過程においてみられる障害や問題
は，固定的なものではなく，生涯発達の中で誰でもが直面するという前提に立
って考える。したがって，障害は支援の有無や程度，そして質によって変化し
たり，改善したり，場合によっては悪化したりもするととらえられる。それゆ
え，障害は特殊なものではなく，人間発達のメカニズムに内在した発現である
とみなされる。

　このようなインクルージョンの視点は，障害の問題に限らない。グローバル
化が進むにつれて，就学前教育・保育施設には多文化の子どもが多くなってい
る。地域によっては一クラスに複数の多文化の子どもが在籍することも珍しく
ない。生活習慣の違いや文化により人との関係のあり方，たとえば，自己主張
と自己抑制に基づく自己表現のあり方の違いは，思いもよらないトラブルへと
発展しかねない。日々の生活の中で，一人ひとりの人間のあり方は違い，障害
の有無，文化の違いも，1人の人間としての特徴であるという理解により，多
様な違いを肯定的に受け止め，その違いを尊重するようになっていくことが，
グローバル化する社会においては重要である。

　このようなインクルージョンの視点から子どもの発達をとらえるために，発
達検査などによるアセスメント力を身につけることは発達支援の専門家として
の主要な専門性である。また，発達障害として診断される自閉症スペクトラム
障害などの特徴，および基本的な対応についての知識と技能，およびアセスメ
ントの方法についても理解し，身につけておくことは基本である。それらの詳
細は，本シリーズの第3巻，第4巻，第5巻を参照してほしい。

　しかしながら育児支援の場合には，アセスメントとして発達検査を実際に行
うことは，むしろ例外的といえる。この点が育児支援の特徴的な難しさでもあ

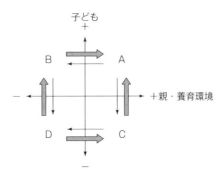

**図 4-7　子どもと親・養育環境の関連から
みた問題の位置の座標**
出所：金田，2011

る。育児支援の現場では，通常は親子の遊び場面における身体の動き，玩具などのモノの操作，人とモノのやりとりなどを通して，身体機能や象徴機能の発達の大枠を把握できることが求められる。

　子どもの姿をとらえるとき，4つのゾーンに区分してとらえることは参考となろう。すなわち，図4-7に示されるように，①子ども（個体・生得的要因）を縦軸に，②親・家庭などの養育環境を横軸にとり，ハイリスクをもつ場合は「－」に，リスクがあまりない場合を「＋」として，その関連をもとにしたグループ別支援図である（金田，2011）。このグループは固定的ではなく，それぞれの家族の危機や転機に対して，さらに危機的な状況が積み重なると←↓方向に移行することがある。また，適切な援助によっては，⇧⇨の印のように，リスクの軽減や予防につながり，この方向への移行を支援者の専門性が支えるといえる。個々の事例の問題を把握し，このような整理を手がかりに，具体的な支援の方法を探り，支援し，その効果をチェックするというアクション・リサーチを繰り返していくことになる。

　そのためには，前述のように，発達障害に関する基本的な知識・技能については，常に新しい知見や支援方法を学び研鑽し，支援力の向上に努めることは支援者としての責務である。

（4）育児支援における日常的倫理

　支援者として親子の前に立つとき，それはすでに親子の日常性の中に取り込まれている。したがって，親子に向き会う際には倫理について日常的に，自覚的になることが重要となる。

　一般に支援を行う際には，①支援の意義や内容について理解と納得を得るとする「支援を受ける側への尊重」，②支援の過程で知り得た情報の中でプライバシーに関わるものについてはその秘密を厳守する「守秘義務の履行」，③支援を受けることにより，どのような効果を生み出したかを十分に説明する「支援を受ける側への恩恵」，さらに④支援を受ける側への公正と平等性に十分配慮する「支援を受ける側への公正」，の4点の重要性が示されている（古澤，2002）。

　これをもとに，発達支援のための「**臨床発達心理士倫理綱領**」が策定されており，第1条人権の尊重，第2条責任の保持，第3条発達支援の実行への配慮と制約，第4条秘密保持の遵守，第5条研修の義務，第6条研究と公開，第7条倫理の遵守，が挙げられている。

　臨床発達心理士は発達支援の専門家ではあるが，育児支援の現場では保育者としての役割を担う場合も多い。それゆえ，臨床発達心理士倫理綱領のほかに，「**全国保育士会倫理綱領**」（全国社会福祉協議会ら，2007）も理解しておくことが望まれる。この綱領の前文には以下のように書かれている。

　「すべての子どもは，豊かな愛情のなかで心身ともに健やかに育てられ，自ら伸びていく無限の可能性を持っています。／私たちは，子どもが現在（いま）を幸せに生活し，未来（あす）を生きる力を育てる保育の仕事に誇りと責任をもって，自らの人間性と専門性の向上に努め，一人ひとりの子どもを心から尊重し，次のことを行います。／私たちは，子どもの育ちを支えます。／私たちは，保護者の子育てを支えます。／私たちは，子どもと子育てにやさしい社会をつくります。」

　そのうえで，第1に子どもの最善の利益を尊重すること，第2に子どもの発達を保障すること，第3に保護者と協力関係を結び，第4にはプライバシーを

第Ⅱ部　生涯発達における臨床発達支援

保護しつつ，第5に職場におけるチームワークや専門機関との連携を大事にすると同時に自分自身の保育を振り返り保育の質の向上を図ること，そして第6に子どもと保護者の代弁者として機能すること，第7に広く地域の子育て支援へも積極的に関わること，第8に保育士という専門職としての責務を果たすこと，の8つが挙げられている。

　親子それぞれの発達を支援する専門家として，この2つの資格の倫理綱領をよく理解し，遵守することが求められるが，情報の共有については，その時々において適切に判断していかなくてはならない。他の機関や他職種との連携が必要な場合，保護者の了解が得られればよいが，了解が得られない場合でも，「Children First」のもと必要な情報が共有されなければ，適切に子どもを支えることは難しい。守秘義務が，本来，何のためにあるのかを熟考し，慎重にしつつも共有の判断は的確に迅速に行われなくてはならないと考える。

　また，支援者として親子の発達臨床に関わるには，倫理の一環として支援者自身の価値観などの枠組みを知っておくことも重要である。支援者自身の生育家族での生活を通して育まれてきた価値観は，支援対象と向き合い，その問題を把握しようとするとき，無意識のうちに準拠枠となりやすい。眼前の親子の姿や行動から，親の価値観，子ども観などを読み取り理解する必要があるが，それは支援者の価値観と異なる場合もある。そうした事実を冷静に受け止め，親子にとっての問題に基づいて具体的な支援を探るには，支援者自身の認知的枠組みである価値観などを自覚しつつ，支援者としてはそこから自由になることが肝要である。このように支援者が自分自身を振り返ることは，支援者としての特徴，つまり，大切にしたい人間観，親子観，子育て観のみならず，得意とする支援領域や支援技術について自覚し，1人で抱え込むのではなく，親子を適切な支援のネットワークにつなげる専門性を高めていくと思われる。

　なお，臨床発達心理士の支援における倫理の問題の詳細については，本巻の第2章を参照してほしい。

第4章　育児への支援

5　支援の実際

　出産年齢は二極化しており，10代での望まない妊娠・出産と，30代後半以降の高齢初産とでは，子育てにおいて直面する困難は異なる。また，ひとり親家庭での子育てでは経済的な困難だけでなく，親子それぞれの心理的ストレス，ひいては貧困の世代間伝達などが大きな問題として注目されるようになっている（阿部，2008，2014）。さらに，離婚・再婚によって血縁をめぐる人間関係が複雑化している家族，母親の就労により早い時期から長時間保育に委ねられる乳児など，家族形態が多様化するにともない，育児支援も多様なニーズへの対応が求められ，具体的な取り組みは広がりをみせている。

　ここでは，そうした育児支援の実際の取り組みから，育児支援の今後の課題について考えてみたい。

（1）親としての発達への支援

①　10代の育児と30代後半の育児への支援

　10代の若い親は，生物的には親となっているが，精神的には幼いため，子どもに対する感情のコントロールが難しかったり，親であること自体にストレスを感じたりなど，不慣れな子育てへの負担感が大きい。若いがゆえに経済的に不安定な場合もある。何事もはじめての経験であることから，育児そのものへの具体的・実践的サポートのほか，情緒的支援や家事などへの家庭支援も必要となってくる。これに対して高齢初産の場合は，親となることを自覚し，子育てについて知的には理解しているが，体力的な負担感が大きく，また20代の母親との間に疎外感を抱いてしまうこともある。10代の若い親とは違った意味で育児そのものへの具体的・実践的サポートのほか，子育て世代の母親たちとつなぐことも大切となる。

　また，複数の子どもを既に育ててきている高齢の親では，子育てのノウハウをある程度経験的に習熟しており，育児への負担感は若い親ほどではない。しかし，更年期を含めて体調管理や感情のコントロールの難しさや，長期にわた

95

第Ⅱ部　生涯発達における臨床発達支援

る子育てによる疲労感や拘束感に陥ることも危惧される。さらに，親の親世代，つまり祖父母の介護と子育てが重なる場合もある。母親がリフレッシュできる機会や，自分のために使える時間を確保できるように母親のメンタルヘルスへの支援に加えて，家庭支援などの対応も考慮していくことが必要である。

②　ハイリスク児の育児への支援

　低出生体重児，特に極低出生体重児は救命のため出産後，直ちに新生児集中治療室（neonatal intensive care unit：NICU）での医療と看護を必要とするハイリスク児であり，その後，比較的長期の母子分離が余儀なくされる。早産で低体重児を出産した場合，子どものもつ未熟性や疾患，NICU という環境，母親自身の出産にともなう罪責感などから，育児不安や抑うつ傾向に陥る母親も少なくない。多胎児の場合は，低体重に加えて，複数の同じ月齢児に常に同時に対応する必要があり，より一層育児への支援が重要となる。

　NICU 児に対して，"後遺症なき生存（intact survival）"を目指した欧米の動向を受けて，日本においては1900年代後半から，周産期臨床の現場に心理職が配置され，全国に広がっている（山下ら，2013）。そこでは人工的で無機質なNICU 環境に，心理学的な視点から母子の相互関係を基礎に心身の健全な発達を促す援助システムとして早期介入（early intervention）が行われている。心理的ケアへの期待は大きく，臨床心理学や臨床発達心理学などの専門家は家族との信頼関係を形成しつつ，パートナー，あるいはファシリテーターとしての役割を担い，個別的，継続的なサポートが行われている。たとえば，NICU 児の身体にそっと手をおいたり，体をゆっくりとマッサージしたり，四肢を緩やかに動かしたりする運動を組み合わせたタッチケアのほか，家族への心理面接などである。さらに退院後は専門外来で小学校以降までフォローアップを受けるようになっているが，これは成長発達の確認と，修正１歳６か月，３歳，６歳，小学校３年生時点で発達・知的検査を実施する発達ガイダンスが中心である。そのような中で，親子の遊びと親同士の話し合いや入院中から退院直前，退院後１か月，３か月，５か月，修正９か月，12か月に訪問して日本版乳幼児精神保健支援プログラムを実施したところ，その効果として修正12か月でうつ

傾向を示す母親は少なく，母子の触れ合いが促進されていた（髙田，2006）。親子の触れ合いを含めたフォローのメニューとしていくことが必要であろう。すなわち，"後遺症なき生存" から "Family Centered Care" への移行である。

③　日常的な多世代の関わりを通した育児への支援

　横浜市には20か所以上のプレイパークがある。東京都世田谷区にある羽根木プレーパークをモデルとしながらも，横浜市が独自に NPO 法人と連携している取り組みである。子どもの自由な遊びを支えるプレイパークであるが，野外が中心であることから，そこを通りかかった乳幼児を育てる保護者の目にふれ，自然と子育て支援につながる道を開いている。たとえば，片倉うさぎ山では，毎月第 1 水曜日には赤ちゃんのための「子育てカフェ」，乳児が歩けるようになると毎月第 1 木曜日の「親子でとことん」へと，幼い子どもをもつ地域の保護者を，プレイパークという場でつなぎ，子育ての先輩・後輩との触れ合いによる当事者性を中心とした支援が実施されている。

　また，地域コミュニティとして多世代が住む街の再開発にも取り組まれてきている。3 歳未満児の親子の生活や，高齢者の生活が互いに見える街である。そこでは，車を排除して道路を遊び場に開放するなど，屋内と屋外の連続性を再生し，子どもを核とした地域のネットワークづくりを目指している。地域の高齢者やベテランの親が若い，未熟な親に対して育児サポーターとなったり，少年少女が乳幼児と出会ったりする場として，多世代がそれぞれに役割をもち，互いに支え合うネットワークである。このような取り組みの中で，臨床発達心理士の担う役割もあると思われる。

④　祖父母との共同による育児への支援

　出産後も就労し続ける母親が増えており，都市部では待機児童の問題はなかなか解決の見通しがついていない。一方，日本人の平均寿命は男女ともに80歳を超え，高齢者の生き方として，孫育てに生きがいを見出す人々もいる。こうした傾向は，親世代と祖父母世代それぞれのニーズに合致しているともいえるが，そこには 2 つの親子関係や義理の関係から様々なレベルの問題が生じてお

り，孫との関わりに関するガイドもみられる（大日向，2013；さいたま市役所，2016）。子育てと孫育ての責任のあり方の違い，すなわち，子育ての責任はあくまで親世代にあり，祖父母世代はその責任を尊重しつつ，余裕をもって孫と触れ合うことができる立場にある。孫が来る楽しさと，帰ることで解放されほっとするところに，まさに親の子育てとの違いがある。便利で合理的な育児グッズがたくさん開発されてきており，親が選択した子育ての方針や方法を祖父母として受け止め，過干渉とならないように，適切な距離感を保った孫育てのあり方への支援も必要となってきている。

（2）様々な家族への支援

①　生殖医療の進歩による家族への支援

　医療は病気の治療として発展してきたが，今日では病気を予防する予防医学から，さらに人が願うことを実現する願望医療へと発展している。生殖医療は体外授精，代理母出産，男女の産み分け，遺伝子診断から遺伝子きょうだいまで進み，それは単に親となることだけではなく，どのような子どもの親となるのか・ならないのかということまでも，親が選択できる時代なのである。特に，遺伝子診断の進歩による出生前診断は日本においても短期間に広がりつつある。しかし，診断結果を受けた親の選択には，生命倫理の問題を含み，遺伝カウンセラーなどの専門家の支援が重要であるが，そのような体制はイギリスやドイツに比べて未整備のまま，診断のみが先行している現状である。

　また，就労する女性の増加にともない，様々なストレスから10組に1組は不妊に悩み，不妊治療を利用する人は増えている。これは経済的負担だけでなく，治療を最優先しなくてはならない精神的負担も大きい。これらの負担を乗り越えて治療がうまくいけば，その後にどのような子育てが待っているかは別としても，不妊治療そのものは終わる。しかし，治療の成果が得られずに年月が経つとき，いつ治療を止めるかの決断はなかなか難しい。その過程で，夫婦の考え方の違いなども見え隠れするが，それは夫婦で向き合い，今後の生涯をどのように生きていくかを考える機会ともなる。そうした夫婦の発達のプロセスを支えることも育児支援に含まれよう。

第4章　育児への支援

医学の進歩により親の価値観に基づいて子どもを「つくる」時代になったことは，子どもの価値から子育ての考え方に大きな変化をもたらしている。多様な人々との共生を目指すには，育児支援の原点である生命倫理についても，臨床発達心理士として真摯に向き合っていかなくてはならない。

②　ひとり親家庭への支援

ひとり親家庭となった理由は，2011年には離婚が母子世帯で80.8％，父子世帯で74.3％と，死別（それぞれ7.5％，16.8％）よりも大きく上回っている。また，ひとり親自身による年間収入は母親で223万円，父親で380万円となっている（厚生労働省，2016b）。こうした現状から，ひとり親への支援は当初，母子世帯への経済的・心理的支援が中心であったが，最近では父子世帯においても働き方の見直しなどによる収入減の実態に対して，経済的な支援も行われるようになってきている。

ひとり親家庭への支援として大切なことは，第1には子どもや家族の発達段階に応じた支援を特に意識する必要があるという点である。子どもが乳幼児の場合は，ひとり親の負担感などに耳を傾けながら，子育てに関するスキル，発達に関する知識を伝えたり，託児に関する情報を提供したりすることが求められる。思春期の子どもがいる場合は，思春期特有のテーマである父親不在の男の子の自立や，母親不在の女の子の父娘関係など，親子関係の葛藤が生じやすいだけに，モデルとなる大人の存在を視野に入れつつ，親子関係をどのようにとらえるかがポイントとなる。第2に大切なことは，日常的に話のできる大人のパートナーがいないゆえに，現実的・具体的サポートだけでなく，情緒的サポートも重要となる点である。家事，育児，そして仕事が忙しく孤立しやすいことから，地域の人々とつなぎ関係を広げたり，ひとり親同士のピアグループにつなげたりなど，場と関係を橋渡しする役割が支援者に求められる。一方，こうした支援の場に出かけること自体が困難な場合には，継続的な家庭訪問などによる予防的な支援も必要であろう。第3に大切なことは，子どもの視点に立ってサポートすることである。特に親の離婚を経験した子どもは複雑な感情をもちやすい。離婚はあくまで親の問題であることを理解し，何かあったとき

99

には SOS を発信できる人との関係を築いておくことが重要であり，このような子どもに直接働きかける心理教育的支援プログラムも開発されてきている（福丸，2011）。

ひとり親世帯の経済状態は，「子どもの貧困」の要因でもある。親世代の貧困ゆえに，義務教育後の学歴達成が低くなりがちで，その結果，不安定な低収入の就業を余儀なくされる。まさに貧困の世代間伝達が現実のものとなっている。子ども時代に遊び，仲間と関わるといった子どもとして当たり前の経験が奪われることによって，その後の特に心理・社会的な発達に影響を及ぼしていくことは容易に推測される。こうした現状に対して，今日，ようやく社会保障制度や奨学金といった現金給付型の支援が公的制度として施行されるようになった。

国の対応の遅れに対して，1980年代から京都市の山科区と伏見区醍醐地域では，子どもの貧困対策として，いち早く生活支援，学習支援，余暇支援などが NPO 法人（山科醍醐こどものひろば）によって取り組まれてきている。放課後から一夜を共にし，翌朝登校を見送る生活支援など，大学生の協力によって行われている。「今」目の前で困っている子どもが地域にいることを受け止め，地域としても支えることができる仕組みとした独自の支援である（幸重ら，2013）。こうした NPO 法人の活動の一環として，臨床発達心理士の積極的な関与が期待される。

③ 多言語・多文化の家族への支援

労働力不足などにより外国籍の労働者が増加していることに加えて，グローバル化が進むにつれて，多文化の親子と地域の親子が触れ合う機会が日常的に多くなってきている。就学前教育・保育施設などでは，それぞれの文化の価値観に基づく生活習慣や食生活の違いだけでなく，自己主張や感情表出の違いなど，人との関わりに関しても多様な配慮が必要となってきている。

まず，来日した理由や滞在期間の見通しなど，**多言語・多文化家庭**の今の生活をめぐる情報を把握したうえで，保護者の日本語学習と育児の関係を理解する必要がある。家庭生活では母国語が使用され，家庭以外の教育・保育施設に

おいて子どもは日本語を使用することが多い。保護者に比べて子どもの外国語の習得は，遊びを通して目覚ましく，子ども同士のごっこ遊びの中に入り赤ちゃんの役割を担い楽しんでいるようにも見える。しかし，実は家庭で親が母国語を使用しているため，赤ちゃんに母親が日本語でどのように話かけるのかがわからないので，ごっこ遊びでは言葉を話す必要のない赤ちゃん役を選択していた，という事例もある。このように，一見，適応しているように見えても，子どもがどのような困難を感じ経験しているのか，ていねいに見ていく必要がある。

　乳幼児期から教育・保育施設で日本語を使用する外国籍の子どもの中には，日本語が母語となっていく子どももいる。一方，親は日本語を習得しない場合があり，そうしたケースでは子どもも親が使用する言語を習得しなければ，将来，親子間でコミュニケーションがとれなくなる可能性もある。親の言語を継承できる環境を提供するように親に助言したり，子どもの母語を日本語とするならば，親自身も日本語を習得する環境を地域や学校で提供したりすることなども支援の一つといえよう。

④　気になる子，障害のある子，医療的ケアの必要な子のいる家族への支援

　多くの保護者は日々の生活を通して，子どもの行動が気になったり，行動に問題を感じたりする一方，子どもが示す様々なサインに気づかない保護者も少なくない。

　子どもの様子から気がかりなことを保護者ではなく，発達の専門家が感じた場合，どのようにしたらよいのであろうか。保育現場や地域の生活の中で，他者がていねいに子どもに付き合っていくことで，「気になる」ことに変化が生じたりもする。大切なことは，子どもの「気になる」ことや，発達の滞りを保護者に伝える場合には，その保護者や家族に一緒に寄り添ってくれる人や場があるかを確認し，周囲のネットワークを整えておくことである。そして他の専門機関を紹介するだけでなく，育児や支援方法について説明し，今後も一緒に育てていこうという立場を伝えることが必要である。今，どのような活動を育児に取り入れていくとよいかを伝えたり，子どもへの関わりの配慮をモデルと

して示したり，子どもの小さな成長の様子を具体的に伝えたりすることで，わが子への関心や希望も生まれやすい。専門家には説明責任があることを忘れてはならない。

これに対して，家族から支援ニーズがある場合は，言語化される顕在的なニーズだけでなく，行動などを手がかりにして潜在的なニーズも把握できるように支援者間の連携が必要である。そして，いろいろな立場からの情報や保護者からのSOSの発信を待ち，受け止め，一緒に考え連携の方法を話し合う過程を大切にしたい。子どもとその家族の支援には，専門家と地域の人々との連携が欠かせない（土谷，2011）。

また，何らかの疾病のために入院生活を余儀なくされる子どももいる。新生児医学などの進歩により，出生直後から医療的ケアのため院内生活が長期に及ぶ場合もある。生命の維持を最優先にしながらも，親子のスキンシップを可能な限り探り，母子双方のアタッチメントが形成されるような支援が必要となる。また，子どもの年齢によっては，自分の疾病についての理解を促し，自ら積極的に病と向き合い乗り越えていくように子どもを支える「子ども療養支援士（Child Life Specialist）」が病院を中心に活躍している（LeBlanc et al., 2014）。日本においてはまだ少数ではあるが，子どもと家族，子どもと医療関係者，子どもと社会（園や学校）の3つをつなぐ役割を子ども療養支援士は担っている（大熊ら，2016）。医療現場において医師や看護師とも異なる子ども療養支援士との協働を視野に入れていくことも，今後は必要であろう。

⑤　血縁を越えた家族への支援

日本において毎年8～9万件程度の養子縁組が結ばれているが，その大半は子連れ再婚によるものであり，里親制度はなかなか広まらない状況にある。こうした背景には，血縁や家を重視する風土，宗教的背景の乏しさ，社会的貢献意識の乏しさなどがある（冨田・古澤，2004）。

里親には養育里親，養子縁組を希望する里親，親族里親があり，養育里親には要保護児童を養育するほか，非行や被虐待などの経験をもつ子どもを養育する専門里親が設けられている（厚生労働省，2016c）。大人に受け入れられた経

験がない，あるいは少ない子どもたちだけに，里親との信頼関係を築くには時間を要する。里親としての心構えから，様々な試し行為への対応など，里親家庭での生活経過にともなって変化する相談に対応するなど**里親支援**を行っていくことが大切となる。

虐待が原因で子どもに大きな後遺症が残ることを避けるために，職権による早い時期での親子分離に踏み切る結果，生後 1 か月未満での乳児院入所が増えてきている。また，乳児院や児童養護施設に措置された子どもの権利を最大限に守るために，家庭的養育の可能性も早い時期から検討されるようになってきている。その結果，特に乳児院から里親家庭での養育に移行する事例も増えつつある。

その一方で，特別養子縁組では，子どもの出自を知る権利から，1980年代以降にはオープン制による特別養子縁組が取り組まれるようになっている（冨田，2011）。戸籍上も実子として育てる特別養子縁組では，育ての親との生活を展開しつつ，生みの親について，いつ，どのように伝えるか，あるいは生みの親とどのような関係を維持していくかなど，告知の問題は育ての親だけでなく，養育されている子どもも青年期でのアイデンティティ形成において揺れ動くことが懸念される。こうした多様な家族における育児への支援は，背景要因が複雑であり個人情報を含む個別性が高いだけに，子どもの成長にていねいに寄り添う息の長い，より高度な臨床発達心理士としての専門性が求められる。

⑥　地域災害にともなう困難の中での育児への支援

2011年 3 月11日の東日本大震災は，子育て支援のあり方に，大きな変化をもたらしたといっても過言ではない。津波による被害だけでなく，見えない放射能の影響下におかれた地域では，建物の被害はないにもかかわらず，日常生活に大幅な制約を受けることとなった。そのような地域において，特に子どもの健康を守るための支援として，郡山市の「PEP Kids Kooriyama」を挙げることができる（菊池ら，2014）。これは，震災直後から地域の人々の心身のケアを視野に入れた地元の医師らが中心となって取り組まれた。そこで最も重視されたことは，将来を担う子ども世代が，日々の生活において放射能汚染の危険・

第Ⅱ部　生涯発達における臨床発達支援

不安から外遊びを避ける運動不足がもたらす運動能力の低下への対応である。こうした事態に対して，安心して十分に身体を動かすことができる室内施設の建設に向けて，地域に働きかけた結果，ある企業の協力により震災からわずか9か月で，走ったり，跳んだりなど身体を思いっきり動かすことができる，安全で安心して親子で遊ぶことができる施設「PEP Kids Kooriyama」が開設された。震災直後の緊急性を要するライフ・ラインの復旧と並行して，災害の特殊性から特に子ども世代の心身の健康を視野に入れ，親子の閉塞感を発散させて，これまで以上に親子がのびのびと触れ合う場を創出した取り組みとして，育児支援の視点からも注目される。

　また，東日本大震災により一度に両親を失った子どもは1,000人以上に及ぶ。このような場合日本においては3等親以内の親族に養育を託されるのが一般的である。両親の死に加え，突然の養育環境の変化を，どのような年齢で体験したかによっても，その影響の様相は大きく異なる。このような厳しい経験を乗り越えていくためにも，子どもの発達にともなって変化する必要な支援を吟味しつつ，地域の特性をも考慮して，臨床発達心理士を含む長期間にわたる支援を実現するために災害復興心理・教育臨床センターといった組織や組織的プロジェクトが組まれてきている（足立，2013，2014；平野ら，2015）。

　その後も台風や地震による地域災害が生じており，これまでの経験の蓄積を参考にしつつ，それぞれの地域災害の特殊性を考慮して，直後の支援から時間経過にともなった支援のあり方を，あくまで育ち・育てられる営みのサイクルとして，生涯発達の様々な段階にいる人々をつなぎ，長期的関わりを模索する姿勢が臨床発達心理士には求められていると考える。

＊

　2015年7月より，「児童相談所全国共通ダイヤル189」が設けられた。深刻な状況にある子どもと家族をみつけ，「いちはやく」支援の手が届くようになることが期待されている。だからといって，子育てに悩んでいる保護者を追い詰め，「監視」することになってはならない。これまで育児支援についてみてきたように，子育ては基本的には父親と母親による共同子育てとして展開されるのが望ましい。そして，子どもが成長するにつれて，家族のありようは大きく

変化していく。家族を取り巻く現代社会において，親子がそれぞれの発達を遂げていくためにも，一人ひとりの生涯発達を支え，一人ひとりの人間存在としてのレジリエンスを育むと同時に，家族で遭遇する困難を乗り越えていく力として家族レジリエンスを育むことが必要ではないかと考える。

（藤﨑眞知代）

第5章　保育への支援

1　保育への支援とは何か

（1）保育の成立と展開

①　保育という用語をめぐって

　保育（child care）という用語の成立と今日までの展開について，湯川（2016）は，継時的変化に沿って次のように述べている。

　「保育という用語は幼稚園の誕生（1876年東京女子師範学校付属幼稚園）と共に生まれ，1880年代以降，幼稚園の普及とともに幼稚園教育の特徴を示す用語として長く使われ浸透していった。この時点では「保育とは幼稚園教育」を意味していた。小学校の教育とは異なる幼稚園の教育が保育として認識された。

　1890年代になると，保育を幼稚園教育だけに限定せず，「保育は幼児教育」，すなわち幼児を対象とする教育であると中村（1908）は定義し，教育学の範疇に位置づけた。幼稚園が小学校と同じように国民の基礎教育を担う重要な教育機関であることを示すために保育に替わり教育の語が使われた。文部省（現文部科学省）は幼稚園を学校教育法下の学校としての性格を強めていく中で保育という語から，教育という語へと用いることが慣例化された。」

　一方，保育所の前身といえる託児所は，働く母親を助けるために，明治期から社会事業家や紡績工場経営者等が，民間で設置していた施設として存在した。

第5章　保育への支援

また大正期に公立の託児所ができ，戦後の1947年に児童福祉法が制定され，児童福祉施設として，児童福祉法上の保育所（認可保育所）という名称が規定された。

　このような経過の中で，行政上では幼稚園は教育，保育所は保育の用語が用いられているが，実際には幼稚園でも幼児期の教育の特徴を示すものとして保育の用語は広く用いられている。学校教育法（2007）の幼稚園規定でも，保育の用語を用いて目的規定がなされている。一般に，保育者といえば，幼稚園教諭と保育士の両方をさし，保育という用語は，幼稚園，保育所，認定こども園などで行われる実践や乳幼児教育，幼児教育を示す用語として一般化している。

②　日本での社会的保育の意義・役割に関する歴史

　女性の社会進出と幼児教育の関心の高まりを受けて，1950年代後半頃より急速に保育所や幼稚園が普及してきた。保育所は「保護者の委託を受けて，保育に欠けるその乳児又は幼児を保護することを目的」として保護者の就労や病気などのために家庭で十分な養護と教育を受けることのできない就学前の乳幼児に，1日標準8時間開かれている児童福祉法施設である。それに対し幼稚園は「幼児を保育し，適当な環境を与えて，その心身の発達を助長することを目的」として満3歳から就学前の幼児に1日4時間開かれている教育機関である。

　したがって保育に含まれる養護と教育の要素のうち保育所は養護に，幼稚園は教育に重点をおく違いはあるものの，地域社会の崩壊と核家族化が進行する中で変容してきた家庭および地域社会の子育て機能を補完することを目指す点では共通している。子どもが家庭や地域社会を体験することのできる人間関係や活動の幅が著しく狭まっている今日，保育所や幼稚園が提供する豊かな人関係や活動は，子どもの健全な心身の発達にとってきわめて重要な意味をもつことになった。

③　保育士が国家資格になる

　児童福祉法一部改正（2001）により，保育士が国家資格となり「保育士とは，登録を受け，保育士の名称を用いて，専門的知識及び技術をもって，児童の保

第Ⅱ部　生涯発達における臨床発達支援

育及び児童の保護者に対する保育に関する指導を行うことを業とする者」と定義された（第18条の４）。都市化，核家族化の進展にともない，子育ての基盤となる家庭の機能が低下している中で児童の健全な成長を図るためには，児童福祉施設のみならず家庭でも適切な保育が行われる必要があることから，保護者に対して保育に関する指導を行うことが新たに保育士の業務に位置づけられた。

（2）保育現場を支援するとは何か

　乳幼児期の発達支援が，児童期や青年期など他の時期に比べてどのような特徴があるのかを整理していくことは，保育現場の支援をするとは何かを考えていく重要な鍵となる。

①　乳幼児期の障害診断

　乳幼児期の発達支援の特徴として，他の年齢時期に比べて障害診断を受けていないことが多いのが特徴といえる。通常，発達の困難や障害は育ってくる中で気づかれることが多い。また，子どもの育ちの困難に気づいたとしても，即座に診断を受けることが最優先になるわけではない。一人ひとりの発達の個人差が大きいこの時期は，支援のはじまりは，まず生活の中で子どもが育ちやすい環境を整えつつ，その育ちゆく経過の中で発達評価をするなどが一般的である。

　つまり，診断を受けていなくても支援がはじまることが，この時期の支援の特徴であり，すべての支援のはじまりは，子どもの気になる育ちへの支援である子育て支援であるといえる。

②　子育て支援と発達支援の両輪

　乳幼児期の支援の特徴は，育児支援と発達支援の両輪である。乳幼児期は人生という長いライフステージの最初の時期であり，発達の可塑性に富む時期である。これまでの育ちの個人史を振り返り，子どもの育ちをベースにした親に対する子育て支援と，子どもの発達特性に対応した専門的支援が支援の柱となる。

第 5 章 保育への支援

　また対象児を支援することは，対象児を育てる家族そのものを支援していくことであり，きょうだいを含む親子の関係性の支援，夫婦の関係性への支援，親と祖父母との関係支援も含む。発達支援では，親や家族は協働パートナーおよび理解者として支援を行う存在である。しかしながら親は支援を受ける存在であると同時に，対象児に対しては支援する存在である。また，親に対する福祉サービスなどの提供やリファー，きょうだいへの心理的支援も欠かせない。

③　地域でのネットワーク支援の充実

　日本では乳幼児健診の受診率は90％以上であり，1歳6か月児健診では，発達水準においてボーダーラインの子どもまで把握されるシステムをもっている。これをきっかけに，経過観察や個別の相談，親子グループでの支援につながる点で，初期対応の大切さが指摘される（秦野，2006）。

　また被虐待児の場合，早期発見，早期対応，虐待予防に向けて，「切れ目のない支援」を重視しているが，切れ目のない支援は，子どもの発達支援すべてにおいて，等しく重要である。図5-1に示すように，乳幼児健診から療育へ，療育から乳幼児期の集団保育へ，集団保育から就学へと，乳幼児期の発達を支援するそれぞれの機関や施設の枠を超えた地域での支援ネットワークを充実させていくという視点は欠かせない。

　保育所や幼稚園，認定こども園などで，みいだされる要支援家族は，ここに至るまでに，何らかのかたちで地域の諸機関に関わっている。保育現場では，1歳6か月児健診，3歳児健診を軸にした関係機関とのつながりをさかのぼって探り，子どもの個人史を振り返りながら，保健，医療，療育などと**連携**・協力し，情報を共有することが大切である。そのような視点は，子どもの育ちをつなぐことを確かなものとする。そして，保育の中での子どもの育ちをみていく中で，必要に応じて，親が行う子育てを支援し，時には親の育ちを支援する。さらに，学校への接続のためには，就学支援，放課後児童クラブとの連携などが重要である。

第Ⅱ部　生涯発達における臨床発達支援

図 5-1　乳児期から就学前の地域支援機関

2　保育を取り巻く現状と支援ニーズ

（1）保育に求められる子育て支援

　年代を追って地域の子育て支援をみていくと，1985年「都市児童健全育成事業」の一環としての「保育所による育児相談」がその始まりだった。当初は電話による相談が主であり，親の子育て不安を保育所のベテラン保育者たちがきめ細やかにアドバイスし続けたものだとされていた。1993年に「保育所地域子育てモデル事業」が発足し，現在の「地域子育て支援センター事業」の前身として園庭開放や子育てサロン，子育てサークル育成支援が新たに発足し電話による育児相談がこの中に含まれることになった。広報活動が徹底してきたのと育児雑誌が相次いで創刊されたことによる新たな育児不安，「うちの子は本に書いてあるとおり育っていない」という相談が相次ぎ，電話による育児相談の件数が倍増した。この現象は4，5年続いた。

　1995年より「保育所地域モデル事業」が「地域子育て支援事業センター」となり，補助金について内容を充実させることができるようになった。具体的な内容としては育児相談，子育てサロン，子育てサークル支援，プレママサロン，育児講座，育児情報の発信等でそれぞれの園で育児のノウハウを持つベテラン

110

の保育者が担当し，正に地域に根ざした支援活動の展開がはじまった。1990年は緊急一時預かり事業として，延長保育，一時保育，休日保育，夜間保育，障害児保育といったように，保護者の就労に併せた保育が求められ，それにこたえてきた。

　保育所が社会福祉施設である以上，社会がその背景にあることは明らかである。しかしながら，最低基準について着目すると，人員配置について2001年，児童福祉法の改正により，保育士が国家資格となり，「登録を受け，保育士の名称を用いて，専門的知識及び技術をもって，児童の保育及び児童の保護者に対する保育に関する指導を行うことを業とする者」と定義され，さらに，2003年にはすべての子育て家庭における児童の養育を支援するため，市町村における子育て支援事業の実施が法定化された。それにともない，保育所保育指針が改定され，保育所の役割が明確化され，保護者支援の基本を明らかにした上で，保育所に入所している子どもの保護者に対する支援と地域における子育て支援が示された。上記の流れを踏まえ，近年，保育においては，ソーシャルワークや保育相談支援が重視され，保育所の役割は拡大しており，入所している乳幼児の保育の他，保護者の支援，地域の子育て支援の中核として位置づけられている。

（2）保育における子育て支援活動の機能

　乳幼児期の子育て支援活動の機能を大別すると，子どもの育ちを支援するという共通理解のもとに2つの側面がある。一つの側面は，「親が行う子育てを支援」することである。これは保育の補完機能のことであり，具体的には，一時保育，特定保育，延長保育，預かり保育，病後児保育，休日保育などがあげられる。もう一つの側面は，「親の育ちを支援」することである。これは，親の子育て力を高めるための支援であり，親の心の支援を意図した活動である。具体的には，子育てグループの育成，電話や面談を含む子育て相談，子育て学習機会の提供などがあげられる。

　保育場面では，保育者の力量の発揮を支援することがポイントになる。ここで保育所保育指針より「保育士の専門性」を確認してみよう。図5-2に，保育

第Ⅱ部　生涯発達における臨床発達支援

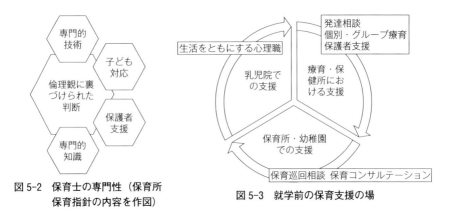

図 5-2　保育士の専門性（保育所保育指針の内容を作図）

図 5-3　就学前の保育支援の場

士の専門性について作図した。保育士は，児童福祉法第18条の4の規定を踏まえ，①保育所の役割及び機能が適切に発揮されるように，②倫理観に裏付けられた専門的知識，技術及び判断をもって，子どもを保育するとともに，③子どもの保護者に対する保育に関する指導を行う，として明記されている。

こうした「専門的な知識・技術」をもって子どもの保育と保護者への支援を適切に行うことはきわめて重要だが，そこに知識や技術，そして，倫理観に裏付けられた「判断」が強く求められている。日々の保育における子どもや保護者との関わりの中で，常に自己を省察し，状況に応じた判断をしていくことは，対人援助職である保育士の専門性として欠かせないものである。

3　保育への支援に関わる心理職

（1）保育支援の場と専門性

心理職という立場からの働き方の違いにより，図5-3のように，就学前の保育支援の場を分けてみた。まず，対象児と生活をともにする心理職としての乳児院での支援があげられる。次に発達相談や個別療育・グループ療育，保護者面接など，療育現場・保健所などにおける支援があげられる。さらに，保育巡回相談や**保育コンサルテーション**など保育所，幼稚園，認定こども園などでの

第5章 保育への支援

表 5-1 心理職が関わる保育支援の現場の特徴と制度

保育支援の場	制度	フィールドの特徴	心理職の仕事内容
乳児院での心理職	児童福祉法改定 (1999) により乳児院・児童養護施設への心理職配置が制度化	日常生活に関与する「生活臨床」実践	アセスメント／子どもの心理的ケア／職種間コンサルテーション／保護者支援
保健所での心理職	母子保健法 (1965) 第12条, 13条／児童虐待防止法 (2000) 第5条／発達障害者支援法 (2004) 第5条	育児相談／親子グループ活動	アセスメント／子育て支援／親子関係への支援／発達支援／保護者支援
障害児療育施設などでの心理職	児童福祉法改定 (2014) により障害児施設の一元化, 通所サービス実施主体見直し	個別療育／グループ療育	アセスメント／障害の軽減や発達支援／家族支援／並行通園先の保育所や幼稚園への助言
保育巡回相談での心理職	障害児保育事業 (1974) により保育所で障害児受入れ促進／学校教育法改定 (2007) により, 全学校で特別支援教育実施	保育活動を支援	保育コンサルテーション／知識の提供／新しい視点の提示／精神的な支え／ネットワーキング促進

アウトリーチ型の支援があげられる。

　そして，このような保育支援現場に関わる心理職は，どのような専門性を持つことが必要なのかを表 5-1 に示した。次に，それぞれの保育支援の場において心理職の働き方について解説する。

（2）子どもと生活をともにする乳児院における発達支援

① 乳児院における心理職の配置

　乳児院は児童福祉法第37条に規定された児童福祉施設であり，児童福祉法制定（1948年）から70年余りの歴史の中で育まれた子育て専門機能を有する施設である。

　児童養護施設および乳児院の心理職は，子どもと生活をともにするということが，他の保育現場にはみられない特徴である。そこでの心理職は，子どもの生活の場で日常の営みを通して子ども理解を深めることができる。一日の流れの中で，週単位の生活において，年間を通した活動の中で，時系列に沿った心の動きや行動などから，子ども理解が深められる。

113

第Ⅱ部 生涯発達における臨床発達支援

表5-2 児童福祉施設の心理職配置

年	制　度
1962年	情緒障害児短期治療施設（2012～通称：児童心理治療施設）が開設される。
1999年	児童養護施設に心理療法担当職員が配置される。
2001年	乳児院・母子支援施設に心理療法担当職員が配置される。
2006年	児童自立支援施設に心理職が配置される。各施設に常勤化予算が確保される。
2011年	心理職の配置が義務化される[*1]。

注：＊1　「児童福祉施設最低基準等の一部を改正する省令」（平成23年6月17日公布，施行）
　　　　第二十一条（職員）
　　　　3　心理療法を行う必要があると認められる乳幼児又はその保護者十人以上に心理
　　　　　療法を行う場合には，心理療法担当職員を置かなければならない。

　厚生省（現 厚生労働省）は1999年に「児童養護施設における被虐待児に対す
る適切な処遇体制の確保について」という通知を出し，児童養護施設に心理療
法担当職員（以下，心理職とする）を配置できるようにした。表5-2に児童福
祉施設の心理職配置を年代順に示した。2001年には乳児院，母子生活支援施設
が対象施設になり，2006年には児童自立支援施設も追加された。さらに2006年
からは心理職員の常勤化も可能となった。また2011年には心理職の配置が義務
化された。このように多くの児童養護施設に心理職員が配置されるようになり
20年近くになる。当初は心理療法の提供が中心であったが，現在では日常生活
に関与する「生活臨床」実践が浸透しつつある。

②　乳児院での心理職の役割

　乳児院の心理職の仕事について，「全国乳児福祉協議会」（2013a）では「赤
ちゃんの暮らしと育ちを応援して」という視点で，表5-1で示したように，ア
セスメント，子どもの心理的ケア，コンサルテーション，家族支援をあげてい
る。心身の発達状態の把握（アセスメント）を生活者の視点でとらえることが
できる。実際のアセスメントでは，身体・運動，認知・言語，社会的情動，情
動調整などを生活の中で包括的にとらえていく。同様に子どもの心理的ケアは，
生活の場の中で，具体的個別的なケアを行う。

　ところで乳児院は，多くの職種が働いている。保育士，児童指導員，家庭支
援園専門相談員，個別対応職員，心理職，医師，看護師，栄養士，調理師，里

親支援専門相談員，事務員などである。これらの専門職へのコンサルテーションとして，たとえば，子どもの担当養育者の視点を尊重しつつ，心理職としての知見を理解しやすいことばで伝えることが必要である。家族支援については，離れて暮らす親に対して，時には親子関係の調整をし，親元で育てないことに負い目を感じている親や，子どもから気持ちが離れている親に対しても心理的ケアを行う。

③　乳児院におけるアセスメント

「乳児院におけるアセスメントガイド」（全国乳児福祉協議会，2013b）および「乳児院運営ハンドブック」（厚労省，2014）に即して乳児院におけるアセスメントを整理してみよう。乳児院の子どもが持つ課題として，医学的問題，身体発育の課題，心理的課題，社会的課題（家族の課題）など多岐にわたる。しかしながら，常に子どもの全体像理解に努め，日々の養育につながるように，生活の中での具体的手だてを含めた方針を設定するという基本方針を示している。乳児院では，子どもの養育の質を高めるためにアセスメントが行われる。

アセスメントの流れとしては，まず観察などで総合的情報把握し，次に背景にあるより本質的問題を理解し支援方針を立てるのであるが，総合的情報把握をどのように行うのだろうか。情報を把握する手だてとして，まず，関わりをもつ機関からの情報把握を行う。乳児院の措置は児童相談所であるから，ここからの情報は欠かせない。子どもとは関わりながらの行動観察が基本となる。具体的には，入所期間中の成長発達の様子を日々のエピソードから抽出することができる。そこで生じた問題や症状，職員の働きかけと子どもの反応，職員との関係性の推移，保護者との関わりの様子，家族の状況，関係機関の動向などを把握する。また家族への聴き取りも重要な手だてである。

総合的情報把握の第1は子どもの状態像を把握するための情報であり，身体的要因，心理的要因，関係性の要因などを探る。第2は子どもの状態の背景にある要因に関する情報であり，障害や疾病，生得的素因，過去の環境的要因，現在の環境的要因を考慮する。第3は回復と成長の経過を把握するための情報であり，子どもや家族の変化や成長などの日々の様子を記録に残すことにより，

情報を共有し，支援方針を修正していくことである。次に，それらを具体的に述べることにしよう。

・情報の把握1　子どもの様子をとらえる

　身体的側面については，虐待や事故の後遺症がないか，生来の疾患・障害がないか，発育や発達で気になる点はないか，現在の健康や体調，心理的側面などの全般を把握する。心理的側面については，生活リズムと基本的生活習慣を把握し，情動発達が安定しバランスがとれているか，過度な恐怖や不安を呈することはないか，認知言語発達などの知的発達の程度，自己の育ち，興味関心や嗜好，施設内での居場所，魅力などを把握する。また関係性の側面では，職員との関係，家族との関係，子ども同士の関係などをとらえる。

・情報の把握2　生育歴を把握する

　まず，入所・保護委託の理由となった問題の経緯を知る。第2に胎児期の状況を把握する。具体的には，母親の喫煙・アルコール・薬物使用などはないか，健診や受診の状況，母親のストレス状況や精神状態，胎児虐待の有無，母体と胎児の異常はないかなどである。第3に乳児期の状況を把握する。具体的には，身体発育，栄養状態，疾病や怪我の状況，認知言語発達，情動発達などの状況を把握するとともに，保護者と子どもとの関係を把握する。特に不適切な対応や環境がみられなかったかどうか，家族関係・家族の問題の状況，分離体験と外傷体験などの有無やその内容・程度を確認する。

・情報の把握3　家族の状況を把握する

　親子の関係としては，虐待の有無，関係のあり方を把握する。また家族構成と家族成員については，保護者の特徴，年齢，職業，疾病や傷害の有無，保護者の生育歴をあわせて把握する。家族全体の状況としては，社会経済状況と住まいの状況，生活維持機能や養育機能および癒し機能などの家族機能がどのようであるかを知る。あわせて，家族関係，家族の価値観や文化を知る。地域とのつながりについては，ジェノグラム，ファミリーマップ，エコマップなどを

第5章　保育への支援

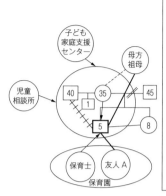

図5-4　ジェノグラム，エコマップの記入例
出所：ほいくじょぶ，2016

活用して，家族と地域のつながりを視覚的に理解できるようにすることも有効である。

　ジェノグラムとは，3世代以上の家族の人間関係を図式化したもので，子どもの周囲の人間関係が視覚的に理解でき，結婚・離婚や死別といった人生上の大きな出来事なども同時に確認でき，家族内のキーパーソンを探る意味でも重要な資料となる。ファミリーマップとは家族関係を記号で図示。家族のコミュニケーションや力関係，情緒的な結びつきを単純化してとらえられる。**エコマップ**とは，複雑な問題を抱えた子どもの家族との関わりや，社会資源との関わりを線や記号を用いて表したもので，生態地図とも呼ばれる。支援に活用できる社会資源を知り，協力体制を高めることなどに活用できる。図5-4にジェノグラム，エコマップの記入例を示した。

・情報の把握4　現在の生活環境が子どもに与えている影響を整理する

　乳児院で生活する子どもの養育の質を高めるために，現在の生活環境が子どもに与えている影響を整理する必要がある。乳児院に来るまでの家族内での子育てリスクは高いので，これまでの育ちの中で，子どもが高い不安を抱えている場合がある。たとえば，子どもにとって場面ごとの刺激は異なるので，刺激が多すぎて混乱する子どもや，気になって落ち着けない子どももいる。職員に

第Ⅱ部　生涯発達における臨床発達支援

とってはごく日常的な情景であると思えても，その子どもにとっては，著しく不快，不安，恐怖の場面となっていることもある。このような場合に，子どもがパニックなどの適応的でない行動を示すと，職員は子どもの行動の意味を正しく理解できないまま，適切に対応できないかもしれない。その結果，子どもは不快のままで満たされないことになる。また，職員がよかれと思う対応が子どもにとって不快な場合もある。乳児院の生活を始めた子どもに対しては，現在の生活の中で，子どもを不安にさせる刺激の方法をできる限り明確にすることが必要である。

（3）健診フォローや療育における親子グループや小集団での発達支援

乳幼児健診の経過観察（フォローアップ）の一環として，遊びを中心として定期的に開催される親子グループがある。また，障害児療育施設でも子ども同士の小集団，または複数の親子が集まり，遊び経験を通してのグループ指導がある。この形態の保育支援は，子どもが経験の幅を広げる機会になるとともに，保護者が子どもとの関わり方を学ぶことをその主な目的としている（秦野，2006）。

子どもの行動特性が，親からの不適切な養育をひき出す可能性がある。子ども自身に育ちにくさが見受けられた場合，必要な時点で適切な支援が受ける機会を逃すと「育てにくい子ども」という感情を保護者が抱くことによって，円滑な親子関係を維持していくのが難しくなる。このような保育を通しての支援は，小集団での遊び経験から親が子どもへの関わり方を学ぶ絶好の機会といえる。

①　保健所および療育センターでの心理職

表5-1に示したように，保健所または保健センターでの心理職の役割は，アセスメント，子育て支援，親子関係への支援，および発達支援である。また，乳幼児健診は，母子保健法（1965）第12条，および13条にみる乳幼児健診の役割に規定されて実施される。それによれば，精神発達の状況，言語障害の有無，育児上の問題となる事項の検査を求めている。

第 5 章　保育への支援

　また発達障害者支援法（2004）の制定にともない，「（前略）健康診査を行う
にあたり，発達障害の早期発見に十分留意しなければならない。」と記されて
いるように，心理的発達の障害ならびに行動および情緒の障害だけでなく，発
達障害者支援法の規定，新たな科学的知見を踏まえ，乳幼児健診において，発
達障害に適切に対応することが求められている。
　一方，障害児療育施設などでの心理職の役割は，障害の軽減や発達支援，ア
セスメント，施設内での保育支援，保護者への家族支援，並行通園している場
合は保育所や幼稚園での保育の助言などである。法的根拠としては，児童福祉
法改正（2014）により障害児施設の一元化，通所サービスの実施主体の見直し
が行われたことによる。

②　親子グループや小集団でのアセスメント

　情報の把握としては，子どもの様子をとらえること，保護者の様子をとらえ
ることの双方が必要とされる。子どもの様子の把握については，子どもが年齢
相応の心身の発達をしているか，通常の発達検査などに含まれるような姿勢・
運動領域，認知・適応領域，社会・言語領域のそれぞれが，どのくらいの発達
水準にあるのか，子どもが年齢相応の心身の発達をしているか，などの発達指
標を発達検査やグループ活動の中から評価する。また，得意・不得意，得手・
不得手など個人の特性を把握する。これらは通常，発達検査の中でとらえられ
るような能力やスキルをとらえる項目であり，**フォーマルアセスメント**に該当
する。もう一方で，親子グループや小集団活動の中でみられる子どもの興味や
関心の示し方，他者との相互的コミュニケーションのとり方などは，インフォ
ーマルな観察はアセスメントとして生かしていきたい。保護者の様子をとらえ
る際には，子どもに対して年齢相応のケアをしているか，親子の関係が円滑で
あるかなどを把握する。

③　親子グループや小集団でのグループ支援の実際

　親子グループや小集団でのグループ支援セッションは，複数の子ども，また
は複数の親子が，遊びという活動を経験していく場であることは共通している

第Ⅱ部　生涯発達における臨床発達支援

が，その事業の実施主体，事業目的によっても，支援対象となる子どもの年齢
や特性やグループ構成人数，支援対象となる親の状況，支援の期間，実施頻度，
一回のセッション時間や時間帯，セッションプログラム，関わる支援者の専門
性などに違いをもたらす。

　健診のフォローアップとして，低年齢の家庭児を対象とした場合，遊びを通
した経験の拡大と子育て支援の要素が大きい。そのため一連のセッション終了
後は，家庭生活でもそれを活かして地域での子育てを後押しする。または次の
支援へと進めていく。

　療育センターでの外来グループとして，保育所や幼稚園という幼児期集団に
入る前の家庭児を対象とした場合，健診をきっかけに保健センターからの紹介
や，自治体の子育て相談，病院からの紹介，親の相談などを経ていることが多
い。子どもの特性に合わせた支援や，親子の関わり，支援しながらアセスメン
トとその後の集団参加の方向性などを見きわめる要素が大きい。

　療育センターの通所児として，そこを主たる通所施設として利用する場合，
子どもの発達ニーズを把握しつつ，必要な支援を探り，親とともにこの時期に
必要な関わりを共通理解していくとともに，家庭生活でどのように親が関わる
のかなどの家族支援も欠かせない。就学までに何をどこまで育てていくのか，
就学を見据えながら，地域の保育所との交流や，移行の可能性も含め専門的支
援の要素が大きい。

　通常は保育所や幼稚園などの保育の場に所属しているが，定期的に療育セン
ターのグループ支援を利用する場合，たとえば不器用，不注意，情動コントロ
ールなどの適応支援などのニーズへの対応という側面が大きい。

（4）保育所・幼稚園・認定こども園への保育巡回相談

　保育巡回相談が求められる背景として，秦野（2014，2016a，2016b）は，そ
の経緯を次のように整理した。まず，1974年に保育所における障害児保育の制
度化を機に障害児の保育所での受け入れ促進され，各自治体では保育巡回相談
が始まった（1974年より「障害児保育事業」）。また2005年以降，特別支援教育が
制度を整えていく中で，乳幼児期から学齢期への円滑な移行を支援するための

就学前機関との連携としての保育巡回相談が急速に広まった。さらに学校教育法改定（2007）により，すべての学校において特別支援教育が位置づけられたことを契機に，アウトリーチ型支援である巡回相談は，保育や教育現場を支援する重要で効果的な支援としての位置を占めるようになった。

各自治体が巡回相談に取り組んできた経緯がそれぞれにあるので，現在，巡回相談は，自治体ごとに多様な実態があるが，本稿では外部の専門家が保育所や幼稚園に出向いて支援をする方式一般を保育巡回相談としている。

①　コンサルテーション

コンサルテーションとは，異なる専門性をもつ複数の専門家が，問題状況について検討し，よりよい援助のあり方について話し合うプロセスである。コンサルタントとは，自らの専門性に基づいて他の専門家を支援する者のことである。支援対象に接し直接支援するのはコンサルティであり，コンサルティを支援するのがコンサルタントの役割である。支援対象に対してコンサルタントは間接支援を行う関係にあるといえる。

保育巡回相談におけるコンサルテーションについて図5-5に示した。保育巡回相談におけるコンサルテーションとは，コンサルタントである相談員がコンサルティである保育士・教師に対して，コンサルティが抱えている直接支援を必要とする要支援児に関係した特定の問題を，保育というコンサルティの仕事の中でより効果的に解決できるように援助する取り組みである。すなわち，コンサルティが，要支援児への対応，および保護者支援を適切に進めていくための支援方法である（秦野，2014，2016b）。相談員からみると，困難な問題に直面している保育士・教師に対し，その問題や課題を評価・整理し，解決に向けて相談者の力量を引き出すための支援を行う相談援助活動である。

②　保育巡回相談の特徴と内容

保育巡回相談は支援対象児が生活する場（フィールド）に出向くアウトリーチ型の支援である。相談員が子どもの生活の場に出向くことによって，保育活動の参加，子ども同士の関わりや，保育士・教員などとの関わりなど，相談室

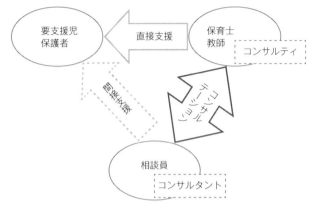

図 5-5 保育コンサルテーション図式
出所：秦野，2016b

対応では把握できなかった問題に関しても，生活場面から得られる様々な情報をもとに具体的で精度の高いアセスメントを行い，その時々の状態に応じたきめ細かい支援が可能となる生態学的支援である。特に対人関係や保育集団での適応という点については，基本的に保育の中で生じてくる問題への対応は保育の中でとらえて解決していく必要がある（秦野，2014）。

保育コンサルテーションでは，要支援児や園が抱えている問題を中心に，問題点を整理し，評価し，具体的な対応策を検討しながら問題解決を図ることにある。このプロセスを通して，保育士・教師が専門的知識を身につけることができるようマネジメントしたり，抱えている不安に対して，他の取り組みなども紹介しながら，課題に対するとらえ方について新たな見方を提案したり，組織・管理上の問題について改善策を検討したり，外部の社会資源につなぐこともしていく。以上を簡単にまとめると，保育巡回相談というコンサルテーションにおいては，①知識の提供，②精神的な支え，③新しい視点の提示，④ネットワーキングの促進，などが行われる（秦野，2011a，2012a，2016b）。

③ 保育巡回相談におけるアセスメントの特徴

1) インフォーマルアセスメントの重視

フォーマルアセスメントとは，標準化されたテストバッテリーを用いて評価

することである。テストバッテリーとは，個人の心理的諸側面を理解するために，複数のテストを組み合わせて実施すること，および組み合わされたテスト全体を指し，単一テストの限られた情報に対して，多面的に情報を得ることができ，テスト結果を有機的に組み合わせることで，総合的・力動的に対象を理解していくことができるという特徴がある。

これに対して，保育巡回相談では要支援児の保育時間中に園を訪問し，行動観察により要支援児を日常生活文脈とのつながりで包括的にとらえることがその特徴といえる。保育巡回相談の時間帯に発達検査を実施することもあるが，訪問中のインフォーマルアセスメントが主流となる。**インフォーマルアセスメント**とは標準化されていないものを用いて評価し，独自のチェックリストによる評価や，行動観察，園から得られた情報などが含まれる。

2）　保育巡回相談におけるインフォーマルアセスメントの実際

限られた時間帯での園訪問となるため，保育活動への参加に焦点をあてながら，集まり（サークルタイム），他児と関わりのもてる活動，個人で取り組む活動，食事，着替え，排泄などの生活場面などの行動観察を行う。秦野（2016b）は，インフォーマルな観察の視点として保育活動への参加について，①要支援児が興味関心を向ける活動，②保育者や他児との共同注意，相互的コミュニケーション，③情動調整の特徴，④姿勢および手指の調整，⑤感覚の過敏，⑥遊具や玩具，絵本，教材などの操作，等の適応状況を把握するとしている。

アセスメントにおいては，その後の対応にどう結びつけるのかを説明し得るものであることが前提とされる。保育巡回相談においては，要支援児が日常生活を送る保育環境で保育士・教師からの働きかけをどのように受け止め，理解しているかについては，保育観察を主体としたインフォーマルアセスメントが有効であり，児童票や保育記録，ヒアリングなどの情報と合わせた包括的アセスメントを行う。

④　**保育カンファレンス**

保育カンファレンスは保育巡回相談における決定を共有する場として，今後の対応を検討していくうえで重要な場と位置づけられる。保育カンファレンス

第Ⅱ部　生涯発達における臨床発達支援

を通して，生活の様々な場面でみられる子どもの姿，いろいろな人との関係の中で見られる子どもの姿をすべてつきあわせることによって，子ども理解を深めるというジグソーパズルを完成させていくような作業である。

　担任だからこそ気がついていることもあるし，担任にはみえてこない子どもの姿も必ずある。保育カンファレンスが，単に異なる専門性から解釈される知見を出し合って学び合うという場ではなく，カンファレンスに参加したすべての者が，対象児に対する自分なりのとらえ方や，考え方を出し合い，明日からの支援をともに考えていく場である。

　だからこそ，保育巡回相談では，保育カンファレンスに，できる限り多くの職員が参加できるような保育体制を整え，それぞれの立場や専門性から，自分なりの見方や考え方を出し合い，出た意見を実践に照らし合わせてともに考えて（決定の共有：shared decision making）の場としていくような保育現場の姿勢が求められる。

　相談員の保育観察および発達検査より導き出された所見は，専門分野の視点から切り取られたものであり，時には担任が，行動から読み取った解釈や，保育における価値観が反映された解釈とは異なることがある。このようなときに行動から読み取った解釈の違いについて意見を交換することで，子どもの内面についてさらに理解が深まっていく。保育カンファレンスは，そこに参加するすべての者が，支援上の問題点を自ら振り返る機会でもある。保育カンファレンスを通して，これまでと違うとらえ方が見えてくることもある。あるいは，これまでのとらえ方や対応の仕方が適切であったのだという確認の機会にもなり得る。保育カンファレンスというダイナミックなやりとりのプロセスを参加者が相互に共有することで，問題解決への方向性が定まっていく。

⑤　保育巡回相談を保護者支援に生かすために

　保育巡回相談における支援は，保育における子どもへの支援であるとともに，家族の支援力を高めるために保護者と協働の取り組みをすすめていく保護者支援であるという視点も重要である。保育巡回相談を経て，園として保護者との協働の取り組みをするために伝えていきたいことを整理してみる。第1は要支

援児の発達の現状，第2は保育の中で取り組んでいくこと，第3は保護者の不安を支える，という側面である。

1）要支援児の発達の現状を伝える

保護者に対しては，自分の子どもが得意とするところ（strength），興味関心（interests）をもてるところを支援することで，子どもの学習スタイル（learning style）を理解することができるよう，子どもの発達の現状を伝えていくようにしたい。要支援児にとってわかりやすい環境設定はどのようなものか，子どものベストパフォーマンスを引き出すにはどうしたらよいか，一つの課題にどのくらいの時間，取り組むことができるのか，活動での集中範囲がどのくらいか，活動の始まりと終わりをどのように知らせていくのかなど，園と保護者間で共通理解をもつことから始めてみる。同時に，どのように子どもと関わるのがよいか等，具体的対応のあり方を提案していくことへとつなげたい。

2）保育の中で取り組んでいくこと

保育の中で何を取り組んでいるのかを保護者に伝えていくことは，子どもの育ちの理解につながるという点で保護者の支援の一環といえる。要支援児にとって苦手なこと（weakness）にどう対応するのか，保護者自身が気になる子どもの育ちや，保育への期待を受けとめることも考慮したい。要支援児に対して育てていきたい力を個別支援でのスキルアップという視点からだけでなく，保育においては，クラスの子どもたちとの関係の中で活動意欲を育て，他児との関わりを育てていく視点も伝えていきたい。

3）保護者の不安を支える

幼児期の親子支援の基本は，保護者の気持ちが安定して「良い親子関係が築けるような支援」である。保育巡回相談をきっかけに療育機関や就学相談へのつながりが必要となる場合もある。特に，子どもが低年齢から園生活を始めている場合，園生活を中心に過ごしているので療育機関と関わりをもってこなかった場合，要支援児をもつ保護者は，他児の保護者と子どもに対する悩みの内容や質が異なるため，保護者の悩みの受け止め先がなく，孤立感を抱いている場合もある。保育士・教員は，保護者にとって，常によい聴き手であり，身近なサポーターとして傍らにいる信頼できる存在でありたい。

第Ⅱ部　生涯発達における臨床発達支援

　また要支援児が，年長児の場合は，小学校入学までの残りの期間が限られている。この時期に子どもの育ちについての不安が高まると，保護者の焦りが大きくなることもある。保護者は子どもの就学が間近に思えてくるとき，自分の子どものできないことばかりに目が向いてしまいがちになり，子どもに無理強いしてまでも，いろいろやらせてみたくなる時期でもある。幼児期の生活と発達は，現状の子どもの発達からのボトムアップ支援であることを再確認し，日々の取り組みを確実なものにしていきたい。

4　保育支援に求められる専門性

　保育支援に求められる専門性として4つの視点があげられる。第1は，子どもの発達・障害についての知識と発達的視点をもつことである。第2は，保育現場の現状と課題を知ることである。第3は，支援に関わる地域を知ることである。第4は，他の専門家と協働することである。

（1）子どもの発達・障害についての知識と発達的視点

　発達心理学は発達段階とそれぞれの特徴の明確化，発達の連関性の追求，発達の条件の追求，発達メカニズムの解明がその課題であるが，一方，臨床発達心理学はそれらの基本的方向を踏まえて，障害を示す子どもの状態像の記述，客観的な発達の評価，治療や療育への指針，予後についての予測が，主な課題であると山口（1995）は指摘している。

　典型な発達を知るには，それを逸脱した非典型である発達の障害についても知る必要があり，基礎学問と臨床実践が，常に行き来しながらそれの理論化を深めていくことにつながる。したがって，臨床発達支援，とりわけ保育支援に携わるすべての者は，非典型の発達を深く理解するために，典型の発達を知るために，最新の知識を常に吸収する努力を必要とする。

　保育支援に際しては，発達における障害の多様性や一人ひとりの個別性といった面の理解とに徹底的に取り組んでいかない限り，問題解決にはつながらない。発達心理学は，発達の典型性や一般的発達における共通性や普遍性という

基準がみえてきた。医学的診断や，従来の科学的な分析では，個々人の障害や問題，多様性や個別性は，抽象され一般的なカテゴリーで示される。医学的診断や，従来の科学的な分析，時には，発達検査結果さえも，個々人の障害や問題は，抽象され一般的なカテゴリーでくくられてしまいがちである。

　同じ診断名がついていても，同じ精神発達年齢でも，一人ひとりの生活史，生活文脈の中で，それぞれの他者との関係性の中で，表面に現れる困難さの「症状」の意味づけは異なってくる。臨床発達心理学での支援は，そのような一人ひとりの「多様性」「個別性」「具体性」をしっかり理解したうえで，人々を支援しようと志している。そして，そのような実践から，今までの発達心理学が見逃してきた人間理解の新たな地平を切り開くことが，臨床発達心理学には期待されている。

　現場からあげられてきた主訴から，相談者が問題としている事柄の本質を見抜く力，個人の生活史の中でとらえられるこれまでの子どもの育ちが，保育支援，すなわち生活環境という社会・文化的広がりで，問題点を把握し，これから先の発達の時間軸をという広がりをどのように提供していくという視点は欠かせない。

（2）保育現場の現状と課題を知る

　本章で，これまで述べてきたように，日本における保育の歴史や保育現場の実態を知ることは支援者としての基本である。保育支援に携わる心理職は，まず，自分の関わっている支援が保育行政の中でどこに位置づいているのか，そこでの職務は何かを把握することからスタートしたい。自身の職務についての認識が不十分であると，時にはそこで求められている支援の職責を超えてしまう危険性も含まれる。

　少子高齢化社会の到来により，子育て支援および保育行政は，たとえば，少子化対策として待機児童をなくすとか，保育料無償化とか，目の前の課題への多様な対応が指摘されている。支援に携わる者として，保育支援の現場で今，何が起こっているのかという保育現場の現実を常に把握していくことも必要である。制度的背景，社会的状況，政府行政機関の情報や公開資料，新聞やテレ

ビ，インターネットニュースなどマスメディアの情報，支援現場で直接聞こえ
てくる現場の声などから現実を把握する必要がある。具体的には，まず法令や
制度の変更については当該の法令に直接目を通すようにする。それだけではわ
かりにくいので解説記事を読み，学会や研修会などに参加し，整理させた情報
を身につけるようにする。また，保育現場の様々な調査結果の資料は，厚生労
働省，文部科学省，内閣府子ども・子育て本部，全国保育協議会などのサイト
で掲載されているので，随時，適切な情報を収集するように心がけたい。

　このように変化し続ける保育現場や，子どもたちのニーズに応じて支援内容
を作りあげていく姿勢が求められる。したがって，これまで持っている自分の
学んできたやり方にとらわれず，心理職としての自らの役割を問い続ける。ま
た，現状を知ることなしにニーズ把握はできないということを踏まえて，保育
支援に携わる専門職としての社会的役割やミッションについて自身に問い続け
ていく姿勢が問われる。

（3）他の専門家との協働

① 他職種を尊重し自己の専門性を見きわめる

　保育現場では，多くの専門職が子どもの育ちに関わっている。心理職という
立場から，それぞれの専門職の専門性を知り，尊重し，他職種の専門性を生か
すようにコーディネートすると同時に，自身が発揮できる専門性を見きわめて
いくというプロセスが繰り返される。他職種が専門性を発揮し，機能できるよ
う支援に努めることは，同時に自身も他の職種も子どもとの関係を深めること
を支援するという正のスパイラルへと展開する。専門職間で，職場内で守秘義
務を共有しながら相補的コンサルテーションの関係を築いていきたい。

　実際には，ケースカンファレンスにおいて，それぞれの専門的知見や情報の
提供が行われ，それらに基づいて実際の支援方法を探り，現実対応可能な支援
へ向けての合意形成がなされる。実践は問題解決の場であり，自身の支援につ
いての振り返りの場でもある。支援に継続的に関わる視点からの支援の相互的
な評価も必要とされる。

第5章　保育への支援

②　支援現場のアセスメントと心理職の専門性

　現在関わっている保育支援の職場をアセスメントしてみよう。この職場の強みや特徴，うまく機能していない点などをアセスメントすることで，心理職としての果たせる役割を考えることができる。また，生活の場をどのようにとらえるか，自分の強みや特徴，苦手な事など心理職としての自分の特徴をアセスメントすることで，その職場で自分に何ができるかを考える。

　心理職が複数いる職場では子どもの個別支援を担当する心理職，検査を主に担当する心理職，親のカウンセリングを担当する心理職というように同一職種内での役割分担もあり得る。その点で，心理を専門とする職種は，その職場で自分に何ができるかという柔軟な姿勢が求められる。

③　地域を知る

　保育支援に携わっている支援者は，自身が関わっている地域についてどのように把握しているだろうか。人口や地域の産業や経済，保育行政の特徴，地域の関連する社会資源情報，など実際の支援を通して築き広げてくる情報は，地域に根ざした支援に欠かせない。保育支援においてどこに行けば，どのような職種の人がいて，どのような支援が受けられるのかは，知らなければ紹介できない。就学前までに関わりをもつものとしては，地域の保健福祉センター，子ども家庭支援センター，児童相談所，療育センター，病院，教育相談センター，子育て支援NPO，障害児親の会などがあげられる。子どもは育っていく中で，それぞれの年齢時期で必要な地域の社会資源につながっていく。乳幼児健診から保育集団への接続，保幼小の接続という縦のつながりでの切れ目のない支援での重要性はすでに述べた。幼児期の保育集団にあっても，園内だけで支援が完結するわけではない。園内での発達支援と，家族をとりまく地域の関係は地域支援ネットワークによる関係調整が必要になる。

（4）保護者にどのように伝えるのかの力量形成

　保育支援において，対象児の保護者にどのように伝えるのかは，支援者の力量を問われる。子どもの育ちについて不安をもつ保護者に対して，その不安を

第Ⅱ部　生涯発達における臨床発達支援

じっくりと聴き，保護者自身が子どもの発達や特性についての理解が深まるような情報提供をして，日々の子育てを支え，親子の暮らしに寄り添う支援をしているかを自問自答していく。

　乳幼児期の支援では，子どもの発達や育ちの問題に「気づいていない」「心配していない」保護者を支援していくことは，大変なエネルギーを要する。子どもの育ちを一緒に見守る姿勢を続けていくことが重要になる。保護者のいう「普段はできている」に対し，具体的にどこまでできているのかを聞き取り，支援者と保護者の共通認識を形成するようにする。また，日常生活でどのようなこと，どのような関わりや遊びをすればよいのかについて，ワンポイントで伝える。

　また，「園でよりよい保育をしていく」ために保育巡回相談を依頼することを保護者に同意を得る過程で丁寧に説明し伝え方に配慮する。励ましたつもりが結果的には保護者の気持ちを追い詰めてしまうことや，不安をさらに高めてしまうことのないよう，自己研鑽に努めたい。

（5）保育支援における倫理

　日本臨床発達心理士会（2009）では，知っておきたい倫理の基本として「倫理問題はそれを起こした人が特別な存在であるというわけではなく，臨床的活動を重ねていけば，どの人も必ず直面する，あるいは考えざるを得ない日常的な事柄でもある。しかし，倫理に関心を向ける事がなければいつまで経っても倫理観は育たない」と指摘している。

　専門職として倫理のルールを身につけていくことは，専門職として職場の心構え，知識，職業姿勢などの職場理念を知り，そこでの自身の役割や責任範囲を明確に自覚することである。保育支援においては行った支援が適切であったかどうかの自己評価は，次の支援に生かされ責任ある臨床活動の継続につながる。ここでは保育支援において知っておきたい倫理について述べる（秦野，2009，2010，2011b）。

第5章　保育への支援

①　子どもの最善の利益

「子どもの最善の利益」については，1989年に国際連合が第44回総会で採択，1990年に発効し，日本政府も1994年に批准した「児童の権利に関する条約（通称「子どもの権利条約」）」の第3章第1項に定められている。現在，子どもの権利を象徴する言葉として国際社会等でも広く浸透している。

「児童の権利に関する条約（子どもの権利条約）」では，子どもの生存，発達，保護，参加という包括的な権利を実現し確保するために必要となる具体的な事項を規定している。つまり，この国際条約では，①子どもが生きる権利，②子どもが育つ権利，③子どもが守られる権利，④子どもが参加する権利を4つの柱としている。「子どもの最善の利益」とは，子どもに関するすべての措置をとるにあたっては，子どもの最善の利益が優先することを示している。

保育所保育指針（2008）では，保育所の役割が「入所する子どもの最善の利益を考慮し，その福祉を積極的に増進することに最もふさわしい生活の場でなければならない」としている。また保育所保育指針解説書（2008）では，子どもの最善の利益とは保育指針の根幹を成す理念であるとしている。つまり，子どもの最善の利益を守り，子どもたちを心身ともに健やかに育てる責任が保育所にあることを明らかにしている。「子どもの最善の利益」は，保護者を含む大人の利益が優先されることへの牽制や，子どもの人権を尊重することの重要性を表している。

子どもの最善の利益は，子どもの福祉に関する広い範囲の問題を決定するために，裁判所が準拠する原則である。保育支援において，子どもの最善の利益を手繰る作業は，支援者間に横たわる考え方の違いによって生じた溝を乗り超えていく強力な切り札として機能し，支援者間の共通理解を形成していくキーワードともいえる。

②　連携における倫理

子どもの最善の利益は何かということについての見解は，子どもに関わるそれぞれの人の立場や，子どもとの関係性によっても異なることがことは珍しいことではない。たとえば，親と保育者では子どもと関わる関係性が異なる。ま

131

た同一職種である保育者相互間でも生活観や子ども観が違い，時には保育観が異なることがある。療育，相談，治療，セラピーなど専門機関でとらえる子どもの姿と，幼稚園・保育所・認定こども園など日常生活の場でとらえる子どもの姿とは異なることがある。子どもによっては，慣習的に特定場面，特定の人と，ある行動が連動していたりすることもある。支援者が出会っている子どもの姿は，その一部にすぎないといえるかもしれない。

　他職種連携の場合は，専門性が異なれば，それぞれの専門家によって，子どもの最善の利益についての見解が異なる場合もある。専門性が細分化された現在，保育支援における協働と連携は欠かせないが，立場や専門性の違いだけでなく，支援者の経験知の蓄積の差や専門職としての力量差など，個人の資質に帰すると考えられる場合も含めて，保育支援において，子どもの最善の利益という倫理的視点を持ち続けていきたい。

③　インフォームド・コンセント

　インフォームド・コンセント（informed consent）は，一般的には「説明と合意」と訳される。支援の受け手が正しい情報を得た，または伝えられたうえで合意することをいう。支援者は支援の受け手に対しインフォームド・コンセントを行うことは必要条件とされる。しかし重要なことは，インフォームド・コンセントが受け手にとってあいまいであったり，表面的で形骸化していたり，明確に伝わっていなかったかどうかということである。そこが明確に行われていないと，後日になって，受け手が信頼感を損ない，不信感を抱き，場合によっては社会的問題に発展する可能性もある。

　保育をめぐる問題で，支援者は保護者との行き違いや勘違い，とらえ違いによる誤解によって保護者との信頼関係が損なわれることがある。場合によっては，他の親子を巻き込んで，保護者と支援者が対立するような場合がある。保育行政の立場から神尾（2013）は，保護者からの苦情や要望，園長からの相談がたくさんあるが，そのほとんどが，問題となったことへの初期対応のまずさ，説明不足から起きたものだと指摘している。

　保育支援においてインフォームド・コンセントに関する倫理問題を生じやす

第5章　保育への支援

いリスク事項としては，①保護者が，自分の子どもだけが支援の対象になることにより，わが子だけが差別されたと思い込み被害感情を強くもつ。②子どもの育ちや行動上の問題の理解に保護者と支援者の間で認識のギャップがある。保育所で適応できないのは，周囲の子どもたちや保育者のせいだととらえる。③相談機関にいくと自分の子どもが障害だといわれ，問題児だという風評が，世間に知られてしまうと将来に悪影響を及ぼすのではないかと不安が高まる。④支援を受けることに保護者が抱く損失感（不快感，不安感，不信感，負担感）が大きい，などがある。

　これらは**守秘義務，個人情報（プライバシー）の保護**と共有，という倫理の基本に関わる問題もある。どんな場合でも，支援を受ける人の利益を第1に考える必要がある。ただし，支援者がよかれと思っても，支援を受ける人にとって必ずしも利益にならないこともある。支援を受ける人が利益を判断できるように，支援者は支援内容を十分説明しなくてはならない。特に保育支援の場合は，支援の対象が乳幼児期の子どもなので，基本的には保護者（guardian）の承諾を必要とし，合わせて結果の報告義務も発生する。

④　善意の押しつけと倫理

　よかれと思って行った支援が予想もしなかったようなよくない結果をもたらすことがある。熱意をもってした支援が相手の怒りを呼び起こすこともある。不信を買うこともある。支援する側も支援される側も，心が傷つくこともある。

　乳幼児集団における担任の関わり，療育における訓練や指導，保育の中での家族支援，子育て支援，他職種連携，そのいずれにおいても，支援者が「これが唯一の正しいことだ」と思い込んだ時点で，異なる見解を受け入れられなくなり，包括的視点からの理解ができにくくなる。

　支援者の熱心な関わりは，時として善意の押しつけが生じやすいということを心に留めて，倫理面の問題として，善意と独善が表裏一体であることを忘れないようにしたい。独善的というのは，視野が狭くある一面からしかとらえていないことによって生ずる問題であるともいえる。特に保育支援現場などでは，助言者としての外部専門家の意見は尊重される土壌があるので，当事者も独善

133

第Ⅱ部　生涯発達における臨床発達支援

であることに気づきにくい。

　保育支援でのカンファレンスは，立場の異なる多様な判断基準の中で現実的な支援の方向性を見出していくという作業であり，そこには常に複数の視点が存在することを前提として，支援における意思決定を行えるような日常的な人間関係を築いておくことも必要とされる。この通りにすれば，倫理的に問題が無いと明確にいえる行動ばかりでなく，自分で考え判断していけるような倫理観が求められる。

⑤　不一致が生じたときの意思決定と倫理

　保育支援において，事実認識に関する不一致，提供される支援の方針の不一致，保護者の自己決定権や価値判断に関する支援者との対立などにどのように対処していけばよいだろうか。

　まず不一致が，事実認識に基づく不一致なのか，価値判断に基づく不一致なのかを区別しておくことは解決策を見出す際の手がかりになる。しかし，具体的にこの問題に直面してみると，事実認識に基づく不一致だと思われていたことが，その人の価値判断が大きく反映した事実認識であったりする。そうであるならば，一般的に現状認識の違いとは，それぞれの人の価値判断から生じた主観的認識のずれであり，いつでもどこでも起こり得ることだといえる。人は互いに自己の主観的な意味世界を築きながら日常を生きている。そこで，他者のもつ意味世界を知ること，理解することこそが，不一致が生じたときの倫理問題解決の鍵になる。不一致が生じたとき，それぞれの価値判断の差違を明確にすることで不一致の本質を理解し，現実適応的な問題解決に向かうことができる。

⑥　保育支援で出あう倫理の実際

　倫理的ジレンマ（Lowenberg & Dolgoff, 1996）とは，2つ以上の対抗する価値に直面したときに生じ，どちらとも決めかねる状態をいう。保育支援では支援を実施にあたり支援対象者に代わる保護者の承諾，育ってくる中で明らかになる障害の気づきへの支援，進路決定における自己決定への支援，保護者が支

134

援に対していだくバリア，支援システムにおける倫理的ジレンマを取りあげる。

1）保護者の承諾と倫理

　保護者は，保育支援の倫理の視点から，園が保育巡回相談を利用するときには保護者の承諾を必要とする。これは支援承諾について本人の意思決定ができない乳幼児期にあたって保護者が代理するだけにとどまらない。保護者の知らないところでわが子の支援が進んでしまうことは，たとえそれがよかれと思って善をなしたとしても独善の謗りを免れない。保護者の理解を得て，合意のもとに支援を進めることは，親支援の視点からも欠かせない。保育において子どもに対する発達支援は，親支援と切り離せず，子どもの最も身近な存在である親に，子ども理解を深めていけるような支援，円滑な親子関係が維持できるような支援への第一歩として，保護者との協働の取り組みを進めていきたい。

2）選択の幅が狭い自己決定

　幼児期の保育集団としてどこを選ぶか，療育の毎日通園か，認可の保育所や幼稚園かは，最初に保護者が直面する選択である。保護者が特定の療育を望んでも既に療育の定員枠が埋まって受け入れられないこともある。一方，保護者が同年齢児との交流を通した子どもの育ちを望んで認可保育所に入ったとしても，保育において個別対応を必要とする子どもの場合，その人的環境が十分整えられているとはいえない状況もあり，対応に手が回らないこともある。

　また障害や発達が重篤で生活適応に多くの困難がある子どもの場合，保護者は専門家の裁量と判断を絶対視することで，親としての気持ちを抑制してしまうこともある。就学後の進路として通常級か，特別支援級か，特別支援学校のどこを選ぶかの選択は，保護者にとって大きな岐路に立たされる。

　保護者や支援者によって優先する価値が異なる場合，または現場の保育環境や療育環境が十分整っているとはいえず，子どもの支援ニーズを満たしきれない場合，支援者側にも倫理的ジレンマが生じる。保護者が自己決定するためには，その判断材料となる根拠や事実をできる限り正確に伝え，保護者としての責任と判断に向き合えるように沿っていくことになる。

3）障害の気づきへの支援と倫理

　子どもの発達や障害，また社会的適応は育ってくる中で明らかになる場合が

ほとんどである。したがって保育者や専門家からみれば発達の遅れや発達の困難に気づくが，生まれてからずっと生活をともにしている保護者が，子どもに支援が必要であることに気づいていないことも珍しくない。特に幼児期の保育集団への適応の問題としてとらえられるような場合，支援者は次に述べるような複数の倫理的ジレンマに同時に直面する。①保護者はこの問題をどのように受け止めているのか，②保護者と共通理解をもつためにはどうしたらよいか，③伝えることによって，保護者にショックを与えたり，傷つけたり，怒りを買ったりしないか，④支援者として何をすべきで何をすべきでないのか，などの想いが錯綜する。

　特に発達の偏りがあっても知的な遅れはないと思われる子どもが，集団保育の中で著しい不適応に陥ってしまうような場合は，保護者にとっては理解を得られにくいことがある。

　4）　支援に対する保護者の心理的バリアと倫理

　一般的には，乳幼児期は子どもの発達の個人差が大きく，目の前の子どもの姿から児童期以降の子ども像を思い描くことは難しい。そのため子どもへの漠然とした発達期待の高い時期だといえる。支援者から指摘される保育場面での不適応や，支援者から提案される保育における個別対応，療育相談の利用などの特別支援に関する提案などに対しては，拒否反応が現れることがある。その背後には，保護者が子どもの発達に関する不安を打ち消したいという心理的バリア，もし障害だといわれたらどうしよう等の現実からの回避と自己防衛策としての心理的バリアなどが存在すると考えられる。

　本来は，支援者側で十分に説明し，療育・保育・教育の範囲で可能な限り，保護者の感情や保護者が置かれた状況を尊重しながら，保護者の自己決定権を尊重する体制が望まれる。しかし，乳幼児期の発達の見きわめは専門的知識をもたない者には難しいこともあり，保護者が十分な理解に至る前に専門家に対する不信が増大し，支援を受ける気持ちにならないことがある。

　5）　匿名の共謀

　匿名の共謀（collusion of anonymity）とは，一人の子どもの支援に複数の機関が関係する場合，情報や状況などに責任をもって統括するキーパーソンとして

第5章　保育への支援

の役割を果たす機関をあいまいにしておくと，いわゆる責任が「たらいまわし」になる現象のことをいう（Balint, 1981）。特に，子どもが保育所や幼稚園などに通っていて複数の相談機関や医療機関と関わりがある場合，この匿名の共謀という罠に陥りやすいという。支援者側が，他の専門機関に紹介した時点で自分の仕事は終わったと思ってしまうと支援がうまく機能しないのは，匿名の共謀状態が生じるためである。

5　支援の実際

（1）障害特性に即した支援

　保育所や幼稚園に在籍する子どもたちの中で明らかに発達遅滞があり，同年齢の子どもたちと一緒に活動するのが難しい子どもたちがいる。その中には，すでに診断名が確定している子どももいる。知的能力障害（Intellectual Disabilities　以下，知的障害）は全人口の2.5％にあたり，軽度が85％を占める。そのうち染色体異常であるダウン症は，ヒトにおいて最も一般的な遺伝子疾患であり，毎年1000出生あたり1人に現れる。自閉症スペクトラム障害（ASD）は社会的コミュニケーションにおける困難および常同的・限定的な行動がある。注意欠如・多動性障害（ADHD）は，不注意，多動性，衝動性に特徴づけられた疾患であり，頻度は3〜5％で男児に多いとされている。また，園生活の中で気になる子どもとして，要支援の対象となる子どももいる。園はこれらの子どもたちが日中の主要な時間帯をそこで過ごす，遊びと生活の場である。そこには保育者という複数の大人と，同年齢の子どもたちがともに過ごす場でもある。そこで，障害の特徴に即して保育における留意点，保護者支援を考える。

（2）知的障害児の保育支援

　知的障害は，全般的知能の欠陥と個人の年齢，性別，および社会文化的背景が同等の仲間たちに比べて，日常の適応的機能が障害されることである。発症は発達期，18歳以前である。

対象児が他の子どもたちと一緒に活動するのが，どのレベルで困難かをとらえる。たとえば，①他の子どもたちと一緒の活動に興味や関心を示すのか，②一緒にはやらないが，その場にはいるのか，また一緒にいて嬉しそうにしているか，③部分的にまねしたり，一緒にやろうとしたりするのか，④先生に促され，補助されながらであれば参加するのか，などを把握していく。

また，対象児が興味をもつ活動に，他の子どもたちも巻き込んでいくような活動を見逃さずにとらえていくことで，他児との関わりをつくっていくような活動を増やしていくことができる。

エピソードをあげてみると，園庭に出ると必ず手押し車を押すことを好む対象児が，いつものように手押し車を押して園庭を歩いていた。そのうち，荷台に座り込むと，それを見つけた他の子どもが近寄ってきて手押し車を押しはじめた。三輪車をこぎながら別の子どもも近づいて来て，手押し車の先導車として進みはじめ，園庭に車の行列ができた。対象児は荷台で気持ちよさそうににこにこしていた。また，あるときは，対象児が砂場で容器に砂の出し入れを繰り返しているところに，他児が近づき，「ピザ，お待たせしました」と砂を敷き詰めた平皿を目の前においた。対象児が手を出して平皿をひっくり返すと，他児は「おさげします」と言って持ち帰り，「アイス，お待たせしました」と砂を入れたカップをおいた。対象児は手を出してカップをひっくり返すと，2人ともゲラゲラ笑ってこのやりとりが繰り返されたなどに他児との関わりの一端がみられる。

日常生活動作（ADL：activities of daily living）とは，食事・着脱・排泄など日常生活において繰り返される基本的かつ具体的な行為や活動である。一般的には発達や年齢に応じた適応的行動が期待されるが，同時に生活習慣として社会文化的に経験を積み重ねて身につける側面が強い。

知的障害がある子どもの場合，ADLが「自分で」という活動意欲と結びつきにくいため，受け身的にしてもらうことが習慣となっていたり，やりたがらない，まだできないと周囲の判断で未経験で育ってきている場合もある。

一方で，認知発達としては感覚運動期にあり，道具的操作に至らない段階の対象児であっても，生活年齢が3歳を過ぎていれば，特定場面で繰り返しの生

第5章　保育への支援

活習慣として学習した行動であれば実用的操作が可能となっていく。遊びでは容器からものを出し入れする程度の水準であっても，食事のときには，手づかみでなく必ずスプーンですくって，こぼさずに食べることができる。トイレでの排泄，自分での着脱，スプーン・フォークの使用など，幼児期におけるADL の確立は，子どもの活動範囲を確実に広げるだけでなく，親にとっても外出が苦にならなくなるために，子どもの経験の幅を広げる。知的障害の場合，一つの生活動作の獲得には長期間を要する場合もある。特に ADL について家庭と協働の取り組みができない場合は，長期の休み明けには，できていたと思われる生活習慣の後戻りがみられることもある。しかし，子どもの生活の質（QOL：Quality of life）を支える保育の中での ADL の確立に向けた取り組みは，毎日の保育の積み重ねが結果をもたらす。

（3）ダウン症児の保育支援

　ダウン症は，通常23組46本の染色体のうち，21番目の染色体が 1 本増え，全部で47本になったことが原因で発症する先天性疾患群である。21番目の染色体が 3 本あるものを「標準型21トリソミー」と呼び，これがダウン症全体の95％を占めている。このほか，3 本目の染色体が別の染色体にくっついている転座型，21番目の染色体が 3 本のものと 2 本のものが混じっているモザイク型というタイプもある。ダウン症児は，しばしば先天性の心臓疾患や消化器疾患，口蓋裂などの合併症をもち，感染症や呼吸器系疾患にもかかりやすい。白内障，結膜炎，斜視，乱視などの眼科的問題，中耳の異常や難聴などの耳鼻科的問題も多い。このような医療的ケアや健康管理を，保護者と連携し，また保護者を通して医療機関と連携しながら行っていくことが，まず重要である。

　乳幼児期のダウン症児は，運動発達の面では，全身の低筋緊張や関節可動域の拡大が特徴的である。それにともない腹臥位や姿勢の変換を好まず，歩行は 2 歳前半頃と全般的にゆっくり発達する。認知・言語発達の面では，聴覚情報の認知処理は弱いが，視覚的な情報の認知処理は比較的得意な場合が多いので，目で見て理解しやすいように，ジェスチャーを使う，絵や写真を見せるなど働きかけの工夫をすることで，発話開始前から，非言語のコミュニケーションを

139

充実させ，意思疎通を図っていくことが望まれる。言葉の理解力に比べ，話す力の発達が遅れるので，年齢が高くなると理解語彙が広がってくる一方で，文で話すなど統語の獲得が困難である。また発音が全体に不明瞭であるが，幼児期において日常の生活をともにする大人は，状況や文脈から発話意図を理解できることが多く，豊かなやりとりを広げていくことが望まれる。

　子ども同士でしか得られない刺激やそこから生じた感情の交流などは社会的関わりを広げていくきっかけになる。子ども同士の関わりをつないでいくことも保育の役割といえる。

　ADL，特に食事の面では，ダウン症児は顔や舌の筋力が弱く，歯が生えるのも遅く，食べる機能もゆっくり発達するので，あまり噛まずに丸飲みする癖がついて食事指導に苦慮する場合もある。口唇や舌の動きを確認しながら，小児歯科や療育機関と連携し，注意深く離乳食の形態を進める必要がある。

　親の就労により０歳から入園する子どももいれば，療育機関での個別指導やグループ療育を経て３歳から入園の子どももいる。入園後も療育機関でのグループ指導や個別指導を定期的に行いながら平行通園する場合もある。必要に応じて関連機関との連携は就学支援まで欠かせない。その時々の発達をとらえ，その子にあった環境を用意することの包括的支援の場が保育に求められる。

（4）ASD児の保育支援

　ASD（Autism Spectrum Disorder：自閉スペクトラム症／自閉症スペクトラム障害）の診断基準はDSM-5によれば，「社会的コミュニケーションの障害」と「限定された反復する様式の行動，興味，活動」の２つを満たすと定められている。典型的には生後２年以内に明らかになり，有病率は0.65～１％とされる。性差は男児において女児よりも４倍，ASD児童のうち45～60％は知的障害を，11～39％はてんかんを併発している。

　ASDの子どもの特徴として，こだわりが強い，いつもと違う状況になるとパニックを起こす，視線が合いにくいなど他人に関心がないなどがあげられる。パニックを起こさずに落ち着いて過ごすためには，家庭や園での規則正しい生活がなされるよう環境を整える。また興味の幅が狭いため，担任など保育者の

働きかけに対してまったく関心を示さないこともある。大人が「この子には興味がないだろう」と決めつけることは子どもの興味や可能性を狭める原因にもなる。ASD の子どもたちは，一見無関心に見えるかもしれないが，回数を重ねて働きかるうちに，今までやらなかった課題活動や遊びにも取り組もうとすることで，ASD の子どもたちの世界は広がる。

　ASD の子どもたちには，いつもと同じことへの「こだわり」があり，いつもとは違うことに対して不安になってパニックを起こし，叫んだり，泣き騒いだりすることがある。ASD の人にとって「いつもと違う」ことは次の見通しがもてない不安が生じやすい。新しい体験の前に，予告してから体験させたり，「靴を履いて帽子をかぶって園庭へ」など次の活動の見通しが持てるものを提示してわかりやすく示すなどを繰り返す。また新しい体験や，いつもと違う活動への抵抗感はあっても，気持ちに寄り添い，安心感のもてる大人が一緒に関わることで，多少落ち着くことができ，こだわりを少しずつなくしていくことができる。特に，新年度は，学年が変わり，担任が替わり，教室が変わりと変化が多く ASD の子どもには不安の高くなる時期である。保育所・幼稚園では**園内の連携**に努め，小学校への移行に際しては，保護者を介した修学支援シートの引き渡しや情報交換などの保小連携，幼小連携が重要である。

（5）ADHD（注意欠如・多動性障害）児の保育支援

　DSM-5 における ADHD（注意欠如・多動性障害：Attention Deficit Hyperactivity Disorder）は，不注意（集中力がない），多動性（じっとしていられない），衝動性（考えずに行動してしまう）の 3 つの症状がみられ，年齢や発達に不釣り合いな行動が社会的な活動や学習，日常のコミュニケーションに支障をきたす場合に診断する。症状は早い時期（6 歳未満頃）から発症し，少なくとも 6 か月以上継続している必要がある。日本では，集団活動が増えてくる幼児期後半，また社会的ルールが増加する小学校入学前後に問題とされることが多い。学童期までの発症率は 1 〜 6 ％で男子の方が女子よりも高いが，女子の場合は多動が目立たない不注意優勢型に分類されることが多く，発見が遅れがちだといわれる。

第Ⅱ部　生涯発達における臨床発達支援

　日常生活に大きな支障をもたらすが適切な医療的ケアと環境を整えることによって症状を緩和することも可能である。

　医療的ケアとしては，中枢神経系に働きかける薬物治療がある。薬物を服用し始めたら，園では子どもの体調や気分，食欲などについて，注意深く観察し，保護者と連携を図る必要がある。

　環境の側面としては，保護者同士を含めた対人関係の調整が求められる。ADHDの子どもの場合，衝動性などにより子ども同士がトラブルとなることが多く，特に他害がある場合は，被害を受けた子どもの保護者からのクレームが，保護者同士の関係にまで発展することがある。親の育て方やしつけのせいではないこと，なまけていたり相手を困らせようとしたりしているのではないこと，ADHDの子ども自身ではコントロールできず悩んでいることなど，周りから理解を得られず，親子ともに孤立してしまうこともある。周りの人に障害について理解してもらう機会を作るなども必要になる。また，子ども同士のトラブルについても，本人や周りの子どもたちにも，年齢や理解度に応じて話し，解決方法を一緒に考えていくことも保育の中で取り組んでいきたい。

　ADHDの子どもの指導にあたっては，子どもを傷つけない効果的な叱り方を大人が知ることは重要である。ペアレント・トレーニング，ティーチャーズ・トレーニングなどの受講も，自らの関わり方を見つめ直す機会となる。きつい口調で感情的に叱る，他児と比べて叱るなどの場合，ADHDの子どもは，怒られているということだけしか頭に入ってこない場合がある。また不安や緊張，疎外感が強まると症状が激しくなることもあり，トラブルが続くことで劣等感を抱き自己評価が低くなりやすくなることも指摘されている。または，謝るという表面的な対処法だけを学び，感情を刺激して怒りを大人にぶつけてくるという誤学習をすることもある。子どもの近くに行って，静かに穏やかな声で，何がいけなかったか，どうすれば良かったかを指摘するような関わりが求められる。

　ADHDの子どもに繰り返し注意してもうまくいかないときは，対象児にとって指示の出し方がわかりにくかったことはないか，対象児にとってやり方があっていないのではないか，発達に見合わない要求ではなかったかと，あらた

めて保育を見直す機会となる。

　言われたからといって，子どもの行動がすぐ変わるわけではないことも想定の範囲内とし，子どもと向き合う大人がイライラした気持ちをため込まないようにすることも重要である。ゆっくりと時間をかけて少しずつ，しかし，あきらめずにその子が苦手なものを分析し，困難なことを取り除き，やりやすくなる具体的な対処法をいつも手探りで探しながら手がかりを得ようとする姿勢を持ち続けるようにしたい。

（秦野悦子）

第6章　学童期における支援

1　学童期における支援とは何か

（1）学童期の発達

　およそ6歳から12歳までを表す「学童期」は，小学校に通い，人生において初めて，学業中心の集団生活を送る時期であるという，社会的な意味が重要視されることを表す用語である。学童期の入口は幼児期の延長線上にあり，そこからスタートする学童期は，エリクソン（Erikson, E. H.）によれば「私は学ぶ存在である」と示される時期である。子どもは，学業においては知識や技能を学ぶことに日々励み，学校・学級や放課後の学童保育その他において，仲間との活動がうまく達成できるようにと，また生活や遊びの技能をより高めようと，自分の意思や内的動機に基づいて，目標に向かってコツコツと勤しむ。時には失敗し他者との比較において劣等感に揺さぶられる経験を積みながら，努力する「勤勉性」を身につけ，“自分はやっていく力がある”という「有能感」を獲得することが課題とされる。勤勉性とは，社会から期待される活動を忍耐強く習慣的に営む態度であり，将来の労働の力につながる。

　学童期はさらに低学年・中学年・高学年の3つの時期に分けることができる。

　低学年期は，養育者や教師などの大人に多く依存している。大人とのアタッチメントを基盤として，自律・自立に向け，園の文化から新たに小学校という

文化への適応に努め，本格的に規律ある集団生活の場に入っていく。また，自己に関する理解が深まりはじめる。幼児期においては，身体の特徴や「ピアノを習っている」「お兄ちゃん」など，外面的でカテゴリー的なとらえ方で自己を理解しているが，この時期において「はずかしがりや」「おとなしい」など，性格や対人関係のとり方などの内面的な側面から自己を理解するようになる。認知発達においては，ピアジェ（Piaget, J.）によれば，**前操作期から具体的操作期への移行期**にある。学校では，文脈や生活の手がかりに支えられた学習が中心であるが，読み書きに関する系統的な学習が開始され，授業においては，幼児期まで用いてきた，あるいは家庭で用いる**一次的ことば**とはなじみのない，**二次的ことば**に出会う（岡本，1991）。岡本（1991）によれば，一次的ことばとは，自分とよく知り合う特定の親しい人との一対一の対面対話的関係の中で機能し，話のテーマが具体的で，その内容が言葉の文脈だけでなく，場面（状況）の文脈の支えによって伝わる言葉を指す。それに対して二次的ことばとは，話し手と聞き手の役割が固定し，前者から後者に対し不特定多数の一般者（抽象化された聞き手）を想定して一方的に話される言葉のことである。その際，話のテーマは言語行動が営まれる場とは離れた事象や抽象的な事象が取り扱われ，状況（場面）の文脈を援用することができず，また話し言葉に加え，書き言葉が加わる。

　中学年期になると，仲間とのつながりが強まり，親からの承認より仲間からの評価が自己の維持に重要になりはじめる。大人をモデルとした縦の関係から，仲間という横軸の関係による発達援助促進要因が増大していく（保坂，1998）。仲間関係や集団の中で，対立や葛藤を経験しながら，他者との関係を築く方法を学ぶ。そして，教科書や教材等によって明示され顕在化されたカリキュラムだけではなく「**潜在的カリキュラム**」（Jackson, 1968）を理解し，集団に参加するための社会性をより広く，深く身につけていく。潜在的カリキュラムとは，教室内で無意図的に教師や仲間たちによってそれをもつことを求められる，一定の行動様式や価値観，態度などの，社会的な内容を指す。

　また，ピアジェ理論では**具体的操作期**に入り，具体的に操作し経験できる対象であれば，論理的な思考が可能となる。二次的ことばを本格的に獲得しはじ

め，具体的な事象を言葉によって概念化してとらえることができるようになる。学校教育では，本格的な教科教育への移行期に当たり，言葉を媒介とした抽象的思考を必要とする学習が急激に増す。それによって，「9歳の壁」と称される，学校生活におけるつまずきにもつながりやすい（脇中, 2013）。脇中（2009）によれば，「9歳の壁」を乗り越えるためには，まず周囲の人々と量的・質的に豊かな会話を積み重ねることによって，話し言葉を充実させ「高度化」することが，文脈に依存しない言葉の力や思考力の育ちに必要だという。

　一方，そのような認知能力の発達によって，自己を客観視，相対化して包括的にとらえて評価するようになり，**自尊感情**（self-esteem）が生まれる。自尊感情とは，自己評価のうち，自分が価値ある存在だと信じられる，自己に対する肯定的感情であり，8歳前後から出現する（Harter, 1999）。同時に，自分が他者の視線からどうとらえられているかによっても自己を評価するようになる。学業，運動能力，遊びや特定の活動の技能，集団における役割などにおいての仲間からの評価が，自尊感情に影響する。10歳頃には，「子どもとしての自己」が完成され，心身ともに安定するが，次第に次の思春期に向かう兆しが現れはじめる。

　高学年では多くの子どもが第二次性徴を迎え，生物学的な意味での思春期に入る。身体の急速な変化に戸惑い，「子ども」であった人格が壊され，「大人としての自己」の構築に向かう。「**第二の個体化過程**」（Blos, 1962）と言われるように，養育者からの心理的な独立と依存との間で揺れ動き，家族よりも仲間関係が重要な準拠集団となっていく。そのため，自己評価はより他者からの視線に影響され，自己評価や自尊感情が低下していき（桜井, 1983），「理想自己」と「現実自己」とのずれが広がる。認知発達においては，ピアジェ理論における形式的操作期に入り，具体物を通さない一般的・抽象的な次元に対して，論理的な思考が可能となる。学校教育においては，文脈の支えのない書き言葉，二次的ことばを中心とした内容となり，中学・高校における学習の基礎を学習する。そして自他や身の回りの出来事に対し，第三者などの多様な視点から，論理的にとらえはじめる。

（2）学童期における支援

　学童期への支援としては，第1に，学校現場における次のようなニーズへの対応が求められる。①時間的・発生的な問題として，幼児期の発達の積み残しや，移行期におけるつまずきへの予防も含めた支援（「小1プロブレム」「中1ギャップ」など），②特別な教育ニーズのある子どもへの支援（特別支援教育・インクルーシブ教育システムにおける発達に障害や偏りのある子どもへの支援，「9歳の壁」などの学力差への支援など），③集団生活における社会性の発達への支援（不登校やいじめなど），④家庭・保護者への支援（貧困，虐待など）である。第2に，学童保育や放課後等デイサービスなどにおける放課後支援が挙げられる。**放課後支援**とは，放課後や長期休暇などの学校休業日の時間に，地域での安全・安心が保障される中で，多様な体験や他者との関わりを通して，学校教育をベースとした教室の中での育ちとは異なる，子どもの自立・自律と社会性の発達を促すものである。次節ではこれらを詳しくみていくこととする。

2　学校を取り巻く現状と支援ニーズ

（1）移行期の問題

①　小1プロブレム

　1990年代の後半頃から，小学校に入学して間もない1年生の子どもたちが，「集団行動がとれない，授業中座っていられない，教師の話を聞かない」などにより，正常の学級活動が成立せず，その状態が数か月以上継続するという問題が大きく取りあげられるようになった。この問題を「**小1プロブレム**」という。新保（2001）によれば，高学年の「学級崩壊」と「小1プロブレム」は，ともに「授業の不成立を中心として，学級の学びと暮らしと遊びの機能が不全になっている小学校特有の状態」であるが，「小1プロブレム」は高学年の学級崩壊とは異なり，「幼児期を十分，生ききれてこなかった，幼児期を引きずっている子どもたちが引き起こす問題と言える」とし，その背景に①子どもた

ちを取り巻く社会の変化，②親の子育ての変化と孤立化，③変わってきた就学前教育と変わらない学校教育の段差の拡大，④自己完結して連携のない就学前教育と学校教育の4点があると指摘している。

2012年に東京都が都内の全小学校を対象とした調査によれば，1年生の4月時点で約21％の学校が小1プロブレムが「発生した」と回答し，その状態について11月時点で約73％の学校が「おさまっていない」と回答している（東京都教育委員会，2013）。原因としては，子どもの耐性の低さ，基本的な生活習慣の未獲得，家庭の教育力の低下，特別な支援を必要とする子どもの存在によって指導が行きわたらないこと，集団生活の経験不足，などが指摘されている（東京都教育委員会，2009）。

小1プロブレムの対策としては，保幼小連携（幼稚園・保育所・認定こども園などの幼児教育と小学校教育との接続）の問題として，幼稚園・保育所との連携，学級の人数の縮小，クラス編成の工夫，補助教員の加配，保幼小の交流，保護者との連携など，様々な取り組みが行われてきた。

移行期への支援においては，「発達の積み残し」は，それを乗り越えることで次の発達に向かうための契機ととらえ，また，「子どもの不適応」という個人の適応の問題としてではなく，環境との相互作用のもとに起こっているものとしてとらえる視点が重要である。すなわち，子ども一人ひとりの抱える発達の課題，家庭環境のありよう，それぞれの子どもが経験してきた個々の園の文化と小学校の文化の違い，園で期待されてきた姿と現在の学級において子どもに求められる学級独自の規範や価値観などに基づく行動様式（近藤，1994）の違い，教育方法・内容，教職員の連携のあり方などを包括的にアセスメントし，それに基づく支援計画を立てることが必要である。

②　中1ギャップ

小学校から中学校に進学するに際して，子どもをめぐる環境が一気に変わる。学校の規模が大きくなり，教科担任制となって，学級担任と関わる時間が短くなり，規則も増え，学習や生活面において一層の自立と自律が求められる。学習内容は格段に難しくなり，教科数が増え，1学期内に2回の定期試験に備え

た勉強を自主的にこなしていくことが求められ，3年後の受験というストレスにもさらされるようになる。複数の小学校から進級してきた新しい仲間によってクラスが構成され，小学校時代の仲間関係から新しい関係を作り直すことが必要になる。生活の中で部活動の占める時間が多くなり，部活動内での「先輩と後輩」や「顧問の教師との関係」という新たな人間関係が発生する。インターネット環境の急激な拡大も，人間関係を息苦しくする要因となる。

このように，思春期への移行という，生物学的にも心理的にも急激な変化の生じる時期に，中学校への移行という，学習面の負荷の増大や人間関係が複雑化する大きな環境の変化に適応することがなかなかできず，そのストレスが心身症というかたちで身体化されたり，いじめや不登校，暴力行為などとして行動化されたりし，生徒指導上の問題が大きく増える現象を「中1ギャップ」と呼ぶ。これに関して，いじめや不登校などの問題は，中学校への進学直後の1年間で急増し深刻化するのではなく，小学校段階で顕在化しはじめていたにもかかわらず，支援が先送りにされた結果だとする見方もある（国立教育政策研究所，2015）。一方，小学校から抱える問題の顕在化だけではなく，中学校という新しい環境の中で主に学習面や思春期特有の心性の側面に，新たな困難が生じることも示されている（東京都教育委員会，2013；中村ら，2016など）。

中1ギャップの対策としては，小中連携や小中一貫教育の推進（文部科学省，2012a），学級規模の縮小や教員加配（東京都教育委員会，2013）などが行われている。支援においては，小1プロブレムと同様，現在の環境との相互作用のもとにあり，未来の発達に向かうための契機ととらえ，包括的なアセスメントに基づく支援計画を立てる。そして，「自分とは何か」を問い直しながら新たな自己を作り直す時期，すなわち思春期に向かう小学生時代の子どもに対しては，多様な他者や仲間とつながり合い支え合う力が育っているか，自己有能感や自尊感情が蓄えられているか，言葉を媒介とした思考力や内省する力が育っているか等の視点からの予防的支援が重要となる。

第Ⅱ部　生涯発達における臨床発達支援

（2）特別な教育ニーズのある子どもへの支援

①　特別支援教育

　文部科学省が2002年に，小中学校の教師を対象として行った全国調査（文部科学省，2002）では，発達障害や発達に偏りのある気になる子など，支援を要する子どもが，通常学級に6.3％存在することが判明した。2005年に発達障害者支援法が施行され，学校教育法の一部改正等を受け，2007年4月，**特別支援教育**が開始された。特別支援教育においては，従来の特殊教育の対象（視覚障害，聴覚障害，知的障害，肢体不自由，病弱・身体虚弱，言語障害，情緒障害）には入らない，アスペルガー症候群などの広汎性発達障害，ADHD（注意欠陥／多動性障害），LD（学習障害）などの子どもたちが，「発達障害」と新たに定義され，すべての学校において個々のニーズに基づいて教育することが定められた（なお，広汎性発達障害，注意欠陥／多動性障害，学習障害は，DSM-5では，正式な名称をそれぞれ自閉症スペクトラム障害（症），注意欠如・多動性障害（症），限局性学習障害（症）となったが，本章では，DSM-IV に基づく診断名が記載された文章は，そのまま表記する）。現在，特別支援教育は，特別支援学校，特別支援学級，通級による指導の3つの場で行われている。

②　インクルーシブ教育の推進

　国際連合（国連）において2006年に採択され2008年に発効された「障害者の権利に関する条約」（障害者権利条約）を，わが国は2007年の署名から6年以上を経て2014年に批准した。この条約の「第24条　教育」に掲げられた理念が，特別支援教育をさらに発展させるかたちで，**インクルーシブ教育**として推進されることになり，共生社会の実現に向けた取り組みが，本格的に推進されることになった。

　文部科学省（2012b）は，「共生社会の形成に向けたインクルーシブ教育システム構築のための特別支援教育の推進（報告）」において，インクルーシブ教育の内容・方針やシステムの概要を次のように提案している。障害の種類や程度で学校や教室を限定せず，どんな子どもも，できる限り同じ場でともに学ぶ

ことを目指す。そのために，従来の就学相談・就学先決定のあり方を改め，本人や保護者の教育的ニーズや意見を尊重する。通常の学級・通級における指導・特別支援学級・特別支援学校を，連続性のある多様な学びの場とし，その時点での教育的ニーズに的確に応える教育を実現しようとする。特別支援学校と幼・小・中・高等学校等との間，また，特別支援学級と通常の学級との間でそれぞれ行われる交流及び共同学習を推進する。教職員の専門性を向上させる，などである。

　また，合理的配慮とそのための基礎的環境整備の必要性が指摘されている。**合理的配慮**（reasonable accommodation）とは，障害者権利条約によれば，「障害者が他の者との平等を基礎として全ての人権及び基本的自由を享有し，又は行使することを確保するための必要かつ適当な変更及び調整であって，特定の場合において必要とされるものであり，かつ，均衡を失した又は過度の負担を課さないものをいう」と定義され，この合理的配慮の否定は，障害を理由とする差別に含まれるとされる。同報告においては，合理的配慮とは，「障害のある子どもが，他の子どもと平等に「教育を受ける権利」を享有・行使することを確保するために，学校の設置者及び学校が必要かつ適当な変更・調整を行うことであり，障害のある子どもに対し，その状況に応じて，学校教育を受ける場合に個別に必要とされるもの」であり，「学校の設置者及び学校に対して，体制面，財政面において，均衡を失した又は過度の負担を課さないもの」とされている。**基礎的環境整備**とは，合理的配慮の基礎となる環境整備であり，国は全国規模で，都道府県は各都道府県内で，市町村は各市町村内でそれぞれ行う。具体的には次の８点である。①ネットワークの形成・連続性のある多様な学びの場の活用，②専門性のある指導体制の確保，③個別の教育支援計画や個別の指導計画の作成等による指導，④教材の確保，⑤施設・設備の整備，⑥専門性のある教員，支援員等の人的配置，⑦個に応じた指導や学びの場の設定等による特別な指導，⑧交流及び共同学習の推進である。

　そして，2013年に成立した「障害を理由とする差別の解消の推進に関する法律」（**障害者差別解消法**）では，障害を理由に差別的扱いや権利侵害をしてはならないこと，社会的障壁を取り除くための合理的配慮をすること，などが定め

られ，2016年4月に施行された。社会的障壁とは，社会参加に制限をかける社会的事物（利用しにくい施設や設備など），制度（利用しにくい制度），慣行（障害のある人の存在が意識されない，暗黙の了解を含む習慣や文化など），観念（できないなどの思い込みや偏見など）を指す。

　特別支援教育からインクルーシブ教育への流れにおいて，支援の中心となるのは，特別な教育ニーズのある子どもに対し的確な教育を提供することである。しかしながら，どのような配慮が合理的配慮に該当するのか，努力義務の範囲にあるか，などに一律の基準はない。したがって，とりわけ臨床発達心理士に求められる支援とは，一人ひとりの子どもに対する合理的配慮とは何か，を検討するために必要な根拠を提供することである。すなわち，子どもの個別のアセスメントを行い，そのエビデンスに基づき，何がなぜ合理的なのかという，合理的配慮の妥当性を説明することである。そのうえで，教育を提供する側にとって過度な負担にならない，努力可能な合理的配慮とは何かを協働して探りながら支援計画を立て，支援の実行に参与していく。

　また同時に，周囲の子どもたちの権利に対しても同様に尊重すること，そしてすべての子どもたちに対して，共生する力，すなわちともに学びあう力，お互いに理解しあう力，多様な他者とコミュニケーションし共同活動を作っていく力を育てることも重要である。インクルージョンの実現のためには，多様な子どもたちを含み込んだ集団作り，支援を要する子どもを取り巻く子どもたちの社会性の発達支援も同様に重視されなければならない。

（3）集団生活における社会性発達への支援

① 不登校

　不登校とは，年度内に30日以上欠席した児童生徒で，「何らかの心理的，情緒的，身体的，あるいは社会的要因・背景により，児童生徒が登校しないあるいはしたくともできない状況にあること（ただし，病気や経済的な理由によるものを除く）」と定義される（文部科学省，2015a）。

　不登校の問題は，昭和30年代から注目されはじめ，40年代には「学校恐怖症（school phobia）」と呼ばれ，一部の子どもが抱える病的な問題（神経症）とし

てとらえられた。その後，学校に行くことを拒否する状態を指して「登校拒否」と変わり，現在では，どんな理由であれ，学校に行かない・行けない状態を広く表す言葉として，「不登校」が用いられる。この呼称の変化は，不登校の子どもたちのあり方が多様化していること，またその原因は，子どもだけではなく，学校や家庭など様々な要因が複雑に絡んでいる，と理解されるようになったことを示す。さらにその背後にある社会的な要因には，子育て困難社会の中で家庭や地域の養育力が低下している状況や，子どもの社会性の発達の脆弱性，多様な教育の機会の選択肢が広がる中で学校の存在が相対化し，「学校は休んではならない」という登校規範意識が希薄化していること（菅野，2008），などが指摘される。さらに，発達障害が絡むケースや，近年深刻な問題となっている家庭の貧困や児童虐待による場合（教育ネグレクト）もある。

　出現率は，平成10（1998）年度以降，小学校では0.3％台が続いており，毎年，小学生の250人から300人に1人程度の子どもたちが不登校の状態にある（文部科学省，2015a）。学年別では，学年の上昇とともに増加し，特に小学6年生から中学1年生にかけてほぼ3倍に増大する傾向がある（文部科学省，2015a）。これは，小学校から不登校が続いている子どもに加え，「中1ギャップ」による影響，すなわち，中学進学という環境の変化をきっかけとして新たに不登校となる子どもが多いためといわれる。

　小学生の子どもが不登校になったきっかけについて，教師を対象とした調査によれば（文部科学省，2015a），「友人をめぐる問題」「学業の不振」などの学校にかかわる問題，「親子関係をめぐる問題」や「家庭の生活環境の急激な変化」などの家庭にかかわる問題，「不安など情緒的混乱」「無気力」「あそび・非行」など，本人にかかわる問題がある（表6-1）。

　不登校には，心理的要因として，対人関係やコミュニケーション能力の発達の問題，集団生活における不適応やストレス，親子関係や家庭環境などから生じる情緒的な不安定や生活の乱れなど，多様な心理・発達上の問題が複合する。特に小学校低学年では，家庭から離れた学校生活への不安から，登校しぶりや不登校に陥る場合が多い。その背景には，しばしば，養育者との不安定なアタッチメントによる分離不安がある。

第Ⅱ部　生涯発達における臨床発達支援

表6-1　小学生が不登校になったと考えられる状況

学校にかかわる状況 (26.3%)	いじめ	313人　(1.2%)
	いじめを除く友人をめぐる問題	2,903人 (11.2%)
	教職員との関係をめぐる問題	855人　(3.3%)
	学業の不振	1,825人　(7.1%)
	進路にかかる不安	118人　(0.5%)
	クラブ活動，部活動等への不適応	42人　(0.2%)
	学校のきまり等をめぐる問題	162人　(0.6%)
	入学，転編入学，進級時の不適応	573人　(2.2%)
家庭にかかわる状況 (33.1%)	家庭の生活環境の急激な変化	2,378人　(9.2%)
	親子関係をめぐる問題	4,931人 (19.1%)
	家庭内の不和	1,232人　(4.8%)
本人にかかわる状況 (74.9%)	病気による欠席	2,366人　(9.1%)
	あそび・非行	239人　(0.9%)
	無気力	5,947人 (23.0%)
	不安など情緒的混乱	9,237人 (36.1%)
	意図的な拒否	1,489人　(5.8%)
	上記のいずれにも該当しない本人にかかわる問題	1,359人　(5.3%)
その他		1,391人　(5.4%)
不明		411人　(1.6%)

出所：文部科学省，2015a より作成

　また，身体的要因も見逃してはならない。朝起きると頭痛や腹痛が起こる，体育のある日は微熱が出るなど，心理的ストレスが身体化した身体症状が付随する場合がある。また，**起立性調節障害**（Orthostatic Dysregulation：OD）などの身体の病気が出ることによって，心理的なストレスが相互作用的に生じる（小児心身医学会，2009）。起立性調節障害（以下，OD）とは，自律神経の不調により，起立時に脳血流や全身への血行が維持できなくなる病気である。朝起きるときに立ちくらみやふらつきがあり，食欲不振，全体の倦怠感，立っていると気分が悪くなるなどの症状が出て，思考力・集中力も低下する。自律神経系の日内リズムが後方にずれ込んでいるため，夜は身体が元気になり，寝つきも悪くなる。好発年齢は10〜16歳で，有病率は小学生の約5％，中学生の約

154

10％とされ，男女比1対1.5ないし2で，女児に多い。ODの約半数に不登校が併存し，不登校の3〜4割がODをともなう。心理社会的な要因が関与しているケースもあり，その場合は，薬物療法に加え，学校への指導や，友達・家庭などの環境調整やカウンセリングを行う（小児心身医学会，2009）。

　発達障害や発達の偏りがある場合は，子どものニーズに即した支援が行われなければ，学業や対人関係などに不適応が強くなる。杉山（2009）によれば，学校の対応ではうまくいかず医療機関の不登校外来を受診するまでに至る児童の大半に，なんらかの発達障害が認められ，特に自閉症スペクトラム障害（ASD）が多い。自閉症スペクトラム障害（ASD）の不登校の場合，不適切なカリキュラム，いじめなどによる対人的な迫害体験，嫌なことはやらないというパターンによる学校不参加，という3つの要因が絡みあう（杉山，2010）。また，障害の有無にかかわらず，授業がわからない・宿題ができない，といった学業不振も原因となる。低学年から高学年にかけて不登校が増える理由の1つに，「9歳の壁」と呼ばれる学習内容の難化がある。

　そのような事態が進んだとき，子どもが唯一最後に取ることのできる問題解決の手段として，「学校に行かない」状態が表れる。不登校とは，その子なりに今それを必要としており，大人に対して援助を求めるSOSのサインであるという理解がまず重要である。

　支援に際しては，包括的なアセスメントを行い，不登校の状態にある問題の構造を見立てる。支援の目的は，「登校すること」ではなく，「登校を妨げている問題を解決すること」である。不登校というかたちで子どもが表している問題の真のニーズにアプローチし，それを乗り越えることによってさらなる発達に向かうものととらえ，「将来の社会的自立」（文部科学省，2015b）という生涯発達の目標に向けた支援の方法を考えたい。家庭・学校・教育委員会・教育支援センター（適応指導教室）・心理士・医療機関・フリースクール・福祉機関・NPO法人，保育所・幼稚園・中学校などと連携を図り，協働して支援を行うことが求められる。また，大きなストレスを抱える保護者に対し，保護者に寄り添いともに考える支援も重要である。

② いじめ

　子どもの社会には，時として，悪口や陰口などの言葉による暴力，仲間外しや無視という心理的な圧迫，身体的な暴力や傷害，恐喝，窃盗や器物破損といった暴力行為が発生する。これらの行為が学校で起こったとき，「いじめ」という語に変わる。1980年代半ば，子どもが近しい子どもたちからの様々な暴力を苦にして自死に至る事件が相次いで報道され，社会に衝撃を与えた。それ以降，そのような暴力行為に「いじめ」という語が当てられ，現代社会に起きている現象を表す「用語」「概念」として使われるようになり，学校に生じる病理的な問題として広く認識されるようになった。その後，1990年代半ば，2000年代半ばと，約10年を周期として計３回，いじめによる深刻な被害が起こり社会問題化した。2011年の自死事件を契機として４回目の社会問題化の波が押し寄せ，2013年に「いじめ防止対策推進法」が成立・施行された。

　1985年より毎年行われている，文部科学省によるいじめの実態調査（文部科学省，2013a）によると，いじめの件数は，現在の調査方法に変わった2004年からしばらく減少傾向にあったのが，2012年で大幅な増加に転じた。全国の小学校の50％強に当たる学校で「いじめがある」と認知されており，１校当たり年間5.5件のいじめが認められている。増加の背景には，2011年の事件の後，いじめ問題に対する論議が沸騰したことや，「いじめ，学校安全等に関する総合的な取組方針」が策定され，国の積極的な関与が発表されたことなどによって，調査や対策に，より危機感を抱いて取り組んだ学校が増えたことが考えられる。すなわち，表面的ないじめ件数の増減にかかわらず，いじめは常に起こっているもの，という認識に立つことがまず重要となる。

　いじめとは，いじめ防止対策推進法の定義によれば（下線は筆者による），「児童等に対して，当該児童等が在籍する学校に在籍している等当該児童等と一定の人的関係にある他の児童等が行う心理的又は物理的な影響を与える行為（インターネットを通じて行われるものを含む。）であって，当該行為の対象となった児童等が心身の苦痛を感じているものをいう」である。

　この定義には，過去の定義の変遷を経て，次のような意味が含意されている。すなわち，特定の子どもが被害に遭い続けたり，加害を行い続けたりするので

はなく，被害者と加害者は恒常的に入れ替わり（国立教育政策研究所，2009），強者から弱者に対する行為という大人の目から見た力の優劣では判断できない，なんらかの人間関係のあるところで起こること，継続性や行為の反復性は問わないこと，個々の行為が「いじめ」に当たるか否かの判断は，事実を把握しきれなくても，被害者の訴えがあればいじめと認定すること，などである。

　森田・清水（1994）は，「いじめとは，同一集団内の相互過程において優位に立つ一方が，意識的に，あるいは集合的に他方に対して精神的・身体的苦痛を与えることである」として，問題の本質は次の4点にあるとしている。①学校を中心とした人間関係の中で起こる：いじめは，学校や学級という逃れられない枠組みや集団の中で，あるいは親密性という関係の中で，その閉じられた関係を利用して進行する。②力関係のアンバランスとその乱用がある：同一集団内には，人間関係の相互作用の過程で「優位─劣位関係」が発生し，優位な力が乱用されると，いじめとなる。その優劣は集団内で流動的である。いじめとは，「相手に脆弱性を見出し，それを利用する，あるいは脆弱性を作り出していく過程」（森田，2010）である。③集団の心理がはたらく：いじめの意図が特にない場合でも，集団の中では集団に特有の心理がはたらく。集団圧力がかかったり，いじめに自分も加担しなければいじめに遭うのではないかという不安がわき起こったり，遊びが高じていじめに転じたりする。いじめは加害者と被害者の2者関係で起こっているのではなく，「観衆」や「傍観者」を含めた集団の相互作用的な4層構造の中で起こる。④精神的な被害性の存在：いじめは，身体的な暴力があったとしても，なによりも被害者の「心」に傷を負わせる行為である。

　村山ら（2015）によれば，いじめの被害者は強い抑うつ，自傷を行うリスクが高いなど，問題が内在化する。また，自閉症スペクトラム障害（ASD）の子どもの心理的な後遺症の深刻さが指摘されている。杉山（2010）によれば，彼らはいじめられている当時はその意味が理解できないが，何年も後になって，タイムスリップ現象を介してフラッシュバックが生じ，トラウマとなり，社会的不適応や著しい対人関係の不全を起こしやすい。

　支援に際しては，まず，「いじめ防止対策推進法」により，いじめの防止・

対策を講じることは国家・地方公共団体・学校等の責務である，と位置づけられたことを踏まえる（文部科学省，2013b）。学校は，組織としていじめに対応する法的責務を負うことになり，学校ごとに具体的な方針を策定し，複数の教職員・心理・福祉等の専門家その他の関係者により構成される組織を置き，定期的なアンケート調査や教育相談の実施などに取り組むよう求められている。重大ないじめがあった場合，加害者側への懲戒や出席停止などの措置を取るなど，厳罰化の方針も示されている。

　しかし，大きな事件が起きていることが把握されているにもかかわらず，いじめとしての対策が後手に回るというケースが後を絶たない。吉田（2015）は，いじめかどうかの認定は不要であり，必要なことは暴力・恐喝・冷やかし・悪口・無視・物隠しなどの個別の問題に対応することである，と述べている。

　加害が判明した場合，被害児童の訴えを受け止め，「あなたは悪くない」と伝え，子どもの自尊感情を守る。加害児童に対しては，行為は絶対に許されないことを伝えつつ，背景にある支援ニーズを探り教育の機会ととらえる。その際，「いじめ」という言葉ではなく，具体的な行為で話すことが重要である。

　また，すべての子どもが被害・加害の両方のいじめに巻き込まれるという実態があり（国立教育政策研究所，2013），日常的な予防策が重要となる。図6-1は，子どもをいじめの加害に向かわせる要因間の関係を図式化したものである（国立教育政策研究所，2010）。これによると，遂行結果や勝ち負けが強調される学級風土の中で，子ども同士のいざこざや不和の多い学級において，家族・友人・教師からのサポートが十分にない場合，子どもたちに不愉快で怒りをともなう情動が巻き起こりやすくなり，他者への加害に向かわせる。したがって，支援としては，特定の子どもを対象としたプログラムや特殊なトレーニングではなく，それらのリスク要因への対応が重要である（滝，2013）。すなわち，いじめの支援においては，努力や習熟のプロセスを認め合える学級風土作りや，競争的ではなく仲間同士で支え合って協働することのできる力を育てることなど，日常生活の中での子どもの社会性の発達支援に基本的な視点をとらえることが重要となる。

第 6 章　学童期における支援

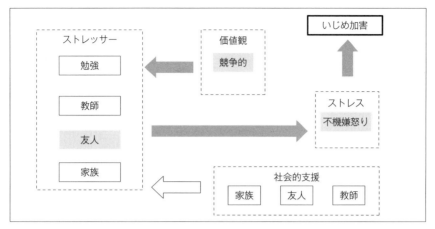

図 6-1　いじめ加害に向かわせる要因間の関係モデル
注：グレーの矢印は対象となる事象を促進することを，白の矢印は抑制するようにはたらくことを示す。
　加害に向かわせるハイリスク要因としては，友人ストレッサー，競争的価値観，不機嫌怒りストレスがある。
出所：国立教育政策研究所，2010より一部改変

（4）家庭・保護者への支援

　今日の子育て不安社会や格差社会の拡大などを背景として，家庭や保護者のありようが変化し，学校に保護者・家庭支援の役割がますます求められている。その背景には，年々激増し続ける児童虐待や子どもの貧困などの家庭養育問題がある。

①　学校における児童虐待の問題

　2000年に施行され2007年に2回目の一部改正がなされた「児童虐待の防止等に関する法律」（以下，児童虐待防止法）によれば，児童虐待には，身体的虐待，性的虐待，ネグレクト（保護の怠慢・放棄），心理的虐待の4つが定義される。厚生労働省（2016a）によれば，その数は毎年激増の一途をたどり，2015年度に全国の児童相談所で対応した件数は103,260件で，児童虐待防止法施行前の1999年度に比べ約8.9倍に増加している。2015年度の内訳は，心理的虐待（47.2％），身体的虐待（27.7％），ネグレクト（23.7％），性的虐待（1.5％）で

159

第Ⅱ部　生涯発達における臨床発達支援

ある。2004年の法律の一部改正により，同居人による虐待の放置がネグレクトに，および面前 DV が心理的虐待に加えられた。面前 DV に関する警察からの通告が増えたことや，事件報道によって国民の意識が高まったことなどが，近年の通告件数全体と心理的虐待の件数の増加の主な要因である。

　児童虐待防止法では，早期発見の努力義務と通告義務（虐待の事実が必ずしも明らかでなくても，主観的に児童虐待があったと思う場合，学校の教職員・児童福祉施設職員・医師など，子どもの福祉に職務上関係のある者には通告する義務がある），立ち入り調査の際の警察官への援助要請や強制捜査ができること，保護者に対し児童との面会・通信を制限できることなどが示されている。

　すべての子どもに関与できる唯一のシステムである学校には，早期発見が子どもへの支援の第1となる。第2の支援としては，虐待が確実にみえてくる中で在宅したままで通学してくる場合や，家庭から分離されたのちに児童養護施設などから通学してくる子どもへの対応である。

　後者の場合，学校において支援を行うにあたっては，まず，虐待による心理的な影響やその表れに関する理解が必要である。それには PTSD（心的外傷後ストレス障害），リミット・テスティングや性化行動などの虐待的人間関係の再現，解離，アタッチメントの障害，感情や感覚の調整の困難などがある。PTSD（心的外傷後ストレス障害）とは，強いショックを受け，その体験の後，次のような3つの状態が表れる。①「思い出したくない」という意識に反してトラウマ（心理的な外傷）となった出来事の記憶が急にフラッシュバックされてよみがえる。②トラウマとなった出来事に関連することに触れると，その記憶があいまいになったり，感情が湧かなくなったりする。③周囲の刺激に非常に過敏になり，過覚醒で注意集中ができない状態になる。特に，身体的虐待を受けた子どもには，ADHD に似た多動・過覚醒状態がよく見られる。リミット・テスティングとは，わざと叱られるような，非常に挑発的な行動を行うことによって，子どもが，「どこまでやったら慣れ親しんだ虐待的な人間関係が現れるか」の限界を吟味しようとする行動である。性化行動とは，肌を露出させるなど，通常の行動に，無意識のうちに性的な色彩が備わるもの（西澤，2010）である。解離とは，記憶・意識・知覚・情動・身体イメージ・運動など

第6章　学童期における支援

をまとめる機能が一時的に停止され，自分が自分であるという感覚が失われる状態をいう。アタッチメントの障害とは，養育者との安定したアタッチメントが妨げられる状態で，**脱抑制型対人交流障害**は無差別的に薄い愛着を示し，**反応性アタッチメント障害**は他者に対して無関心で，誰に対しても温かく情愛に満ちた関係を結ぶことができない。

　玉井（2007）は，学校現場でできる支援として，次のように述べている。学校が安全な場所であることを伝え続け，周囲から許容されるようなやり方で気持ちを表現することを教えていく。そのうえで適切なソーシャル・スキルを獲得させ，セルフコントロールを獲得あるいは回復させる。自己イメージと他者イメージを回復させ，自分は変わることができたのだという感覚をもたせる。また，保護者に対しては，地域の中核資源という役割を担う学校として，保護者をケアする観点のもとに，次のような事項が支援のゴールとなる，と述べている。家庭が地域社会で陥っている孤立の解消，虐待につながる家庭内の病理性の改善，保護者の怒りの処理のための適切な方法の発見・提供，保護者自身の実家や親族との人間関係・夫婦間の関係の改善，子どもに対する不正確な認知の改善，子どもを個として認知し関わること，子どもの「悪い行動」への耐性をつけること，子どもが保護者以外の大人とよい関係をもつことを受け入れること，子どもとの関係を楽しめること，子どもに関する肯定的感情を直接表現できること，である。

　虐待の発見から保護，その後の自立支援や保護者支援には，校内の各部署やスクールカウンセラー，心理士，スクールソーシャルワーカー，近隣住民，学童保育，公的機関（自治体の対応窓口，福祉事務所，児童相談所，民生児童委員，保健所・保健センター，警察，医療機関など），福祉施設（児童養護施設，乳児院，子ども家庭支援センターなど），関係機関の連携が必須である。

②　子どもの貧困

　子どもの貧困が拡大している。**子どもの貧困**とは，その国の貧困線未満の所得で暮らす相対的貧困の，17歳以下の子どもの存在，および生活状況をいう。わが国の貧困率は，OECD の作成基準に基づき，等価可処分所得（世帯の可処

第Ⅱ部　生涯発達における臨床発達支援

分所得を世帯人員の平方根で割って調整した所得）の中央値の半分に満たない世帯員の割合を算出したものを用いて算出されている。つまり子どもの貧困率とは，17歳以下の子ども全体に占める，等価可処分所得が貧困線に満たない子どもの割合をいう。

　厚生労働省（2014a）によれば，2012年の相対的貧困率は16.1％で，子どもの貧困率は16.3％である。特に，大人1人の世帯（おおむね，ひとり親家庭）の貧困は深刻で，貧困率は54.6％である。学校教育法第19条では，「経済的理由によつて，就学困難と認められる学齢児童又は学齢生徒の保護者に対しては，市町村は，必要な援助を与えなければならない」と示されている。これに基づき，学用品・学校給食・校外活動費などの費用に対する公的補助として「就学援助」が行われる。その対象は，生活保護世帯の「要保護児童生徒」と，それに準じて生活が苦しい「準要保護児童生徒」であり，後者については市町村教育委員会がそれぞれの基準で認定する。文部科学省（2014）によれば，就学援助を受ける公立小・中学生が，2012年度では全体の15.64％に上り，過去最高になる。

　貧困家庭に生活する子どもは，乳幼児期までの発達の積み残しや発達の格差，社会・文化的な「体験量の格差」（明石，2009）というリスクを背負い，小学校に入学してくる。健康状態においても通院率や栄養摂取の面などに差が生じる（阿部，2014）。そして親の経済格差は子どもの学力格差を生む（お茶の水女子大学，2014）。また，いじめを生んだり，子どもの自尊感情や自己肯定感を奪い取ったりする。そして放課後には，様々な体験を得る機会が市場化し家庭の経済力にかかっている今日，学童保育にさえ，おやつ代が払えないなどの理由で通うことのできない子どもが存在し，「放課後の貧困」として，社会化経験の不平等という事態が発生している（子どもの貧困白書編集委員会，2009）。そして，子ども時代の経験や多様な人々との関係性の乏しさは，子どもにとって低所得・不安定就労の親のみがロール・モデルとなりやすく，自立に向けたその後の青少年期の過ごし方や，将来展望，進路選択などに影響をもたらす（大澤，2008）。また，貧困家庭は社会的つながりから孤立しやすく，貧困のために子どもの養育に手が回らないまま不登校などの教育ネグレクトに陥ったり，児童

虐待を引き起こす1つのリスク要因になったりしやすい（子どもの貧困白書編集委員会，2009）。

子どもの貧困対策として，わが国では2013年6月に「**子どもの貧困対策の推進に関する法律**」が成立した。この法律は，「子どもの将来がその生まれ育った環境によって左右されることのないよう，貧困の状況にある子どもが健やかに育成される環境を整備するとともに，教育の機会均等を図る」ことを目的とし，子ども等に対する「教育の支援」「生活の支援」「就労の支援」「経済的支援」の施策を推進するとしている。法律に基づき，2014年に打ち出された「**子供の貧困対策に関する大綱**」（内閣府，2014）では，法律に挙げられた4つの支援その他に関する具体的な施策を打ち出している。中でも，「教育の支援」では，「「学校」をプラットフォームとした総合的な子供の貧困対策の展開」として，きめ細かな学習指導による学力保障，スクールソーシャルワーカーの配置の充実，学習支援，「教育費負担の軽減」として幼児教育の無償化に向けた段階的取り組み，貧困の連鎖を防止するための学習支援の推進などを重点施策としている。

子どもの貧困への支援には，早急な気づきが非常に重要である。そして，学校，子ども家庭支援センター，地域の医療機関，行政の福祉部局，地域の民生児童委員，保健センターなどが連携し，家庭環境を立て直していく。学校においては，学力保障のほか，学級の中で認められる活動や役割を作り，得意な側面を伸ばすなどによって，自己肯定感や自尊感情を育てる取り組みが望まれる。また学童保育や児童館，地域の民間団体などと連携し，放課後の子どもの居場所を作り，仲間関係や遊びや集団活動が豊かに展開できるようサポートし，体験量の格差を少しでも補い，社会性の発達を促す取り組みが求められる。

（5）関連する法律と支援との関係

小学校における問題とその支援について，すべてのベースにある法律は「**学校教育法**」である。2016年5月改正現在，この法律で規定される学校とは，幼稚園，小学校，中学校，義務教育学校，高等学校，中等教育学校，特別支援学校，大学および高等専門学校である。

第Ⅱ部　生涯発達における臨床発達支援

　学校教育法は，国民の「教育を受ける権利」を明記した日本国憲法26条の趣旨を実現するため，第2次世界大戦後の教育改革において，1947年，教育基本法とともに制定・交付された。戦前の学校制度は教育立法の勅令主義により，学校ごとの学校令で定められていたが，この法律は，法律主義のもと，従来の学校令を廃止し，新しい学校制度を一つの法律にまとめた総合立法である。6・3・3・4制を基本とする単線型の新学校体系が採用され，これに基づき戦後の新学制が成立した。全日制3年の中学校が新設され，15歳までの9年間を義務教育の対象としたことにより，男女差別の撤廃，勤労青少年のための高等学校・大学の定時制・通信制の発足，障害のある子どもの就学義務化などとともに，教育の機会均等を強く志向するものとなった。

　現在の法律では，「第一章　総則」に，各学校共通の事項として，学校の設置，管理，経費の負担，授業料，校長・教員とその資格，学生・生徒等の懲戒，健康診断，学校の閉鎖命令などに関する諸規定を定義している。「第二章　義務教育」では，保護者には子どもに9年の普通教育を受けさせる義務があること，病弱・発育不完全などによって就学困難と認められる者の保護者に対しては，義務を猶予又は免除することができること，経済的理由によって就学困難と認められる児童または生徒の保護者に対しては，市町村が必要な援助を与えなければならないこと，および，義務教育の目標が挙げられている。「第三章　幼稚園」「第四章　小学校」「第五章　中学校」「第六章　高等学校」「第七章　中等教育学校」「第八章　特別支援教育」「第九章　大学」「第十章　高等専門学校」では，教育の目的・目標，教員の種類と役割など，正規の各学校に関する規定が定められている。「第十一章　専修学校」で専修学校の規定が，「第十二章　雑則」中に各種学校等の規定が設けられている。第十三章は罰則である。

　過去の大きな改正点としては，1962年に高等専門学校，1976年に専修学校，1999年に中等教育学校（中高一貫教育校）が新設された。2001年には大学への「飛び入学」制度の普遍化，2007年には盲学校・聾学校・養護学校を一本化した特別支援学校の新設，2015年には義務教育学校（小中一貫校）の新設などがある。

　いじめの問題については「いじめ防止対策推進法」（第6章，7章参照），特

別支援教育とインクルーシブ教育については「発達障害者支援法」（第7章参照），および「障害を理由とする差別の解消の推進に関する法律」（障害者差別解消法）（第6章，8章参照），子どもの貧困については「子どもの貧困対策の推進に関する法律」（第6章参照），児童虐待については「児童虐待の防止等に関する法律」（児童虐待防止法）（第6章参照）が支援のベースとなる。

3　学校現場における支援の方法——学校コンサルテーション

（1）学校コンサルテーション

　臨床発達心理士として，学校における問題の解決を目指し，子どもや保護者（クライエント）を支援する方法としては，医療機関・福祉機関・専門機関等におけるカウンセリング，セラピー，トレーニング，学校の内外で行われるコーディネーション，学校に出向いて子どもをめぐる問題解決を目指すコンサルテーションなどがある。本節では，**学校コンサルテーション**を取りあげる。

　コンサルテーションによる支援の効果としては，教師の専門性が最大限に発揮または向上されることによる問題解決や問題発生への予防，教師集団の協働としての実践力の向上，保護者や地域資源との連携の促進などが挙げられる。

（2）コンサルテーションのプロセス

　コンサルテーションのプロセスは，一般に，依頼，アセスメント，カンファレンス，支援の実行と支援の評価から成る（図6-2）。ただし，具体的なシステムは，各自治体の制度，地域固有の課題，地域の資源（医療・福祉・教育機関，相談員等）の量や質によって多様であり，地域の教育委員会の方針や個々の学校の事情，子どもの状況に応じて，柔軟に支援を行う。

（3）アセスメント

　主訴は支援ニーズを把握するための入り口である。ニーズを把握し問題状況の構造を描くために，包括的・生態学的な**アセスメント**を行う。アセスメント

第Ⅱ部 生涯発達における臨床発達支援

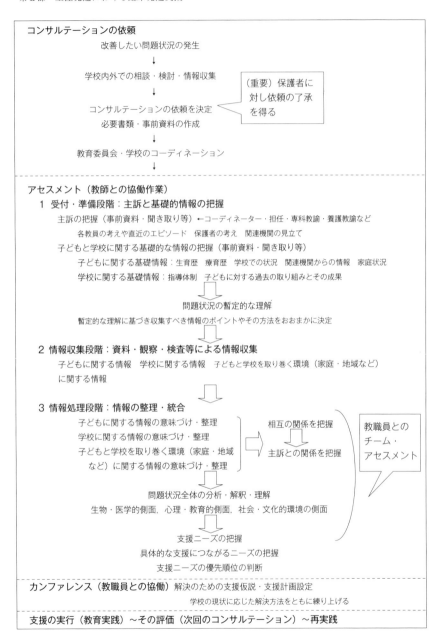

図 6-2 コンサルテーションの流れ

にあたっては，各種資料・教職員からの聞き取り・観察などによって，子ども
に関する情報，学校に関する情報，子どもと学校を取り巻く環境（家庭，地域
資源など）の情報を収集する。その結果，生物・医学的側面，心理・教育的側
面，環境の側面の３つに関して，次のような情報を収集し統合して，教職員と
ともにチーム・アセスメントを行っていく。

　１）　生物・医学的側面の情報

　就学支援シートなどにより，生育歴，医学的診断名に関する情報，療育・治
療歴などを把握する。

　２）　心理・教育的側面の情報

　資料としては，成績，図工等での制作物，作文や習字の作品などから学習の
状況を把握する。「〇年生のめあて」「将来の夢」などの掲示物によって，自己
理解や自己評価の状況をうかがう。専門機関における各種検査結果があれば確
認し，その結果が，学校で見る子どもの姿や問題とどのように関連しているの
かの検討材料とする。

　行動観察では，授業の参加の様子や発言の内容，学習の様子やノートの内容，
姿勢や動作などから授業の理解度や認知面の特徴を見る。机やロッカーの整理
の仕方や給食の食べ方，体操服の着替えなどから生活習慣のスキルを見る。友
達とのやりとりや遊びから，対人関係スキル，仲間関係，クラス内での位置づ
けなどを見る。

　３）　社会・文化的環境の側面の情報（学校，家庭・地域など）

　学校や学級の状況として，授業方法・内容，指導体制（クラスのサイズ，チ
ーム・ティーチングや支援員の配置の有無など），教室空間の作りやそのわかりや
すさ，ルールやスケジュールの提示方法，子どもの席の位置，音や風通しなど
の物理的な環境の問題などを見る。学級集団の状況（クラスサイズ，雰囲気や落
ち着き，他の特別な支援を必要とする児童や気になる子の存在など）を確認する。
教師と子どもとのやりとりから，その信頼関係のありようを見る。カンファレ
ンスなどを通して，教師の教育方針や，「こういう子どもに育ってほしい，子
どもはこうあるべきだ」という子ども観や要請する行動様式（近藤，1994），学
校としての問題のとらえ方やこれまでの取り組み，教職員間の連携の状況など

を把握する。

家庭に関する情報として，家族や家庭の状況，保護者の考え，家族と地域とのつながりなどを把握する。その他，学童保育やお稽古事など放課後の生活の状況，地域内の子育て支援の資源，外部の専門機関とのつながりなどを把握する。

（4）カンファレンス

カンファレンスでは，アセスメントに基づき，あるいはアセスメントをチームとして練り上げながら，関係者同士が共同で問題解決を目指す。人的・物理的条件，教師の特徴や力量や持ち味等を含めた現場資源を活用した，無理のない指導計画や目標を立てる。ただし，主訴や学校の当初のオーダーは真のニーズであるとは限らない。アセスメントによって，ニーズは多様で重層的に見えてくる。それを共通に確認しながらチームとして支援仮説を作っていく。解決すべき問題に優先順位をつけ，達成可能な目標や支援の計画を立てる。

また，カンファレンスの役割は，支援チームの協働を進めることにもある。コンサルテーションの目的は教師集団の支援力の向上であり，子どもの育ちを支える人々が幾重にも増えていく契機としたい。したがって，心理の専門家が一方的な見方を指摘・披露したり，教師が心理の専門家に「批評を聞く」「わからないことを質問して答えをもらう」場であったりしてはならない。他クラスの教員や専科教員など，多様な教職員の間で活発なやりとりがなされ，協働が促されるカンファレンスを目指す。外部専門家との連携を行いつつも，それが問題解決の「外注化」になることは避けなければならない（西本，2008a）。

（5）報告書

コンサルテーションの報告書を作成する場合，記述の場所や提出方法，書式など，それぞれの方法に従って作成することになる。一般的には，報告書においては，アセスメントと，カンファレンスでまとまった意見や支援の方針を明確に記述する。カンファレンスに出席できなかった，ゆっくり読む時間が取れないなど，多様な事情のある教職員の読み返しと理解にできるだけ耐える記述

第6章　学童期における支援

であることが求められる。そのためには，アセスメントの記述に際して，結論のみを書くのではなく，先述した3つの側面に関する重要で具体的な情報を記載し，問題状況の構図をわかりやすく描く。文字化された報告書は，次回のコンサルテーションの際，それまでの実践の振り返りと，前回のコンサルテーションの評価の材料となる。

4　放課後支援

（1）学童保育

①　学童保育とは何か──歴史・法的根拠・利用の現状

学童保育とは，共働き家庭やひとり親家庭の子どもが，平日の放課後や土曜日・長期休暇等の学校の休日を家庭以外で生活する場として，親たちによる共同保育のかたちではじまり，1950年代頃より本格的に展開されはじめた。市町村・社会福祉法人・父母会・運営委員会などの多様な運営主体によって実施されてきたもので，長らく法的根拠をもたなかったが，「1.57ショック」にはじまる少子化対策の流れの中で，1997年の児童福祉法改正において，「放課後児童健全育成事業」という名称で第二種社会福祉事業として法制化され，事業を実施する施設の正式名称を「放課後児童クラブ」とし，厚生労働省が所管している。

現在，長引く経済不況の影響による共働き家庭の増加，ひとり親家庭の増加，さらに地域社会の治安が急激に悪化したこともあり，子どもの安全・安心な放課後を求め，入所数・施設数ともに毎年激増し続けている（全国学童保育連絡協議会，2016）。そして，2012年に成立した「子ども・子育て関連3法」により，2015年に改正された児童福祉法では，放課後児童健全育成事業とは，「小学校に就学している児童であつて，その保護者が労働等により昼間家庭にいないものに，授業の終了後に児童厚生施設等の施設を利用して適切な遊び及び生活の場を与えて，その健全な育成を図る事業」と定義され，それ以前には対象年齢を「おおむね10歳未満」としていたものを，「小学生」に拡大し，6年生まで

第Ⅱ部　生涯発達における臨床発達支援

受け入れ可能であることが示された。

　厚生労働省（2017）によれば，2016年現在，109万3千人の小学生が学童保育を利用しており，文部科学省の統計（2016）から計算すると，利用児童数は全国の小学生の数の約17％にあたる。2015年3月に保育所を卒園した子ども約44万人の約77％にあたる約34万人の子どもが，学童保育に入所しており，待機児童も増加している（全国学童保育連絡協議会，2015）。入所している子どもは，年間平均283日，小学校よりも多くの時間を学童保育で過ごす（全国学童保育連絡協議会，2012）。

②　学童保育とは何か──運営と育成に関する基準

　学童保育の設備や運営，および指導員に関しては，2012年の児童福祉法改正に基づき，初めて国が基準（「放課後児童健全育成事業の設備及び運営に関する基準」）を策定し，全国的な一定水準の質を確保しながら，市町村が条例を策定して運営することになった（厚生労働省，2014b）。同基準では，支援の単位（児童数）を「おおむね40人以下」と規定し，1単位ごとに「放課後児童支援員」2人（うち1人は補助員で代替可）の配置を定め，指導員に対し「放課後児童支援員」という資格を認定する研修制度が導入された。

　育成内容に関する指針についても，同基準に基づき，2015年に，運営主体や指導員に向けて「放課後児童クラブ運営指針」が新たに策定された（厚生労働省，2015a）。

　この指針のポイントは，①「子どもの健全な育成と遊び及び生活の支援」を「育成支援」と定義し，その基本的な考え方としては，安心して過ごせる生活の場の保障，基本的な生活習慣の確立への支援，発達段階に応じた遊びと生活への支援，自主性・社会性・創造性の発達への支援などによる健全育成を挙げる。②6学年までの受け入れの前提に立ち，児童期を3つの段階に分け，それに応じた育成を行う，とする。③育成支援の具体的な内容が記載され，加えて障害のある子どもや家庭養育問題などの特別に配慮を要する子どもへの対応に関する支援の考え方が記載されている。④子どもの人権や個人情報の遵守，事業の質の向上などの，社会的責任と倫理について記載されている。

③ 学童保育の役割

学童保育の役割には，保護機能と発達保障機能がある。

そのうち，まず保護機能とは，親に代わって毎日子どもを安全に保護して親の就労を保障し家族の生活を支えるという，学童保育の原点となった，子育て支援の役割である。学童保育では，子ども同士のつながりを介した家族同士のつながり，親子と指導員とのつながりという子育てのコミュニティが形成され，それは家族の成長を支える。親は，わが子を育む地域でネットワークにつながり，地域での子育てを周りの家族とともに始めることになる。保護機能は，そのように子育ての土壌を豊かにすることを通して，間接的に子どもの発達を促す育ちあいの構図を作る。

保護機能が十全に果たされるためには，子どもから見たときの学童保育が「毎日，安心して楽しく通いたくなる居場所」でなければならない。しかしそれは"安全が確保されたところで，何でも自由にふるまえる環境"ではない。毎日通いたくなる居場所になるためには，①指導員に受け止めてもらっているという感覚がもてる，②充実した遊びと楽しい集団活動の時間がある，③集団の中に位置づいている（役割や班活動，仲間に認められる場がある），④民主的で（意見を表明でき話し合いの場がある），支え合う集団である，⑤わかりやすく秩序のある環境である，が保障されることが重要である（西本，2013）。このうち，③にあるような，集団活動における役割や活動の設定は，特に障害のある子どもを集団に位置づけ，子どもたちの共生の力を育てる機会になる。

発達保障機能とは，育成を通して直接的に子どもの発達が促されることである。西本（2013）によれば，学童保育で促される発達は，学校教育をベースとした社会性の発達に沿うものでも，それを補完するものでもなく，「地域の住人としての社会化への生涯発達支援」という側面をもつ。それは，①家庭や学校という枠組みから自由な生活圏で自立・自律していく，②多様な他者・様々な世代の人々と関わる力を身につける，③地域の活動に参加し余暇を楽しむ力を身につけ，将来的に地域の課題に取り組み，文化を継承する主体としての意識を育てていくこと，などが目標となる。

学童保育に期待される発達支援は，学童保育という場の特徴に沿って促され

る（西本，2008b）。まず，第1の特徴として，学童保育が「生活と遊びの場」であることにある。

生活の場として，子どもたちは指導員に支えられながら，基本的な生活習慣を身につけ，健康管理・登下校時の危機管理等の方法を学ぶ。おやつ準備や掃除など，集団生活を維持するための役割や，異年齢で構成される班活動が組み込まれ，ルールに沿って多様な仲間と協働することを学ぶ。

遊びの場としては，リーダーとなる指導員のもとで，様々な遊びの技能を獲得し，仲間関係を広げていく。ドッジボールなどの集団遊び，工作・製作，カードゲームやボードゲーム，けん玉などの伝承遊び，「子ども祭り」などの遊びの行事に向け数か月にわたって集団で準備をする，などの多彩なプログラムが設けられる。行事に取り組む際には，企画から参画し，内容，メンバーの特性や都合に応じた役割分担やスケジュールを話し合いながら調整していく。その際，指導員は，子どもの自律性・自主性・自発性が十分に発揮されるよう支えていく。それらの過程において，子どもたちは，自分の意見を適切に表明し，他者の意見を聞き，他者の立場や気持ちを理解しながら共同遊びを進めること，援助要請を相互に行いながら支え合うこと，感情を適切にコントロールすること，いざこざや問題を解決する方法などを学んでいく。

また，学業以外の遊びで認められ，自己肯定感や有能感を得る場にもなる。ある自閉症スペクトラム障害（ASD）の子どものケースでは，指導員の根気強い巧みな働きかけによって，一輪車の練習に忍耐強く勤しみマスターしたことで，その頑張る姿も含め周りの子どもたちの評価が一変し，生活全般に意欲が向上し，行動や対人関係が変容した（西本，2008c）。また，特別支援学級に在籍する自閉症スペクトラム障害（ASD）の子どものケースでは，低学年時には他者との関わりを強く拒んでいたが，折り紙や竹馬などの遊びのレパートリーを増やすにつれ他児と関わるようになり，特に6年生時に「コマ名人」になったことから通常学級の5年生の子どもに尊敬され，学校でもそれが広く知られ，子どもたちからの評価が急速に高まり，自信を得て対人関係が大幅に広がっていった例もある（西本，2013）。

第2の特徴としては，比較的安定した，適度な自由度や緩やかさのある集団

生活にある。学童保育の集団は一定の地域を背景とし，メンバーが１年ごとに少しずつ入れ替わりながら数年間の集団生活を送る。その間，子どもはある程度恒常的な人間関係を形成しつつも，学年の進行や個々の成長にともない，新たな関係や役割を経験する。メンバーは，異年齢で，異なる学級・学校から集まり，学級という固定された集団からかなり解放され，多様である。そこでは，指導員の働きかけに支えられながら，子どもは，障害がある子どもであっても，年齢や学校を超えた多様な他者と，対等，きょうだい，リーダーと部下といった何かしらの関係を結んだり，結び直したりして，多様な役割を経験していく。

　そして，日・週・月・年の単位で，生活の中に一定のサイクルやプログラムが設定され，生活が時間の流れに沿って緩やかに構造化される。それによって「今はちょっとお休みして，おやつの後にはドッジボールでたくさん遊ぶ」「○月の誕生会での司会は頑張る」「３年生になったらお化け屋敷大会の実行委員になる」など，子どもが自分で時間的な見通しをもち，心身を休めたり遊んだり頑張ったりと，自発的・自律的に行動する力が促される。

④　学童保育における支援ニーズ

　学童保育における主な支援ニーズは，障害や発達に偏りのある子どもの育成，児童虐待への対応や，貧困や保護者の病気などの家庭養育問題への対応である。

　中でも，障害のある子どもは，保護者の切実な願いを受け，長く不十分な条件のもとで，少しずつ受け入れられてきた。1997年の法制化後，障害児の受け入れ加算を行う自治体が急増したことによって，受け入れは広がった。2007年度より開始された特別支援教育の流れに沿い，受け入れの増加の勢いが加速した。厚生労働省によれば，「障害児」として，2015年では全在籍児童の約３％に当たる子どもたちが在籍し，９年間で入所児童数，受け入れ保育所数ともに約２倍となっている（厚生労働省，2008，2015b）。2015年現在，５割強の学童保育所に平均して２～３名程度の障害児が在籍している。しかしながら，特別な支援を必要とする学齢期の子どもの数は約９％程度であることから，受け入れはまだ不十分といえ，今後も増加していくことが期待される。

（2）障害のある子どものデイサービスにおける放課後支援

　2012年に改正された「児童福祉法」において，通所，入所にかかわらず，障害児の放課後等対策の強化を図るため，**「放課後等デイサービス」**が創設された。児童福祉法によれば，放課後等デイサービスとは，「学校（幼稚園及び大学を除く。）に就学している障害児につき，授業の終了後又は休業日に児童発達支援センターその他の厚生労働省令で定める施設に通わせ，生活能力の向上のために必要な訓練，社会との交流の促進その他の便宜を供与することをいう」と定義される。

　支援の内容や事業運営に当たっての基本的事項を定めた「放課後等デイサービスガイドライン」（厚生労働省，2015c）によれば，その基本的役割として①子どもの最善の利益の保障，②共生社会の実現に向けた「後方支援」，③保護者支援の3点が挙げられている。①は，学校とは異なる時間，空間，人，体験等を通じて，個々の子どもの状況に応じた発達支援を行うことである。②の後方支援とは，放課後児童クラブや児童館等の一般的な子育て支援施策を，専門的な知識・経験に基づきバックアップし，それらの場における障害児の受け入れを進めること（佐藤，2014）である。③は，子育て相談，家族の心身の疲労を軽減するために一時的にケアの代替を行うレスパイト支援，保護者の養育力向上への支援などを示す。

　2012年に制度化された後，2014年現在では4,000か所以上が設置され，利用児は8万人弱にも上り，急増している（厚生労働省，2014c）。このことは，学童保育における障害児の受け入れが少ない現状と合わせると，本事業がインクルージョンへの「後方支援」ではなく，排除の場が広がる動きを導くことになりかねない，との問題も指摘される（込山，2014）。

　本事業の課題は運営，制度，設備等の多岐にわたっている（全国障害者問題研究会，2014）。特に実践上の課題としては，幅広い年齢や障害に合わせた活動の保障，職員の力量や専門性の確保，学校や療育とは異なる役割をどのように実現するか，放課後のインクルージョンをどのように保障するか，等が挙げられる。

（3）関連する法律と支援との関係

　学童保育や放課後等デイサービスの法的根拠は「児童福祉法」であり，運営と育成に関する基準もこの法律に依っている。

　「児童福祉法」とは，18歳未満の児童とその福祉に関する総合的基本法であり，1947年に公布された（同法における「児童」とは，18歳に満たない者を指す。本項ではこの定義にそって記載する）。それ以前は，貧困や虐待など，一部の要保護児童の保護を問題としていたのに対し，すべての児童の権利を規定している点で画期的であり，次代を担う児童の健全な育成，児童の福祉の保障とその積極的増進を基本精神としている。児童福祉の理念と児童福祉保障の原理が，「第1章 総則」に述べられている。児童福祉の理念としては，「全て児童は，児童の権利に関する条約の精神にのっとり，適切に養育されること，その生活を保障されること，愛され，保護されること，その心身の健やかな成長及び発達並びにその自立が図られることその他の福祉を等しく保障される権利を有する」（第1条）と，児童の権利の保障がうたわれている。児童の育成の責任として，「国及び地方公共団体は，児童の保護者とともに，児童を心身ともに健やかに育成する責任を負う」（第2条）と明記されている。これらの児童の権利の保障と育成の責任という，児童の福祉を保障するための原理は，「すべて児童に関する法令の施行にあたって，常に尊重されなければならない」（第3条）としている。

　2016年6月改正現在，法律は8つの章から構成されている。「第一章 総則」では，上述の理念と原理のほか，用語の定義と事業や施設の規定がなされている。主なものとして，乳児・幼児・少年，妊産婦，保護者，児童自立生活援助事業，里親・養育里親，児童福祉施設，児童福祉審議会，児童相談所，児童福祉司，児童委員，保育士，福祉事務所および保健所などである。「第二章 福祉の保障」では，療育の指導・給付等の障害福祉サービスの措置，子育て支援事業（放課後児童健全育成事業，子育て短期支援事業，乳児家庭全戸訪問事業，養育支援訪問事業，地域子育て支援拠点事業など），助産施設，母子生活支援施設及び保育所への入所，障害児施設給付費・障害児施設医療費等の支給，要保護児童

の保護措置，被措置児童等虐待の防止等，福祉の措置と保障について規定されている。「第三章　事業，養育里親及び施設」では，児童自立生活援助事業，養育里親，乳児院など児童福祉施設の設置・目的・運営などについて規定し，「第四章　費用」では，児童福祉事業を遂行する場合の費用や負担の割合などについて規定している。以下，「第五章　国民健康保険団体連合会の児童福祉法関係業務」「第六章　審査請求」「第七章　雑則」「第八章　罰則」である。

　児童福祉法は，社会の変化に対応して，逐次，改正が重ねられてきた。特に，1997年の改正では，社会福祉改革を背景とした大幅な改正が行われた。主な改正点は，①保育所の措置制度を廃止し，選択利用制とし，情報提供の義務または努力義務を市町村および保育所に課すこと，保育料負担の公平化，保育所における子育て相談の充実など保育所に関する事項の改善，②放課後児童健全育成事業（学童保育）の法制化，③養護施設と虚弱児施設を統合し児童養護施設とする，④児童福祉施設の名称変更および機能などの見直し（母子寮を母子生活支援施設にするなど），⑤児童自立支援施策の充実，⑥児童家庭支援センターの創設，などである（山縣，1998，1999）。

　その後も，児童虐待の増加と深刻化，少子化社会の進行への対策を背景とした改正が重ねられてきている。2016年の大きな改正においては，①児童の権利の主体性をより積極的に理念の中に明確化したこと，②児童虐待の予防のために，妊娠期から子育て期までの切れ目ない支援を行う「母子健康包括支援センター」を全国展開するとしたこと，③児童虐待が発生した際に，今より迅速・的確に対応するために児童相談所の設置自治体を拡大し（東京23区および中核都市も可能とする），体制を強化すること，④被虐待児童の自立支援を進めること，⑤社会的養護の仕組みを施設養護から家庭的養護（里親・養子縁組やファミリー・ホームへの委託など）へ軸足を動かしたこと，などが挙げられる（厚生労働省，2016b）。

　その他関連する主要な法律としては，2012年に成立した「子ども・子育て関連3法」がある（第4章参照）。これに基づき，「子ども・子育て支援新制度」が展開されることになった。その重点ポイントの1つに，「地域の実情に応じた子ども・子育て支援」があり，その中に，学童保育を，地域子ども・子育て

支援事業としてより充実させる，という方針が挙げられている。これを受け，2014年に策定された「放課後子ども総合プラン」においては，「一体型を中心とした放課後児童クラブ・放課後子供教室の計画的な整備を目指す」とともに，「平成31（2019）年度末までに，受け入れを30万人増やす」という目標が掲げられている（厚生労働省・文部科学省，2014）。2019年度末までに，潜在的な待機児童のニーズをも見越した，計122万人程度の児童が登録できるようになる見通しであり，保育の質や指導員の専門性の向上への支援が一層求められている。

　なお，同プランでは，文部科学省の所轄する放課後子供教室と，厚生労働省の所轄する学童保育を合体させた「一体型」を整備するとしている。放課後子供教室とは，すべての小学生を対象に，地域住民の参画を得て，学習や様々な体験・交流活動，スポーツ・文化活動等の機会を提供する事業である。今後は，一体型への支援が広く求められていくと思われる。

5　放課後支援の方法——学童保育コンサルテーション

（1）学童保育コンサルテーションの特徴

　子どもの放課後支援の方法として，学童保育に出向いて子どもをめぐる問題解決を目指すコンサルテーションを概説する。**学童保育コンサルテーションの特徴やコンサルタントとしての留意点は次のとおりである。①個々の学童保育における運営方法（運営主体，場所や施設などの物的環境，職員体制など），育成内容・方針，施設の規模，職員の専門性や経験，地域の特性，子どもの在籍する小学校の特徴などは，きわめて多様で多岐に富む。したがって，各々の事情を十分に理解し，そのニーズに沿う。②学校でも保育所でもない学童保育の役割や特徴，指導員の仕事や役割を理解する。③その場の資源や状況に応じた支援計画を立てる。④当該児童の問題解決という当面の目的だけではなく，子どもたちの集団の育ち，学童保育それ自体の実践の質の向上，指導員の力量の発揮やその専門性をより高めるサポートを目指す。⑤指導員間の連携や協働，関

係機関との連携や協働を促す。⑥学校ではない、子どもの社会性の発達支援の場、子どもの豊かな放課後を支援する、という視点をもつ。

コンサルテーションのプロセスは学校におけるそれに準じる（図6-2参照）。

（2）アセスメント

アセスメントに際しては、生物・医学的側面、心理・教育的側面、社会・文化的環境の側面の3つに関して、表6-2にあるような情報を収集し統合して、指導員とともにチーム・アセスメントを練り上げる。

資料としては筆者が関与している自治体Xでの例を表6-3に挙げた。このほかに、本人の了解を得たうえでの、学童保育で取り組んだ図工作品やブロックなどの製作物や描画、学校で使用しているノート、保護者より開示の了解を得た各種検査結果などがある。指導員からの聞き取りでは、資料に記載されたことがらの確認や、記載されていない情報、直近の情報を得る。

以上の情報を総合して、アセスメントを行う。心理士のみが行うのではなく、できるだけ多くの指導員や児童館長など、チームで意見を出し合い、確認しながら行っていく。人々のもつ情報は同じではなく、子どもや問題のとらえ方も少しずつずれている。その異なりこそお互いに有用な情報であり、またそれを共有する作業は、具体的な支援の方策を創出することにつながる。

（3）カンファレンス

カンファレンスの目的は主に次の点にある。①問題解決：主訴を含め、問題状況の構造を話し合いながら解きほぐす。個々の学童保育のもつ資源に応じ、また資源を引き出しながらできることを探す。その際、指導員の気づきを大切にし、自発的な提案を促していく。②指導員へのエンパワメント：マイナスの側面よりも、まず、学童保育だからこそ実現している子どもの育ちやポジティブな変化を見出し伝える。そのうえで、学童保育だからこそもっと望まれる育ちを提案していく。「放課後児童クラブ運営指針」が策定されたとはいえ、学校と異なり、明確なカリキュラムや具体的な到達目標がないため、実践の成果や意義を整理して言語化し、関係者間で共有する作業は重要である。それによ

第 6 章　学童期における支援

表 6-2　学童保育コンサルテーションにおけるアセスメントにおいて収集する情報

情報の種類	収集する情報の内容	情報の例
生物・医学的側面の情報	生育歴，医学的診断名に関する情報，療育・治療歴	
心理・教育的側面の情報	①　基本的な生活力	通所・帰宅の自己管理力，身支度・おやつの食べ方や排せつなどの生活習慣のスキル
	②　対人関係スキルやコミュニケーションの力	指導員との関係，他の子どもとの関係
	③　遊びの力	遊びの技能や興味関心，仲間との遊びの状況，大きな集団での遊びの状況，遊びにおけるルール理解力や自己コントロールの力
	④　集団生活における社会性や適応	集団活動への意欲，ルール理解，トラブルの際の問題解決力，向社会的な判断力，他児からの評価や認知
社会・文化的環境の側面に関する情報	①　学童保育に関する情報	物理的環境：施設の特徴，室内外の広さや室内の構造，遊ぶスペース，遊具の内容・量・配置，ルールや連絡事項などの掲示方法 育成方法・内容：運営主体，育成方針，運営方法・体制，当該の子どもに対する育成内容・方法，指導員の当該児童を含む子どもたちとの関係，指導員の力量や特徴（スキル・育成に対する考え方・子ども観・経験・雇用形態），内外連携（対学校・児童館・その他関係機関）の状況，地域の特徴 集団の育ち：子どもたちの落ち着き，子どもたちが自立的に生活を協働しようとしているか（当番活動など），下級生や障害のある子どもに対する共感性・愛他性が育っているか，自主的な活動を遂行する力やリーダーシップを取る子どもが育っているか（上級生の育ち），集団遊びの状況（どのような集団遊びが，どのように成り立っているか）
	②　家庭に関する情報	家族や生活の状況，保護者の考え，家族と地域とのつながり，子育て支援や外部の専門機関とのつながり
	③　学校に関する情報	学校の基礎的情報，学校での現在の状況（友達関係，学業の状況など）

第Ⅱ部　生涯発達における臨床発達支援

表6-3　自治体Xにおける学童保育コンサルテーション（巡回相談）時の資料

・入会面接記録・就学支援シート（あれば）・育成報告書（年に2回）
・相談票A：毎学年初に提出
　　障害の状況・小学校の状況・通学通所手段・1週間の下校と帰宅時間・稽古事・相談機関へ
　　の通所状況・家族状況・学童保育の運営状況（学年ごとの児童数・男女比・職員運営体制・
　　他の特別支援児童の状況・指導員間の話し合いの状況・当該児童に関する今までの育成の状
　　況・年度の育成目標）
・相談票B：相談ごとに作成
　　前回からの子どもの変化や現在の子どもと育成の状況（遊び・友達関係・生活面・その
　　他）・主訴（何を相談したいか）
・その他（保護者の了解を得たうえで発達検査や知能検査結果，相談機関からの情報など）

表6-4　自治体Xにおける学童保育コンサルテーションのスケジュール

a．1人を対象とする場合	b．2人をまとめて対象とする場合
① 事前カンファレンス（常勤指導員，直接担当する非常勤指導員，館長，行政担当者，相談員） 　　　　　　〈子どもの動き〉 　　　　　┌下校 　　　　　│身支度・連絡帳の提出 ② 行動　│自由遊び 　　観察　│おやつ準備・おやつ 　　　　　│自由遊びや設定されたプログラムへの参加 　　　　　│宿題 　　　　　└帰りの会 ③ 事後カンファレンス（事前カンファレンスに準じる） ④ 後日，報告書を作成・提出	〈1日目〉 aにおける①～②を行う ③ 暫定的なアセスメント結果を記述した報告書を相談員が作成，提出，各学童保育に送られる 　　報告書を指導員が事前に読む 〈2日目〉 ④ 事後カンファレンス（常勤指導員・非常勤指導員全員，館長，行政担当者，相談員） 　　暫定的な報告書を資料とし，チーム・アセスメントを行いながら話し合う ⑤ 後日，最終報告書を作成・提出

　って指導員の役割を再確認し，指導員へのエンパワメントを目指す。③ディス
カッションの経験を通した協働を促す：筆者の関与する自治体のコンサルテー
ションでは，できる限り指導員全員がカンファレンスに出席できる方法をとっ
ている（表6-4）。1日目は簡単な話し合いと行動観察を行い，相談員によるア
セスメント結果を記載した報告書を作成・送付する。2日目の午前中に，報告
書に基づき指導員の全員参加によるカンファレンスを行う。この方法により，
多様な雇用形態の指導員が，普段はなかなか言えない悩みや意見を発する機会
となる。そして，各人の子どもに対する見方をすり合わせ，悩みや疑問を発す
ることの重要性が経験的に理解され，より自立して深く考えることにつながる。
そして，多様で柔軟な支援のアイデアが生まれ，協働が促される。

コンサルテーションの報告書の作成に関しては学校コンサルテーションに準じる。

6　学童期の支援に求められる専門性

（1）支援に求められる専門性

　学童期には，発達段階上大別すると，幼児期・児童期・前思春期から思春期という，3つの異なる時期がある。子どもの姿は，それらの学童期に固有な発達のメカニズムの流れの中で，個人と，学校をはじめとする子どもの生活圏にある環境との相互作用として日々変化して表れる。学童期の支援に求められる専門性は，第1に，そのような相互作用の中で変化していく主体としての発達のメカニズムを描き出し（アセスメントし），支援する力量である。

　また，子どもは乳幼児期から思春期の流れの中で変化する存在である。現在はそれを見ることはできないが，過去の乳幼児期までの発達の蓄積と，思春期・青年期という未来に待つ発達からの影響を受けながら，現在の姿がある。第2に，そのような存在として今ある子どもの発達をとらえ，問題を，次の発達に向かうための危機として支援することのできる専門性が求められる。

　特に，発達障害や発達に偏りのある子どもへの支援においては，この2点により自覚的になる必要がある。個人内の閉じたメカニズムや，「障害特性」とされるものに問題の原因を帰したり，保護者や教師，指導員など，子どもを直接育てる人々にとって困った行動を，「○○障害の症状」といった医学用語で説明しようとしたりしてはならない。障害の診断基準や障害特性は，「病因」ではなく，状態像の「共通項」である。過去から未来の流れの中で，それまでの育ちの成果のうえに，何らかの生物学的な要因とその時々の環境が相互作用し，結果として障害特性に「当てはまる」行動を生むのである。また，環境次第でその状態は左右される。そのような行動を生じさせている生物学的・心理的・環境的要因を解きほぐして，支援ニーズを見出し，「障害特性」に原因を帰さない支援につなぐ。

第Ⅱ部　生涯発達における臨床発達支援

　第3に，上記2点のような理解を，保護者・教師・指導員など，養育者や他職種の人々に納得してもらう必要がある。そのためには，他職種についての理解を深め，それぞれの人々と共有できる言葉を使い，他職種の人々が納得できるアセスメントを提案し生産的なカンファレンスを作っていく専門性を携える。

（2）遵守すべき倫理

　倫理に関しては本書第2章にある通りであるが，学童期の支援に際して，特に守るべき倫理を解説する。

①　保護者に対するインフォームド・コンセント

　支援に際しては，支援の内容・目的・効果などの詳細に関して被支援者の合意を得，相手の自己決定権を尊重するという，インフォームド・コンセントが必要である。被支援者が小学生の場合は，合意を得る相手は基本的には保護者である。コンサルテーションの場合，支援対象者は教師や指導員などのコンサルティだが，その際に，クライエントたる児童の保護者に対してもインフォームド・コンセントを欠いてはならない。

　子どもの問題をめぐって教師と保護者との共通理解が得られない場合，保護者に対しコンサルテーションの了解を得ないで依頼したり，そもそも保護者の了解を必要条件としないシステムであったりする場合がある。それは倫理に反するばかりではなく，問題解決への第一歩を放棄しているか，実践における専門性の低さによるものといえる。共通理解が得られない状態は，子どもの「困った」状態に関し，支援計画を立て指導の工夫や配慮を行うことのないまま，「困った」状態のみを保護者に伝えたり，「困った」状態の原因や責任を，子どもの発達の障害や偏り，家庭の養育などに探そうとしたりするときに生じやすい。保護者の理解を得るためには，現場での教師の実践がある程度実行され，その結果を保護者に説明することがまず必要である。そして，保護者を支援の作戦会議の一員として位置づけ，子どものより効果的な発達支援を進めるために巡回相談によるコンサルテーションを申し出る，という姿勢が保護者の理解を促す。すなわち，インフォームド・コンセントができない状態とは，教育実

践上の問題と連動している。理解してもらえないからと保護者を「蚊帳の外」に置くことは，問題解決や発達支援にはつながらない。大抵の場合，保護者は，一生を通じて子どもに伴走する唯一の存在である。また，保護者の同意のないところで支援が行われたことを保護者が知れば，関係はさらに悪化する。臨床発達心理の専門家として，こうした状況が起こっていないかどうか，常に意識する必要がある。場合によっては，システムの改善を行政に働きかけることもあるだろう。この原則を外しても許されるのは，虐待など，子どもの最善の利益が損なわれる場合に限られる。

② 多重関係への配慮

多重関係への配慮とは，「支援者と被支援者との関係」以外の人間関係をもたないということである。心理士がコンサルテーションを行っている学校からプレゼントをもらう，逆にコンサルテーションを行う立場の心理士が学童保育の実践に役立つのではないか，こういう実践をしてほしい，などの期待のもとで，自分の好みの玩具や玩具を購入するための資金を提供する，などである。そのような関係をもつことは，心理士に対し学校にとって都合のよい配慮を期待する行為であったり，学童保育という現場の実践を変えてしまう行為であったり，コンサルタントとコンサルティの対等性を覆す行為となったりする。慎まなければならない。

③ 専門性の限界や立場への自覚

専門性の1つに，「自分の専門性の限界や境界線を心得ること，臨床発達心理の専門家としての立場にストイックになること」が挙げられ，この意識を常にもつことも重要である。たとえば学校と信頼関係をなかなか築けない「難しい保護者」に対し，直接助言をしたり話をしたりしてほしい，と学校から依頼される場合がある。これは，「心理の専門家」に「外注する」ことにより，その立場を利用し，学校の都合を保護者に一方的に伝える作業になりかねない。また，保護者との信頼関係を築くという，学校の果たすべき役割の放棄に寄与することでもある。これをそのまま受けることは，学校との協働ではなく「外

第Ⅱ部　生涯発達における臨床発達支援

注先になること」であり，学校の支援力の向上を支えることにはならない。学校に関わる心理の専門家に求められる役割や専門性は，学校と保護者との関係形成への支援にある。また，保護者と教師との面談への同席を求められることもある。その場合も，学校のニーズを理解しつつ，保護者の思いやニーズも同等に鑑み，適切な橋渡しを行い，結果として子どもの支援が促されるような関与となるよう心がける。

7　支援の実際

ここでは，ある自治体の公立小学校通常学級における1回のコンサルテーションの架空事例（複数の事例をミックスし改変）を，作業の時系列に沿って解説する。1日の流れとしては，表6-5の通りであり，この自治体の巡回相談は相談ニーズが多いため，原則として1児童に対し1年に1回である。

（1）アセスメント

①　受付・準備段階――主訴と基礎的情報の把握

対象となる子どもは，A小学校通常学級4年生1学期のB児（男子，9歳6か月）である。在胎週数28週，730gの超低出生体重で生まれ，乳幼児期から医療機関と療育機関に通い，小学校に入学後，医療機関でのフォローは終了し，療育機関では作業療法士による訓練を月に1回受けており，日常生活動作，姿勢や運動面，手先の機能などに関して指導を受けている。視力は両眼とも0.8だが，右目に斜視がある。眼鏡は使用していない。それ以外の医学的な特記事項はない。

学校からの主訴は，第1に，各教科における学習の困難への対応である。体育では運動は嫌いではないが集団でのゲームがなかなか理解できず集団行動から外れやすい，動きがぎこちない。算数では，図形の模写やコンパスなどの使用が苦手，文章題の読み取りができない。図工では，頑張ろうとするが，折る・ハサミで切るなどの細かい作業が苦手，など。第2に集団での行動や対人関係の側面で自信がなく，不安な様子が増えてきているので，どう対応したら

第6章　学童期における支援

表6-5　自治体Yにおける学校コンサルテーションのスケジュール

> 2時間目：担任，コーディネーターなど関係教職員との事前カンファレンス（資料の確認，最近の
> 　状況や，相談したいことの確認，1日の流れや，検査の時間・部屋等の確認）
> 3時間目・休み時間・4時間目・給食・掃除：観察
> 5・6時間目：知能検査（WISC）
> 知能検査後：知能検査を簡単に整理した後，カンファレンス
> （後日，相談員から，知能検査の結果の正式なまとめとともに，教育委員会・学校に向けて報告書
> を送付）

よいか，であった。

②　情報収集段階──資料・観察・検査等による情報収集

1 ）　行動観察

行動観察による情報を表6-6にまとめた。

2 ）　知能検査　WISC-IV

終始真面目な態度で集中して取り組もうとする。感情の表出は乏しい。全検査 IQ78，言語理解指標91，知覚推理指標71，ワーキング・メモリ指標91，処理速度指標76。知覚推理と処理速度，特に知覚推理に大きな弱さがある。下位検査では，知覚推理のうちの「積木模様」や「絵の完成」などの空間認知や非言語的抽象課題解決力が低い。ワーキング・メモリの「数唱」は最もよくできる。

③　情報処理段階──情報の整理・統合

1 ）　情報の整理・統合（アセスメントのまとめ）

生物・医学的側面では，超低出生体重というリスクを負って生まれ，乳幼児期から発達の遅れをサポートされてきていた。心理・教育的側面では，全体的な軽い遅れの中で，特に，出生時のリスクによると思われる視覚的な情報の認知に大きな困難を抱え，聴覚的な情報に頼っており，視覚情報を上手に利用したりそれを理解したりすることが難しい。しかし，興味のある対象（体育でのリレー）に対しては，視覚情報を取り込もうと努力する。手先の巧緻性は，箸や鉛筆の使い方，衣服の着脱などの日常生活動作は年齢相応であるが，書字の乱れにあるように，細かい運筆の運動や，視覚と運動の統合に弱さがあり，出

185

第Ⅱ部　生涯発達における臨床発達支援

表 6-6　行動観察

3 時間目「算数」

　クラスを習熟度で 2 分割し，18 人で行われている。B 児は習熟度の低い方のクラスである。プリントで 3 年時までの算数の問題を解く。1 枚目は容量の単位（ℓ，dℓ，mℓ など），2 枚目は時間，3 枚目は 2 桁の数の除法・乗法を用いる文章題である。1 枚目の最初の「4ℓ+2dℓ」は，問いの意味がわからないようで戸惑っていたが，教師が実物のビーカーを用いて説明するのを見て，"わかった" というようにうなずく。そこで，教師が「1 つ 1ℓ の大ビーカーを 4 個並べると全部でいくらか」と問うたところ，「100 dℓ」と答え，やはり単位の意味が理解できていない。ただし，学級には同様な子どもが多数おり，最初の問いに正解していたのは，18 人中，2 ～ 3 人だった。2 枚目では，1分40秒=140秒，120秒=12分などと解答しており，分と秒との関係が理解されていない。しかし，「1 日で起きている時間は（どんな単位で表すか）」「走る速さを表すときは」などの，日常生活と単位の関係を問う問題には正解した。これに正答できない子どもが半数ほどいる。3 枚目の文章題では，文章をきちんと読まないまま，数字だけ見てすべて除法で解いてしまい，正解にはならない。そのスピードは速く，計算自体はほぼ正しい。教師が文章題を音読するように指示すると，すらすらと読む。

　答え合わせのときは，教師の方をまったく見ないまま，耳から入る言葉に忠実に従い，正しく○×をつけていき，×のときはその下に正解をきちんと書く。筆算は，桁数のずれはなく，鉛筆の使い方は正しい。算数の理解度として，このクラス全体で見るとそれほど低いわけではないが，単位の意味の理解や文章題の読み取りにつまずいている。

　行動の様子としては，身体は終始左に傾き，右目が大きく見開かれている。最前列の席に座っているものの，終始下を向き黙々と取り組む。周囲の他児たちの様子を参照したり，何らかのやりとりをしたり，喜怒哀楽の表情を出すことは見られない。教師に対し，「わからない」「ここはどうするの」などと援助を要請することも 1 度もない。それは他の子どもたちも同様で，正解に至らない子どもが多数いるにもかかわらず，「わからない」と手を挙げる子どもは数人であった。

休み時間

　教室から素早く姿を消し，1 人で鉄棒にぶら下がったり，草を触わったりして遊ぶ。

4 時間目「体育」

　体操服の着替えはスムーズにこなす。算数の時間に比べ，格段に表情が明るくなり，いきいきしている。教師の指示に逐一真面目に従う。前の子どもの背中に両手をかけて中腰でジャンプしながら進む運動では，身体が小さいために少々無理があるが，一生懸命ついていく。他児と簡単なやりとりを交わす場面も 3 回あった。リレーでは，注意を集中して，全体の流れや状況を逃さないように，顔を上げ，自発的に一生懸命に見ようとしており，自分の番になると，素早く出ていき，バトンをもらい，俊足で数人追い抜き，次の走者にスムーズにバトンを渡した。

給　食

　他児たちはおしゃべりしながら食べるが B 児は黙々と食べる。箸の使い方は正しい。話しかけると，「はい」「いいえ」か，単語が返ってくるのみなので，会話が続かない。食べ終わると図書室から借りたマンガを机の中から取り出して黙読する。B 児に対して話しかけたり，注意や意識を払ったりする子どもはいない。

帰りの会

　連絡帳を出し，黒板に書かれた連絡事項をすぐに書き取るが，ノートの罫線からは字が大きくはみ出している。他児たちは騒いでいたり，書いていなかったりするが，B 児は真面目にこなす。

掲示物

　書道作品は，書かれた字が氏名も含め，紙からはみ出すような大きさで，縦横整わず，斜めに傾いている。漢字のハネ，トメ，ハライなどは乱雑である。短い詩とともに描かれた絵は，「猫同士が朝の挨拶をしている」という内容で，にっこり笑っている 2 匹の猫や草花，それを微笑みながら見ている自分を，多色を使い分け，B5 サイズの小さい紙にていねいに描きこんである。ただし，縦書きで書き入れた数行の文章は，斜めに大きく歪んでいる。書字の困難が見られるものの，課題には真面目に取り組もうとする姿勢がうかがわれ，また絵と詩の内容からは，穏やかで愛他的な性格であることも推察される。しかし，B 児の作品を心理士がじっと見ていると，他児がその絵に対し「バカ」と発言した。

186

生時のリスクが関与していると思われる。粗大運動では特に大きな困難はみられない。言語発達の面では，音読はスムーズで，マンガなどの日常性の高い文章は理解できるが，抽象的な概念の理解や，抽象度の高い文章の読み取りが苦手である。社会性の面では，体育の時間の集団活動にはいきいきと参加しているが，一対一での対人関係が希薄で，非言語的表現も含めた「自己」の主張や，感情表現が乏しい。教師や他児に対し援助要請をすることができない。ただし，ルールと教師の指示に従い，するべき行動を真面目に頑張ってこなそうとする側面はB児の強みである。社会・文化的環境の側面では，他児にその存在を認められておらず，低い評価を受けている状態にあり，そのことが自身の特徴や弱さの気づきとともに，B児の自信のなさにつながっていると思われる。

　2）　支援ニーズの把握

　B児には，知的な弱さ・認知の偏り・手先の巧緻性の弱さに対する学習上の配慮と，コミュニケーションの力の発達に支援ニーズがある。そして，友達関係を広げること，クラス集団の中での居場所を作ること，誇れるものを作り，自己評価や他者からの評価を高くしていくことなどの，本人と周りの子どもたちの双方に対する，社会性の発達への支援，インクルーシブな集団作りも大きな課題となるだろう。また，B児だけではなく，わからないことやできないことがあったら，自分から教師や周囲の子どもたちに援助を依頼できる学級の風土づくりも望まれる。

（2）カンファレンス

　出席者は，校長・副校長・コーディネーター・担任・養護教師・算数担任・専科教諭・保護者（後半より参加）・巡回相談スタッフ（教育委員会，臨床発達心理士）である。

　カンファレンスでは，まず各教員からB児に関する最近の情報と，各人の気になっている問題を報告してもらった。たとえば図工教諭からは「3年生のとき，図工で他児との進度の差を意識し，それ以来，やりたがらないように思う」，養護教諭からは「困ったことがなかなか言えない。体育の時間に，「頭が痛い」と言って来たので，よくよく話を聞くと，頭痛ではなく「帽子がないの

で体育に出られない」というのが本当の理由だった。その事情をさらに聞くと，2日前からなかったようだが，数日前のことを説明するのがとても苦手。でも時折，ふらりと保健室に来ると1人でべらべらとしゃべっていたり，大きな身振りで身体を動かしてみたりする」という話が出された。

その後，臨床発達心理士から知能検査の結果を簡単に報告し，資料・観察・検査から得られた情報を総合した見立てを説明し，それをめぐって意見の交換を行った。その結果，想定した支援ニーズに対して，ほぼ意見が一致した。

支援方法として，まず学習面での支援について話し合った。全般的に，聴覚的に理解するほうが得意なので，言葉でていねいに教える，図形や字の特徴も言葉で説明を加える。視覚的な情報がよりわかりやすく伝わるように教材を工夫する，教材の大きさや提示方法を工夫する，適切に注意が向けられるよう，本人への声かけを行う。「わからない」という援助要請が気軽にできるような工夫（たとえば，声に出さなくても「イエローカード」などの要請のサインを机上に置けば教師が個別に教えることにするなど。これは他の子どもたちにも有効である）を行うとともに，どんな子どもに対しても頑張っているプロセスに教師がもっと注目し，「わからないこと」がダメなことではない，という雰囲気を作る。

各教科における指導方法や教材の工夫について，体育ではルールを事前にわかりやすく説明する，動きのぎこちなさは問題視せず，楽しんで意欲的にいきいきと参加していることを大切にし，上手にできる活動の場合は，皆のモデルにするなどして自信をつけさせる。国語において，書字の乱れに対しては，できるだけマス目のついた用紙を利用する。また，作業療法士による訓練を継続中であり，将来的には ICT 機器を利用することによって生活や学習が補障できることも鑑み，学校では，現段階では，書かれている内容に焦点を当て，意見を表明し自分を表現できることを大切にする。算数では大きな道具を使用し，図形の模写などは面を色分けし，言葉で特徴を補って説明する。文章題は，短い文章の中で既知数や問われていることなどのキーワードを拾う練習をする。図工では，ていねいに絵を描くことを高く評価し，手先の巧緻性を要する場合は，切ったり貼ったりするポイントが視覚的に理解できるようにしたり，素材

を変更するなどの配慮を行う。

　コミュニケーションの力への支援に関しては，まず教師がB児の話したい気持ちや思いを引き出すこと，困ったときにはそれが言えるような言葉かけを行いたいとの意見が出された。特に養護教諭は，保健室に来て話すことがB児にとっては貴重な対話と安心できる時間になっていたことに気づき，「しっかり説明できない」と否定的にとらえるのではなく，「一対一でゆっくり話をする機会を増やし，思いを受け止め，思いを引き出すやりとりを行いたい」との意見が出された。クラスの中での対人関係の改善や居場所作りに関しては，B児の俊足を生かした集団遊びや運動遊びを設定して自信をつけさせる，グループ・エンカウンターなどを利用し全員のそれぞれの良さを考えさせる時間を設定する，小集団での活動を設定しB児の得意な面が発揮できるような役割を与える，B児自身が頑張っている姿やプラスの側面（まじめな態度，頑張る姿勢，穏やかでやさしい性格など）に焦点を当て，他児にもそれを認識させたい，などの意見が出された。

　この後，B児は通級指導学級にも通うようになった。翌年のコンサルテーションにおいては，通級指導学級の教師もカンファレンスに参加し，通常学級と通級指導における成果と課題を評価・検討し，個別指導計画が作成された。

（西本絹子）

第7章 前期青年期における支援

1 前期青年期における支援とは何か

（1）思春期の課題

エリクソン（Erikson, E. H.）は，人生（ライフサイクル）を8段階に区分し，それぞれの段階での発達課題と，その発達課題が達成されないときに起こる心理社会的危機，重要な対人関係，心理社会的様式を設定する心理社会的発達論を提唱している。**思春期**はエリクソンによれば第5段階の「青年期」（**アイデンティティの確立**とその失敗によるアイデンティティ拡散）に相当し，中学生や高校生への支援を検討する際，避けて通れない課題の1つが思春期を迎えて起こる諸問題とその克服ということになる。思春期の始まりは，生理学的には性ホルモンが分泌されるようになった瞬間である。何がきっかけで性ホルモンが分泌されるようになるのかは正確には解明されていないが，脳の視床下部・下垂体が司令塔となり，男子であれば精巣や副腎にテストステロンを中心とした男性ホルモンを，女子であれば卵巣や副腎にエストロゲン（卵胞ホルモン）とゲスターゲン（黄体ホルモン）を分泌するよう命令が発せられる。

性ホルモンの分泌にともない，子どもの身体は急速に大人の身体に変化するようになる。女子は胸がふくらみ，皮下脂肪が蓄積して丸みを帯びた体型に変化し，身体の内部では子宮が成長・発達し，排卵の誘発により月経が開始する

ようになる。一方，男子は筋肉質の身体つきになり，ひげなど体毛が増加したり，声帯の成長にともなう声変わりが起こったりする。また陰茎や睾丸などの男性器が発達し，精通が現れるようになる。

しかし，子どもたちの中には年齢には不相応なほど早い時期に性ホルモンの分泌が活発になり，第二次性徴が始まってしまう「**思春期早発症**」と診断される疾患で悩む子どもがいる。思春期早発症であれば，男子は「9歳までに精巣が発育し，4㎖以上の大きさになる」「10歳までに陰毛が生える」「11歳までにわき毛・ひげが生えたり，声変わりがみられたりする」，女子の場合には「7歳6か月までに乳房がふくらみはじめる」「8歳までに，陰毛，わき毛が生える」「10歳6か月までに生理が始まる」といった症状が見られる。思春期早発症は発育が早いだけで，問題はないと考えがちであるが，「骨が早期に成熟すると骨端線（骨が成長するところ）が閉鎖して，小柄のままで身長が止まってしまう」「幼い年齢で乳房や陰毛，月経などが出現するため，本人が違和感を抱いたり，精神的にコンプレックスを持ったりする」といった問題があり，これらの違和感やコンプレックスが解消しないまま中学・高校生活を過ごし，思い悩むケースは珍しくない。また，性ホルモンの分泌が活発になるにしたがって，生物学的な性に違和感を持ち，自分の性意識と生物学的な性とが一致しない「性別違和」で苦しい思いをしている子どももいる。さらに，成長ホルモンが十分に分泌されない「下垂体性小人症」で苦しんでいる子どもの場合，周囲の子どもが思春期を迎え，身体に著しい変化が起こっているのを目の当たりにして不安が高まり，焦り苦しむことがある。性ホルモンの分泌によって起こる問題は思春期早発症や性別違和，下垂体性小人症といった疾患をともなう子どもに限定された問題ではなく，自分の身体が変化していくことに戸惑い，不安にかられている子どもは相当数に上っている。

性ホルモンの分泌は身体面だけでなく，精神面にも著しい影響を及ぼすようになる。思春期の子どもは，児童期にみられた「子どもらしさ」がなくなり，ちょっとしたことですぐにイライラして怒り出したり，反抗したりするなど周囲の大人や友人と衝突する一方で，様々なことに悩み，気持ちが落ち込むなど精神的に不安定となり，保護者や先生にとって扱いづらいと感じられることも

少なくない。このように精神状態が不安定になったかと思うと落ち着きを取り戻すのも，アドレナリンやノルアドレナリン，ドーパミン，セロトニンなどのホルモン・神経伝達物質の影響によっている。

　文部科学省初等中等教育局児童生徒課「子どもの徳育の充実に向けた在り方について」では，思春期の精神面での特徴として「親や友達と異なる自分独自の内面の世界があることに気づきはじめるとともに，自意識と客観的事実との違いに悩み，様々な葛藤の中で，自らの生き方を模索しはじめる時期である。また，大人との関係よりも，友人関係に自らへの強い意味を見出す。さらに，親に対する反抗期を迎えたり，親子のコミュニケーションが不足しがちな時期でもあり，思春期特有の課題が現れる。また，仲間同士の評価を強く意識する反面，他者との交流に消極的な傾向も見られる。性意識が高まり，異性への興味関心も高まる時期でもある」と指摘しているように，思春期は自己概念やアイデンティティの確立，保護者や先生など周囲の大人との関係，友人関係，異性関係，卒業後の進路など児童期にはあまり考えなかった問題で思い悩むようになってくる。

　たとえば，自己概念・アイデンティティの確立においては，それまで「自分は運動が得意で，性格は明るい」など一面的なものの見方であったものが，「学校では明るくふるまい『良い子』をしているが，本当の自分は自信がなく，自己否定的で思い悩みやすい」といったように，自分を多面的に見ることができるようになり，他者が自分をどう見ているのかという他者と自分の考えの相違を認識し，他者と自分との間，あるいは自己の中の葛藤や矛盾に悩む中で，自己像や価値観を形成していくようになる。また，それまで保護者や教師に依存する傾向が強かった子どもが自立へと向かうようになるが，しばらくの間は依存と自立との間の往復を繰り返し，子どもと保護者との間での関わり方・距離のとり方をめぐって，子どもの「親離れ」，保護者の「子離れ」で危機を迎える家族もある。さらに，中学生・高校生になると子どもたちの世界は部活動や塾，地域活動などを通して格段に広がり，友人関係は複雑になる。サリヴァン（Sullivan, 1953）は，思春期にさしかかる前後に築かれる同性・同年代の友達との関係のことを「**チャムシップ**」と呼んだが，チャムシップを通して思春

期の子どもたちは対人関係や自己像を確立していくことになる。しかし、チャムシップを上手く築くことができない子どもの中には、孤立感や無力感を覚え、社会不安障害や適応障害、気分障害など様々な疾患で苦しみ、依存症や自傷行為、不登校、ひきこもりなどに発展してしまうケースも少なくない。これら困難な課題を抱えている中学生・高校生に対して、「人としてのあり方・生き方を踏まえ、自尊感情・自己肯定感を高めながら、自分の課題と向き合って自己のあり方を考える」ことを支援する際、単に目前の諸症状への対応を検討するだけでなく、不適応が思春期上の諸問題に起因しているのか、あるいは乳幼児期や児童期の保護者や対人関係から派生しているのかといった臨床発達上の観点から支援を考えていくことが大切になってくる。

（2）思春期と自律神経

　精神的に不安定な子どもたちの支援を検討する際、子どもたちの背景として知っておく必要があることの1つに自律神経がある。自律神経とは、「暑くなってくると、汗をかいて体温調整する」「食事をすると、食物消化のために胃を動かす」といったように、自分の意思とは無関係に刺激や情報に反応して、身体機能を自動制御している神経のことである。自律神経には2つの神経があり、それぞれ交感神経、副交感神経と呼んでいる。交感神経は主に起床して入眠するまで作動している神経系で、緊張したり、ストレスを感じたりしたとき、あるいはなんらかの対処が求められる場面で、状況の変化に応じてすばやく対処できるように身体を準備する機能を担っている。一方、副交感神経は主に睡眠中、あるいは日中でも休息やリラックスしているときに働く神経で、昼間の活動による疲労からの回復、老廃物の身体からの排除、身体の修復などを担っている。通常、交感神経と副交感神経という2つの神経がバランスよく働くことで、人の心身の健康は維持されている。

　表7-1は、脳や心臓など身体の主要な部位について、交感神経が優位なときと副交感神経が優位なときの働きの違いを示したものである。たとえば、脳は交感神経が優位なときは活発に活動し、寝る、趣味を楽しむといった副交感神経が優位なときには比較的リラックスしている。この表7-1で特に留意を要す

第Ⅱ部　生涯発達における臨床発達支援

表7-1　自律神経の働き

	交感神経が優位	副交感神経が優位
脳	興　奮	リラックス
唾　液	減　少	増　加
気　管	広げる	狭くする
心臓（心拍・血圧）	上　昇	低　下
胃腸の働き	抑　制	活発化
血　管	収　縮	拡　張

るのが「血管」と「胃腸の働き」である。血管は，交感神経が優位な日中は収縮している。血管が収縮することで，心臓から送り出された血液は，毛細血管にまで届くようになる。しかし，副交感神経が優位になる睡眠時には血管は拡張し，血液はゆったりと流れるようになる。このとき人は血液を介して，疲労回復，体内の老廃物の排除，身体の修復などを行っている。胃腸は交感神経が優位な日中，活動としては抑制され，副交感神経が優位な睡眠時になると活動が活発になり，昼間，消費した栄養を補給している。

　それでは交感神経や副交感神経の活動はどのようにしてコントロールされているのだろうか。交感神経の活性化はアドレナリンやノルアドレナリンによって制御されている。アドレナリンやノルアドレナリンは興奮剤として注意や意欲を喚起する物質であり，アドレナリンやノルアドレナリンの増減により交感神経が優位になることを制御している。ただし，怒りや衝動性を誘発する物質としても知られており，一生懸命に取り組んでいることが上手くいかないとき，思わず怒り出してしまうことがあるのはアドレナリンやノルアドレナリンが影響を及ぼしている可能性がある。また，アドレナリンやノルアドレナリンが活発に分泌されるようになると，「ストレスホルモン」とも呼ばれる疲労物質でもあるコルチゾールも増加し，心身が疲労するようにもなる。

　一方，副交感神経を制御している物質がアセチルコリンであり，アセチルコリンが増加すると副交感神経が優位になる。このアセチルコリンの増加は神経伝達物質であるセロトニンの増加により促されるのに対して，神経伝達物質であるドーパミンが増加するとアセチルコリンは減少するようになる。セロトニ

ンは精神を安定させる神経伝達物質としても知られているが，小腸で作られ，そのほとんどが小腸にあり，神経伝達物質として脳内で活動しているのは5〜10％程度であるといわれている。先に言及したように，胃腸が活発に活動するのは，睡眠時など副交感神経が優位なときであり，心身を安定させるために睡眠やリラックスにより副交感神経が優位になる時間を確保することが必須となってくる。

　思春期が始まった当初，性ホルモンは主に深夜，分泌されるが，同じく深夜に脳が活性化するため，子どもたちの中には十分に睡眠をとることが困難になってしまうことがある。また，思春期の子どもたちは，性ホルモンの分泌にともなう心身の変化により，精神的に不安定になりやすい状況にある。このため大人には些細なように思えることでも，中学生・高校生には大きなストレスとなってしまうことが多くある。もともと自律神経系は強いストレスを受けたり，たとえ弱くても長期にわたってストレスを受け続けたりすると，失調しやすい。そして，自律神経が失調してくると，めまいや立ちくらみ，のどの奥に何かが詰まっていると感じられる「ストレス球」，腹痛，吐き気，入眠困難などの身体症状が出現し，さらに身体症状症やパニック障害，社交不安障害，強迫性障害，適応障害，抑うつ障害，摂食障害，物質関連障害，嗜癖性障害など多様な疾患に至ってしまうことも珍しくない。

2　中学・高校生への支援の現状と支援ニーズ

（1）発達障害

　通常の学級，通級指導（1993年に発足），特別支援学級（2006年度まで特殊学級），特別支援学校（2006年度までは盲学校・聾学校・養護学校）に在籍し，特別な教育的支援を受けている児童・生徒の数は少なくない。ちなみに，通常の学級に在籍している自閉症スペクトラム障害や限局性学習障害，注意欠如・多動性障害，学習や生活の面で特別な教育的支援を必要とする児童・生徒数は，文部科学省初等中等教育局特別支援教育課（2012）によれば約6.5％程度である

と考えられている。また，文部科学省ホームページ「特別支援教育について：1．はじめに」によれば，2011年5月1日時点で，通級指導を受けている児童・生徒，および小学校・中学校の特別支援学級や義務教育段階の特別支援学校で学んでいる子どもの占める割合は児童生徒全体の約2.7％となっている。

　これら特別に支援が必要な子どもにおける思春期の課題は，健常な子どもが思春期に抱える課題と同様（あるいはそれ以上）に，大きな問題となってくる可能性がある。**発達障害**の子どもたちの場合，抱えている障害の特性により，思春期の諸課題がより明確なかたちで出現してくることが少なくないためである。たとえば，発達障害を抱えた子どもの中には性意識の発達が遅れており，思春期になっても異性の保護者と一緒にお風呂に入る，人前で自分の性器に触れる，第三者がいても家の中を裸で歩く，あるいは身体的に成熟しているにもかかわらず異性の前で露出度の高い服を着るといった子どもがいる。それとは反対に，思春期の第二次性徴による身体的変化に強い嫌悪感を示し，自分の身体的変化を受け入れられず，過度なダイエットを行ったり，体毛を不潔と感じて抜毛などの自傷行為におよんだりする子どももいる。また，自分は周囲の友達と「なにかが違っている」という違和感をもちながらも，自分の興味・関心があることを一方的に話すなどコミュニケーションが苦手であったり，人と気持ちを通じ合うことが不得意であったりして，チャムシップを築くことができず，孤立し，不登校やひきこもりになってしまう子どももいる。さらに，ストレスを趣味や運動，リラクゼーションなどでうまく発散させることができず，頭痛や腹痛，生理不順などの身体症状として出現させたり，強迫性障害，抑うつ障害，ゲームへの依存などの疾患を併発させたりすることも珍しくない。

　発達障害を抱えた子どもたちの卒業後の進路としては進学や就労など多様であるが，子どもの発達障害の種類・程度・重複度など障害の特性を踏まえたうえで学習支援・社会生活支援・就労支援をしていく必要がある。その際，子どもたちの自尊感情・自己肯定感を高めることができるように個別支援計画を立案・実施していくことになるが，個別支援計画の策定・実施の段階で，臨床発達心理の専門家はケースによって教育や医療関係者と連携して策定していくことが大切になる。学校における臨床発達心理の観点からは，森・細渕（2012）

が指摘しているように、「子どもに関する情報の収束・発散・循環」「観察記録を個別支援計画に反映させる方法」「教科や教師の異なる専門性を多角的に検討し、活かす工夫」「教育現場で課題解決に向けて自己効力感を高める関与の仕方」などといった点で示唆を与えることができるかどうかが重要となってくる。

（2）思春期を迎えて深刻化する諸問題と臨床発達心理の視点からの対応

　以下では、思春期に発現しやすい諸問題と臨床発達心理の観点からの対応について紹介することにする。

①　「いじめ」

　「いじめ」については前章でも述べているが、「いじめ防止対策推進法」に基づく対応が基本となる（さらに「いじめ防止対策推進法」を解説した文部科学省(2013)「いじめ防止基本方針の策定について（通知）」が参考になる）。本法律において「いじめ」は、「児童等が心身の苦痛を感じているもの」（「いじめ防止対策推進法」第2条）と規定されており、「いじめ」であるかどうかの判断は教師の判断に基づいて行うのではなく、本人や保護者から「いじめ」の申し出があったときは、まずは「いじめ」として受けとめることが求められている。そのうえで、「いじめ」であるかどうかの判断は、学校に設置義務がある「いじめ防止等の対策のための組織」で決定することになっている。「いじめ」に対する事実確認や再発防止の措置を講じる際、「「いじめ」と認められるときは、複数の教職員によって、心理、福祉等に関する専門的な知識を有する者の協力を得つつ、支援・助言を継続的に行う」と定められており、臨床発達心理の観点からも支援・助言をすることが求められている。学校によって臨床発達心理の専門家に求められることに違いはあるが、「いじめ」への教育相談を含む対処、年間計画の作成・実行・検証・修正など中核的役割を求められることが少なくない。

　一般に、「いじめ」は発見が困難で、予見可能性が低いとされている。その理由は、多くの場合、中井(1997)が指摘したように「いじめ」には「孤立

化」「無力化」「透明化」といった3つの段階があることによっている。第1段
階の孤立化とは，ある特定の人間を「いじめ」のターゲットにするときに進行
する段階である。「いじめ」の加害者は，ターゲットとして選んだ被害者の悪
いところを探し出し，周囲にその悪い点を脳裏に植えつけるようにPR作戦を
行う。このPR作戦が功を奏すれば，観衆や傍観者は「被害者にも問題があ
る」という気持ちになり，また，被害者自身も「助けてほしいのに誰も助けて
くれないのは，自分自身に問題があるからだ」といったように思い込まされ，
周囲から孤立無援の状態となる。このとき助けようとした子どもがいたとして
も，「あいつは「いじめ」られて当然と全員が考えている！ 助けようとすれ
ば，次はお前がターゲットだ」といった加害者からの脅しが行われ，見て見ぬ
ふりする傍観者にならざる得なくなってしまうようになる。

　第2段階の無力化とは，周囲の友達から助けが得られず，孤立し無力になっ
ている被害者に対して，心理的・物理的「いじめ」が繰り返される段階である。
加害者側は，教師や保護者など大人に「いじめ」のことを話すのは卑怯な行為
であり，もし被害者が大人に話すようであれば，さらに激しい「いじめ」を行
うと脅すようになる。被害者も「こんな自分を知ったら先生や保護者は悲しむ
だろうな。そんな自分を知られたくない」といった自負心とあいまって，大人
に訴えることは「ずるい」といった気持ちから，自ら「いじめ」られているこ
とを打ち明けるのをあきらめるようになる。この無力化の段階になると，反撃
しても，さらにひどい仕打ちがあることを理解するようになり，「いじめ」被
害を受けている子どもは無力感を抱くようになっていく。

　第3段階の透明化とは，「いじめられても仕方がない」ということを被害者
が受け入れることで，「いじめ」が外から見えなくなってしまう段階である。
こうなると「いじめ」現象それ自体が見えにくくなり，周囲の子どもたちも
「いじめ」をいつものこととして受けとめ，さして気にとめないようになって
いく。たとえ教師が「いじめ」場面を偶然，見かけることがあっても，見た目
には「からかい・いじり」程度にしか見えなくなっている。しかし，「いじめ」
を受けている被害者は「今日はどんなことをされるんだろう」と精神的に追い
つめられ，うつ状態や適応障害などを発症し，その結果として不登校やひきこ

もり，最悪の場合は自殺にまで至ることがあるのが，この透明化の段階である。

　一方で，「いじめ」の加害者も，加害行為の背景に養育上の問題や被虐待体験等があることがある。そのため，臨床発達心理の専門家は「いじめ」の被害者と加害者両者の発達的観点に基づき，子どもたちの話を傾聴することを基本としたうえで，個別に対処していくことが求められる。

　② インターネット・LINE 等の「ネットいじめ」
「ネットいじめ」への対応に際しては，次の点が通常の「いじめ」と異なっていることを認識したうえで対応していくことが求められる。

1）通常の「いじめ」は対面的に行われる。それに対して「ネットいじめ」の場合，ネットが接続可能であれば，どんな場所でも「ネットいじめ」を受けてしまう。

2）「ネットいじめ」では，管理者が削除しない限り非難中傷などの記録がいつまでも残り，子どもは苦しみ続けることになる。しかし，管理者がハッキリしない掲示板では削除要請が困難となるだけでなく，管理者が判明していても削除要請に応じないことがある。

3）「ネットいじめ」の加害者は，本人であることを特定されないようにするために，ネットカフェやプロキシサーバー（「プロキシ」とは「代理」という意味で，自分のパソコンの代理として web サイトにアクセスしてくれるサーバーのこと）を経由して非難中傷をすることが多い。被害者の様子がわからないため，攻撃が激しくなりやすい。

4）非難中傷のメッセージや写真は，短時間に，しかも一気に広がる。そのため同じ学校の子どもだけでなく，広く一般に知られるようになってしまう。

5）学校関係者や保護者は，子どもの利用している掲示板などを小まめに確認できないため，陰湿化し，実態把握が困難となりがちである。

6）「ネットいじめ」の事実を伝えてコンピューターやスマートフォンを取り上げられることは，子どもにとって友達からの孤立を意味している。そのため，子どもが自ら「ネットいじめ」を受けているとはほとんど言わな

い。

　文部科学省（2008）では，「ネットいじめ」の深刻さを考慮し，「ネット上の
いじめに関する対応マニュアル・事例集（学校・教員向け）」を作成している。
また，子どもたちが問題のあるサイトに接続できないようにするフィルタリン
グ規制やネチケット教育（インターネット上で守らなければいけない「エチケッ
ト」の教育）も不可欠となる。臨床発達心理の専門家として「ネットいじめ」
の被害者に対応する際，まず精神的にショックを受けている被害を受けた子ど
もの苦しみを傾聴し，精神的安定を図ることが最優先の課題となる。また，被
害の拡大を防ぐ方法を検討することとなる。対応の手順としては，以下に示す
手順が一般的である。

① 非難中傷の内容や流失した個人情報を確認する。その際，URL と内容
　を保存する（保存が困難であるときはデジタルカメラで撮影する）。

② 掲示板等の管理者に削除依頼する。ただし，依頼は非難中傷されている
　子どもからするのではなく，学校関係者や保護者が管理者に行う。

③ 掲示板等の管理者に削除依頼をしても回答がない（あるいは削除要請に
　応じない）場合には，掲示板等のプロバイダーに削除依頼をする。ただし，
　検索エンジン運営会社の多くは，依頼内容の正当性や削除権限の有無を確
　かめることができないとして，削除依頼を受けつけないことが多い。

④ プロバイダーが削除に応じない場合は警察や法務局に通報する。

⑤ 子どもには学校が削除に向けてどのような活動をしているのかを本人に
　連絡する（対応してくれていることで，本人は安心するようになる）。

以下に示す URL が警察庁，警視庁の相談・通報の窓口である。

・ 警察庁サイバー犯罪対策（http://www.npa.go.jp/cyber/）

・ 警視庁情報セキュリティ（http://www.keishicho.metro.tokyo.jp/haiteku/）

・ インターネット・ホットラインセンター（http://www.internethotline.jp/）

　しかし，これら一連の方法を用いても，非難中傷の内容が削除されないこと
がある。このときの「ネットいじめ」への対応としては，「無視」「否定」「対
抗」のいずれかということになる。無視とは，非難中傷を気にしていないふり
をして，相手にしないというものである。否定とは，非難中傷の内容を「正し

くない」と真っ向から否定する方法である。対抗とは，非難中傷の内容を否定・非難するのではなく，「正しい情報を広めてもらう」，あるいは「被害を受けた子どもがブログやプロフを立ち上げ，正しい情報を流す」というものである。この無視，否定，対抗の中で，無視は子どもにとって精神的につらく，否定はしばしば「炎上」してしまうことがあり，流言研究の知見（たとえば田原，2010）から最も有効な方法と考えられるのが対抗である。誹謗中傷のコメントを削除することが困難であるときには，子どもの精神的安定を図りつつ，子どもが対抗的手段をとることができるよう指導することが望まれる。臨床発達心理の専門家としては，どのような対応をするのか本人の意向をくみ取りつつ，保護者や教職員，あるいは警察や児童相談所等の外部機関と連携・調整して対応することが期待されている。

③　家庭内暴力

　家庭内暴力は，家庭内の誰かが別の誰かに暴力をふるう行為であるが，通常は子どもが保護者・きょうだい等の家族に暴力を行うことを指す。暴力の程度も，軽く叩く程度の軽微なものから，保護者に骨折など重傷を負わせるといった重篤なものまで幅がある。家庭内暴力のきっかけとしては，受験の失敗や友人関係のトラブルなど何らかの失敗・トラブルがあり，挫折感を抱くことが発端となることが多い。ただし，背景として「ダメな自分への怒りを，ダメ人間に育てた保護者に向けることで発散しようとする自責と他責が入り混じった怒りの気持ち」と「そんなダメ人間である自分でも何とかしてくれるのではないかという依存の気持ち」の二面性があるケースが少なくない。また，精神疾患に起因しているケースもある。いずれにしても保護者は，突然，些細なことで豹変して暴力をふるう子どもにおびえ，このような生活が24時間，1年中続くことに疲れ，自殺したくなったりしてしまうことも珍しくない。

　対応としては，「子どもの暴力を受ける」ように指示する専門家もいるが，暴力によりさらに怒りの気持ちが誘発され，事故・事件に発展してしまう懸念があり，「子どもの暴力を受ける」ことは望ましいとはいえない。また，「子どもの暴力には暴力で押さえ込む」ように指導することがあるが，このような対

応も子どもの暴力を助長することが少なくない。子どもの暴力に耐えられず，本人の同意を得ず強制的に病院・施設に入所をさせる保護者もいるが，強制入院・入所させられたという恨み心から，入院・入所中は「良い子」であっても，退院・退所後にさらに激しい暴力をふるうことがある。

　対応としては，まず，暴力が精神疾患や発達障害に起因していないか検討する必要がある。幻聴や妄想，うつ症状，衝動性等が認められる場合には児童精神科，児童相談所，教育相談所，健康保健福祉センター等との連携が必要になる。精神疾患や発達障害に起因していないと判断される場合で，暴力をふるう期間がまだ短い初期段階では，本人の話を傾聴することが大切になる。本人は暴力をふるうことに対してあまり罪悪感がなく，むしろ自分は被害者だと思っている傾向がある。過去に受けた恨みなど本人のつらい過去に耳を傾け，共感することが求められる。ただし，傾聴と「言いなり」は違い，傾聴はしても子どもの言いなりになることは避けるよう家族に指示しておく必要がある。

　暴力をふるう期間が長期にわたっている場合には，「他者の介入」と「暴力の回避」が必要になってくる。「他者の介入」とは，暴力がはじまったら，家族以外の第三者を家庭に入れることであり，代表的第三者としては警察などが考えられる。警察など第三者が介入することで，ほとんどの暴力は収まってくる（警察はよほどのことがない限り補導・逮捕しないため，通報をためらわないよう保護者に指示することが大切になる）。また，「暴力の回避」とは，暴力がはじまったら自宅から避難することである。避難のタイミングは暴力がはじまってからであり，事前の避難は避けるようにする。避難をすると「見捨てられた」と認識し，暴力がますます激しくなってしまうことがあるため，子どもが落ち着いた頃を見計らって自宅に戻るようにする。戻っても暴力をふるうようであれば，再度，自宅を出る。子どもが家から出させないようにすることがあるが，その際は振り払ってでも出るようにする。いずれにしても帰宅した際は，「あなたのことが心配だけど，暴力があるので家に戻れなかった」ということを伝え，帰宅後は何事もなかったかのようにふるまう中で，親子関係の再構築を目指すことが必要になる。

④　摂食障害

摂食障害はどの程度の量を食べたらいいのかわからなくなる疾患で，１〜２割の人が死亡するといわれるほど深刻である。摂食障害は，神経性無食欲症（いわゆる拒食症）と神経性大食症（いわゆる過食症）の２つのタイプがあり，一見すると正反対の症状のように見えるが，この２つの症状を併発してしまうことも珍しくない。拒食症は，①標準体重の85％以下の体重，②体重が不足していても体重増加への強い恐怖，③体重や体型の感じ方の障害（どんなに痩せていても自分が異常とは認めない，現在の低体重の重大さを認識できないなど），④初潮後の女性の場合には無月経，などで判断される（標準体重〔kg〕は「身長（m）×身長（m）×22」で計算するのが一般的）。また，過食症は，①一定の時間内（たとえば２時間以内）に，ほとんどの人が食べるよりも明らかに多くの食物を摂取し，その間は食べることをコントロールできない過食を繰り返す，②過食による体重増加を防ぐために嘔吐や下剤，浣腸剤，利尿剤などの薬を用いたり，絶食や激しい運動を繰り返し行ったりする，③むちゃ食いが，３か月間にわたって平均して週２回以上の割合で起こっている，などで判断される。

体重の減少にともない，月経異常（不規則な月経，無月経，無排卵）や骨粗しょう症，脱毛症，抵抗力の低下などが見られるようになる。また，「食べているところを他人に見られるのを嫌がり，保健室のベッドでカーテンを仕切った中で食事をしようとする」「過度と思えるほど活発に運動を行おうとする」といった行動をとる子どももいる。摂食障害が長期に及んでくると，過食と嘔吐により生じる症状として「虫歯，歯のエナメル質の浸食」「唾液腺炎」「電解質のアンバランス」「マロリーワイス症候群」，慢性の栄養失調により生じる症状として「冷え性」「低血圧」「徐脈」「低血糖」「皮膚の乾燥」「皮膚の黄色調」「うぶ毛」「貧血」，さらにアルコール依存や薬物乱用，窃盗癖，買い物依存，自傷行為，性的依存など他の嗜癖行動と合併する状態が出現しやすくなることが知られている。

体重減少により摂食障害が疑われる場合，まず体重減少を引き起こす他の病気がないかどうかを確認するために，医療機関で検査を受けるように子どもや保護者に指示を出す必要がある。摂食障害であることが確認されたら，対応は

「子どもが摂食障害の正しい知識をもつ」ことから開始する。摂食障害の危険性や症状について子どもに説明したうえで，規則正しい食生活の再確立と体重の正常化を目指すことになる。また，摂食障害の背景として保護者と子どもの関係性に問題があるケースが多くあり，保護者にも摂食障害への理解を深めてもらうと同時に，病識がなくても子ども自身が最もつらい気持ちであることを理解してもらえるよう対処し，親子間の関係性の改善を目指す家族療法を実施するケースもでてくる（ただし，医師から早急な治療の必要性が指示された場合，その指示に従うことが求められる）。また，拒食の場合，「少しでも食べることができた」とすれば，それをほめ，改善が見られるようであれば「一定量を決めて食べてみる」，反対に過食の場合，「過食・嘔吐する量や回数が少しでも改善された」とすれば，それをほめ，「大食いをしたくなっても，開始を数分間だけ引き延ばして過食を我慢してみる」などの新たな課題を提案することも検討する必要がある。

⑤　リストカット

松本ら（2008）の調査によると，中学・高校生男子の7.5％，同女子の12.1％が刃物で故意に自らの体を切った経験があり，また中学・高校の養護教諭の約99％が自傷をする生徒に対処した経験があること，さらに自傷行為を繰り返す生徒の場合，症状が重症化する傾向があり，将来的な自殺リスクが自傷行為をしなかった人と比べて100倍と非常に高くなることなどが報告されており，自傷は思春期の子どもに相当数みられる深刻な症状であると考えられる。

　自傷する人は，しない人と比べて，保護者との幼少期の離別や養育放棄，過保護・過干渉，学校での「いじめ」や孤立，性的・身体的虐待などを経験していることが多く，自尊感情が低い傾向があることが知られている。田原（2013）によれば，リストカットの背景には多様な要因があるが，主な要因として「開放的要因」「処罰要因」「他者操作的要因」「否認・逃避的要因」「自己陶酔的要因」の５つがあるとしている。開放的要因とは，「血が流れていくのを見て気持ちが楽になった」といった表現に代表されるように「自分が抱えている緊張，怒り，不安などの苦痛から開放されたい欲求」が背後にあり，これ

らの欲求を満たすために切るというものである。処罰要因は，「保護者や友達とうまくいかなくなり，相手へのあてつけとして行う他罰」や「保護者や友達に迷惑をかけている自分は，本当はいなくなった方がいいと思うが，死ぬことはためらわれるために自傷する自罰」といったように，他者や自分を非難するためのものである。

　他者操作的要因とは，「リストカットしている自分に気づいてほしい」として，他者の注意や関心を自分に引きつけ，自分の望む反応を得ようとしていると考えられるものである（他者操作的要因には反論もあり，自傷は誰かの気を引くための演技・アピール行為などではなく，「孤独な対処行動」と考える立場もある。孤独な対処行動とは，本来は誰かに助けを求めたり相談したりしたいが，人間不信があるため，自分1人で苦痛を解決しようとしてリストカットするというものである）。否認・逃避的要因とは，「自傷することで嫌なことを忘れられる」といった表現にみられるように，自分が置かれている現実を否認し，そこから逃避しようとするためにリストカットするとするものである。自己陶酔的要因とは，切ることにより快感を覚えるために，さらに切ってしまうというものである。人は身体に傷を負うと，脳はβ-エンドルフィンという痛みを和らげる物質を分泌し快感を得るが，この快感のためにリストカットを繰り返し，自傷が長期化・深刻化していくというものである。これらの自傷要因は，ケースによっては複合することも少なくない。いずれの要因に基づくリストカットでも，生きるために必死で，結果として自分を傷つけざるを得なくなっていると考えられる。

　リストカットへの対応の基本は，「自傷行為をやめさせる」ことではなく，「傾聴を通して，子どもの自傷行為の背後にある親子関係等の諸問題を見極め，その問題を少しでも軽減する」ことである。子どもがリストカットのことを話してくれたときには，「正直に話してくれてありがとう」と言葉かけをし，子どもの援助を求める行動（援助希求行動）を強化するようにする。切ることを叱ったり，切らない約束をさせたりすると，子どもとの間で信頼関係を作ることが困難になったり，子どもは「約束を破ってしまった」ことによる自責の念に駆られて余計に自傷行為をしたりしてしまい，子どもの援助希求行動を阻害

することになりかねない。「切りたくなったらその気持ちを話しに来なさい。切ったときには，後でもいいので話しにいらっしゃい」といった提案をして，大切にされているという感覚をもたせ，自尊感情を育てていくことが，結果的にリストカットを抑止する力となることが多い。自傷行為をする前後の記憶がない，摂食障害，薬物乱用，うつ，統合失調症など他の疾患が併発している，性的虐待を受けていた，家族背景が複雑であるなどのケースも相当数見受けられるため，学校や心療内科，精神科，教育相談センター等との連携を検討しながら対処していくことが求められることが少なくない。

⑥　性別違和

「性同一性障害者の性別の取扱いの特例に関する法律」が成立した2003年 7 月当時，性同一性障害の人は，諸外国の統計等から推測して男性は 3 万人に 1 人，女性は10万人に 1 人の割合で存在するとされてきた（針間，2003）。しかし，池田（2013）は日本では約2,800人に 1 人程度の人が性同一性障害者ではないかと推計しており，決して少なくないと指摘している。また，文部科学省（2014）では，本人または保護者が性同一性障害であると認識して学校に相談している児童・生徒が，全国の小中高校，特別支援学校などに少なくとも606人いることを明らかにしている。ただし，児童・生徒や保護者が公表を望まない場合は回答をしないことにしており，性同一性障害で悩んでいる子どもの実数は文部科学省の調査よりはるかに多いと考えられる。近年，自分を「男ではないと思うが，女でもない」「女ではないが，男でもない」といったように，自分の性別が男女いずれにも違和感がある「Xジェンダー」と呼ばれている人が100人に 2 ～ 3 人程度いるのではないかと考えられており，性同一性障害ではなく，**性別違和**と言われるようになっている。

　性別違和の原因はまだ十分に解明されていないが，男女の脳の違いが明らかになるにつれて，「身体的性別とは一致しない性別への脳の性分化」説が有力である。具体的には，脳の「分界条床核」（脳の視床下部の上にある部位）と「間質核の第 1 核」が人の性同一性（性の自己意識・自己認知）に関連していると考えられており，一般的には「分界条床核」と「間質核の第 1 核」は男性の

方が女性よりも大きいが，性別違和の人は，なんらかの原因で生得的に，身体的性別と性同一性に関わる脳の「分界条床核」や「間質核の第1核」の大きさが一致しない状態で生まれてきているとされている。

このように性別違和は脳に起因する生得性があると考えられており，「性別違和の人がいるのが当然」という基本認識をもつ必要がある。臨床発達心理の専門家は，どんな問題で困っているのか（名簿などでの男女欄，呼称，トイレの使用，異性装など）を整理しながら聴き取り，学校内で可能な対応措置を探る必要がある。また，必要に応じて，悩みの相談に応じることができる性別違和に詳しい心理士や専門医を紹介することが求められる。一般に治療は，「性同一性障害に関する診断と治療のガイドライン」（日本精神神経学会）に沿って行われ，精神科による確定診断（染色体やホルモン，内性器，外性器の検査など）の後，精神療法，ホルモン療法，外科的手術が必要に応じ行われる。

⑦　薬の過剰使用（オーバードース）

1回あたりの規定量を超え，生きていくうえで必要となる身体機能を健常に保つことができないほど多量に薬を服用してしまうことを「**オーバードース**（以下，OD）」（「**薬の過剰使用**」「**過量服薬**」）と呼んでいる。薬としては，多くの場合，市販薬であれば咳止めや鎮痛剤，風邪薬など，処方薬であれば向精神薬や睡眠導入剤，精神安定剤などが用いられる。ODにより出現する症状としては，強い眠気，脱力，一時的な記憶喪失（解離），頭痛・めまい・耳鳴り・嘔吐・頻脈・発汗・血圧や体温の上昇などの身体症状がある。また，繰り返しODを行うことにより，肝臓や腎臓など内臓の機能が低下してしまうこともある。

ODに対しては応急処置が必要になるケースが多々ある。応急処置としては，ODをした子どもに意識があるか，飲んだものが市販薬や処方薬であるかどうかで対応が分かれる。飲んだものが市販薬・処方薬で，本人に意識がある場合には吐かせるのが効果的であり，まずは血中の薬物濃度を低下させることが必要になってくる。水や塩水を数杯飲ませてから吐かせ，その後，体温が下がらないように保温して医療機関で処置を受けるようにする。医療機関に行く際は，

薬の空容器，説明書，残っている薬など，参考になりそうなものがあれば，一緒に持っていくようにさせる。薬以外のもの（農薬や漂白剤，洗剤，タバコなど），あるいは飲んでいるものが不明のときは吐かせず，早急に医療機関に行かせる。対応に迷う場合には，（公財）日本中毒情報センター「中毒110番」（大阪中毒110番〔365日24時間対応：072-727-2499〕，つくば中毒110番〔365日 9 時～21時対応：029-852-9999〕）で情報提供を求めるようにする。

　ODをする人の大半は，「薬をたくさん飲んですべてを忘れたい」「楽になりたい」といった強い衝動にかられて大量服薬をしている。しかし，この衝動は長くは続かず，せいぜい10分程度でおさまるため，この10分程度を乗り越えることができるとODをする可能性は一気に低下する。ただし，単に我慢を強いても衝動を抑えることは容易なことではなく，強い衝動を抑えるのに有効な方法は友達や先生と話をすることであり，子どもには「つらくなったら，友達や先生に「話を聴いてほしい」と言うように」といった指導が求められる。共感的理解に基づき話を聴く中で，ODの背景を探りつつ，子どもと「同行（どうぎょう）」していくことがODへの対応として必要になる。また，ちょっとした工夫でODを防ぎやすくすることも可能になる。工夫の 1 つ目としては，薬を保護者に管理してもらい，薬は空容器と引き換えに 1 回の服用分しか本人には渡さないようにするというものである。保護者が薬を管理することで，大量服用を防止しやすくなる。第 2 の工夫は，錠剤を粉末にすることである。粉末であれば一気に飲むことが困難になるうえに，服用に水が必要になるためODをしづらくなる。第 3 の工夫は，医療機関への受診間隔を短くすることである。受診の機会を増やし，薬の処方量を少なくしてもらうようにする。第 4 の工夫は，子どもにストレスを解消できる方法（運動や趣味，呼吸法など）を考えさせ，実行させることである。ストレスの低下によりODは減少しやすくなる。

（3）関連する法案と支援との関係

　特別に支援が必要とされる子どもへの教育に対しては，2007年に「学校教育法」が改正され，すべての学校で特別支援教育に取り組むようになっている。2013年には「障害を理由とする差別の解消の推進に関する法律」（いわゆる「障

害者差別解消法」）が制定，2016年4月1日に施行され，障害の有無によって分け隔てられることなく，相互に尊重し合いながら共生する社会の実現に向けての施策が進められている。発達障害についても2004年12月に発達障害者支援法が成立し，ほぼ10年が経過した2016年5月25日に改正発達障害者支援法が参院本会議で可決，同年8月1日から施行され，発達障害者の支援の一層の充実を図るため，関連する法律が全般にわたって改正された（「発達障害」の定義として，発達障害者支援法では「自閉症，アスペルガー症候群その他の広汎性発達障害，学習障害，注意欠陥多動性障害その他これに類する脳機能の障害であってその症状が通常低年齢において発現するものとして政令で定めるものをいう」〔下線，筆者〕としており，学術的な発達障害と行政政策上の発達障害とが一致していないことも認識しておく必要がある）。この改正発達障害者支援法においては，発達障害および「社会的障壁」により日常生活や社会生活に制限を受けている発達障害者に対して，日常生活や社会生活を営むうえでの支援を行うことが法的に規定されている。ここでの「社会的障壁」とは，「発達障害がある者にとって日常生活・社会生活を営む上で障壁となるような社会における事物，制度，慣行，観念その他一切のもの」であり，この「社会的障壁」を除去していくことが改正発達障害者支援法の基本理念の1つとなっている。

　発達障害者支援法の改正のポイントは，大きく分けると，次の3つにまとめられる。

　①乳幼児期から高齢期までのライフステージを通じた切れ目のない支援：教育，医療，福祉，就労等の各分野の関係機関が相互に密接に連携して，一人ひとりの発達障害者に「切れ目のない」支援を実施していく。

　②教育支援，就労支援，手続司法における配慮，家族支援などを含むきめ細かな支援：教育支援とは，発達障害の子どもが発達障害でない子どもとともに教育を受けられるよう配慮するとともに，学校が個々の発達障害児の教育支援計画・指導計画を作成したり，いじめへの防止対策を強化したり，福祉関係機関等との情報共有や連携を推進したりすることである。就労支援とは，国や都道府県が就労機会の確保や職場での定着を促進する支援を行うことである。また，事業主に対して，発達障害者の特性に応じた雇用の機会の確保を求めてい

第Ⅱ部　生涯発達における臨床発達支援

る。司法手続きにおける配慮とは，司法手続きで発達障害者の特性に配慮した意思疎通の手段の確保等を求めるものである。家族支援とは，家族その他の関係者に対して情報提供，家族が互いに支え合うための活動の支援等を行うことを指している。

　③地域の身近な場所で受けられる支援：都道府県・指定都市は発達障害者支援地域協議会（仮称）を設置し，地域の関係者が課題を共有して連携し，地域における支援体制を構築するとともに，発達障害者支援センターを増設し，可能な限り身近な場所で，必要な支援が受けられるように配慮する。

　また，改正発達障害者支援法では付帯決議として，①発達障害者やその家族に対する心のケアも含めた相談・助言体制の構築，②学校の教職員への発達障害に関する研修の実施，③発達障害者の就労の確保・職場定着のための相談・助言体制の充実，④産業保健スタッフと学校保健スタッフとの連携・協力，⑤発達障害者の多くが障害者手帳を所持していないことによる障害者手帳のあり方の検討，⑥発達障害の定義の見直しを含む発達障害の原因究明・診断・支援の方法等に関する調査研究の加速・深化，が含まれており，臨床発達心理士もこれらの諸活動に貢献することが期待されている。

　「いじめ」への対応は，2013年6月28日に公布，同年9月28日に施行された「いじめ防止対策推進法」に基づくことが求められる。いじめ防止対策推進法では学校に「いじめ防止等の対策のための組織」を置くことが義務づけられており，この「いじめ防止等の対策のための組織」では「いじめの通報窓口」「いじめの認知」「基本方針に基づく取組の実施や具体的年間計画の作成・実行・検証・修正の中核的役割」「いじめの緊急対応の母体」を行うことになっている。一般に学校は，被害発生を防止ないし軽減すべき適切な対策を行わなければならないという作為義務（安全義務）を負っており，「いじめ」への対処もこの安全義務に含まれている。「いじめ」により被害の発生を予見することが可能であったかどうか（予見可能性）を念頭に置き，対処することが求められる。

　性別違和に対しては，法的な性別が基本的には生物学的性別で決められるのに対して，例外として「性同一性障害者」で要件を満たす者については他の性

210

別に変わったものとみなすこととする「性同一性障害者の性別の取扱いの特例に関する法律」(2003年7月成立，2004年7月施行) を踏まえたうえで，対応していくことが必要である。

(田原俊司)

3　方　法──学校コンサルテーション

(1) 学校コンサルテーションの目的と専門家の役割

　近年，**特別支援教育巡回相談**（以下，**巡回相談**）が広がりを見せている。これは，発達障害など特別な発達的・教育的ニーズのある児童生徒に関して，専門家が学校を訪問し，教師等に向けて行う専門的支援の1つである。文部科学省は，巡回相談の目的を「児童生徒一人一人のニーズを把握し，児童生徒が必要とする支援の方法と内容を明らかにするために，担任，特別支援教育コーディネーター，保護者など児童生徒の支援を実施する者の相談を受け，助言すること」としている（文部科学省，2010）。現今の特別支援教育の制度では，こうした専門的支援は各自治体の巡回相談員によって担われ，特別支援学校のセンター的機能の一環としても広く展開されている。近年の調査は2017年度に，全国の公立小学校の85.7%，公立中学校の73.2%，公立高等学校の50.3%が巡回相談を活用したことを示している（文部科学省，2018）。

　しかし，近年の巡回相談の量的拡大の一方で種々の問題も指摘されている。教育現場で専門家の役割が十分に理解されず，巡回相談が有効活用されない状況や（森・林，2013），教師の専門家に対する受動的傾向（浜谷，2006），そして教師の主体性が十分に発揮されない実態（森，2010）も報告されている。そこで，専門家には単なる指導助言ではなく，教師と学校が実践課題を主体的に解決できるように援助する相談技法が求められる。

　そこで注目されるのが**コンサルテーション**である。以下，コンサルテーションの理論的枠組みを学校教育のフィールドに関連づけて考えてみる。巡回相談を担当する専門家（巡回相談員など）はコンサルタント，現場の教師はコンサ

ルティと位置づけられる。そしてコンサルテーションの目的は，児童生徒（ク
ライエント）の支援に関する諸課題を，コンサルティが"わが校の実践"の中
で解決できるように援助することである。たとえるなら，コンサルテーション
は専門性の"輸出産業"ではなく"現地産業の振興"である（森，2013）。以
下，専門家やコンサルタントおよび巡回相談員を同義の用語として用いる。

　コンサルテーションの第1のキーワードは「相互作用」である。専門家と教
師の対話なくしてコンサルテーションは成立しない。第2のキーワードは「間
接的支援」である。ここでは児童生徒への直接指導ではなく，むしろ教師と学
校のエンパワメントに主眼を置く。もちろん，そのことを通じて，専門家は間
接的に児童生徒や家族の支援に関与している。さらに，コンサルテーションは
スーパーバイズとは異なり，一方が熟練者で他方が未熟練者という図式はとら
ない。つまり，コンサルタントが発達臨床の専門性をもつのと同じように，教
師もまた教育の専門家である。このように，両者の専門性を尊重した「対等な
関係」が重視される。これを第3のキーワードとして挙げたい。

　それでは，コンサルテーションにはいかなる可能性があるのだろうか。1つ
目は教育現場の「実践」に促進的に関与する可能性である。ここでは，教育現
場の「実践の方針の明確化」（浜谷，2006）や「意思決定と問題解決の促進」
（大石，2000）が図られる。もちろん，これらは専門家の一方的な指導で実現す
るものではなく，森・細渕（2014）は両者の知的相互作用の重要性を指摘する。
そして第2点目は「組織」にアプローチする可能性である。つまり，コンサル
タントは学校組織の支援体制の強化，教師集団の問題解決力の開発にも関与す
る。この点に関し，森（2014）は巡回相談のカンファレンスへの継続的関与を
通じ，高等学校の教師集団による実践上の組織的・自立的な問題解決に寄与し
たことを報告している。さらに第3点目は「ネットワーク」の形成に促進的に
関与する可能性である。巡回相談員の活動は，学校に「外部機関との連携強
化」（浜谷，2006）をもたらす。また，藤崎ら（2000）は，専門家が「サポート
システム形成の媒介機能」を果たすことを報告している。さらに佐藤（1998）
は，「障害をもつ子どもたちが地域社会で必要な療育サービスを受けることが
可能な体制づくり」につながる可能性を示した。

（2）学校コンサルテーションにおける教師理解の観点

　前述のように学校コンサルテーションは重層的な構造をもつため，アセスメントにも様々な観点がある。対象生徒や周囲の人的・物的環境，教師と学校組織，そして地域資源の実態や機能状態等，多角的な視点が必要とされるが，ここでは紙面の都合上，専門家が教師による主体的実践を促進するための方略を選択・計画するうえで不可欠な，教師理解の観点に絞って解説したい。

①　教師は専門家をどう見ているか

　相談票や聴取を通じて，専門家に対する相談主訴を明らかにする。つまり，教師がどのような課題意識をもち，専門家にいかなる関与を求めているかを知るのである。その際，是非教師が専門家を"どう見ているか"に着眼したい。たとえば，巡回相談員をすぐに役立つ支援のハウツーを"教えてくれる人"と見ているのか，それとも課題解決に"ともに向かい合うパートナー"ととらえているのか。教師や学校と自立的で協働的な関係を目指すなら，専門家は是非ともこうした観点をもちたいものである。

②　教師は生徒の困難をどう理解しているか

　教師は生徒をどう見ているのだろうか。その点にも着目したい。まず1つ目は，教師が生徒のニーズをどうとらえているかである。高等学校では生徒の困難は内在化しやすく気づかれにくいこともある。特別な支援を要する生徒のニーズが，「周りに迷惑はかけてないから……」と見過ごされる場合もある。また失敗体験の蓄積から無力感に陥った生徒の言動が，「なまけてる」と見なされてしまうこともある。また，不安の裏返しとして防衛的に反応する生徒は，教師の目に「生意気」と映り，そこにある支援のニーズが看過される場合もある。そこで専門家には，教師が生徒の抱える困難とニーズに気づき適切に理解するための関与も求められる。

　2点目は，教師が生徒の行動をどう理解しているかである。たとえば，不安を抱えた発達障害の生徒が保健室に足を運ぶ。ある教師は「授業をさぼってい

る」と，またある教師は「気持ちを安定させているのね」と言う。このように，教師間で生徒の理解が異なることは珍しくない。また，障害特性に配慮した実践が行われる一方，「この子は〇〇障害だから……」と，一面的で偏った帰属様式での判断に陥っている場合もある。そこで学校コンサルテーションでは，教師が生徒の示す困難を単に個人の要因に帰するのではなく，自らの教育実践とも関連づけて理解しようとしているかを確認したい。なぜならその志向性の共有が，専門家と教師の協働関係を構築するうえでの基盤となるからだ。

③　教師の実践の効果的側面に着目しているか

　学校コンサルテーションでは，教育現場での実践や支援の実態を知る必要がある。まず，学校側から提出された相談票や教師への聴き取りを通じて情報収集をする。しかしそこでは，ともすると教師が日々感じている“指導の難しさ”が強調されがちである。そこで授業観察を行い，そこで行われている実践を専門家自身の目で確認したい。改善や工夫の余地のある事柄が見つかるかもしれない。だが，忘れてならないのは，教師の実践の“効果的側面”にしっかりと目を向けることである。つまり，「教師の言動，課題や活動内容，物的・人的環境」（森，2015）に着目し，該当生徒の適応や学習を促進している（と考えられる）実践の具体的なサンプル（実例）を記録するのである。これらの記録は後のカンファレンスで，教師と専門家がともに事例検討を進める際の貴重な情報源となる。また，専門家のアドバイスを根拠づけるエビデンスにもなる。

④　教師は取り組みをどう意味づけているのか

　教育現場での発達障害生徒への取り組みは，いわゆる，ハウツー的なものから，計画的・仮説的な水準の実践にまで及ぶ。たとえば「座席」についても，「障害があるので最前列」とシンプルに考える教師もいれば，指導目標に照らし，複数の要因（指示の通りやすさ・非転導につながる刺激との位置関係・友人関係等々）を考慮して決める教師もいる。このように日々の取り組みへの，“意味づけ”の度合いや水準は様々である。そして，学校コンサルテーションでは専門家との対話を通じて，教師が自らの実践の“意味づけ”をより深く行うよ

うになることが期待される。

　また，教育現場で"当たり前"に行われている日々の営みには，専門家が見て発達支援上の重要な意味をもつものが多数見つかるはずだ。しかしそれは，教師が経験的・習慣的に体得した場合もあれば，明確な根拠や意図に基づく場合もある。そして後者のように，実践の根拠や意味に関して自覚的になり，意識することは，教師の課題解決力の向上につながる。そこでカンファレンスの場で，「今日の授業で，先生がＡくんにおっしゃった一言のねらいは？」と問いかけてみよう。こうした専門家の関与が，教師の「経験知を支援仮説に再構成」（森，2015）するプロセスを促進することになる。

⑤　特別支援は教師の仕事にどう位置づいているか

　わが国の学校教育に特別支援教育が導入されてまだ日は浅い。特別支援の理解や意欲について，校内の教師間の「温度差」を指摘する声も多く聞かれる。たとえば，長年の経験と指導技術が通用しない現実に直面し，懐疑的で防衛的な言動を示す教師もいる（例「何でこの子だけ特別扱いする必要があるの？」）。自身の思い描く専門性と特別支援との間に葛藤を抱える教師もいる（例「本当は，私は○○科の教師なのに」）。しかし，多くの教師が「この子を何とかしたい！」と，日々，生徒に真摯に向かい合っていることを忘れてはならない。

　このように特別なニーズのある生徒への"支援の担い手"としての教師の自覚や認識は，必ずしも"一枚岩"ではない。そこで重要な意味をもつのが後述のカンファレンスである。これは校外の専門家や同僚との対話を通じて，教師が多様な生徒理解や職業観に触れる貴重な機会である。この積み重ねが特別支援の認識に関する「リフレーミング」を促す。それは，当初は特別支援の課題を自らの専門性の"外"や"周辺"に置いていた教師が，次第にこの新たな課題を包摂しながら，既有の職業的アイデンティティを拡大し再構成するプロセスである。それは「この子がわかる数学の授業とは？」と，発達障害の生徒も含めて，広く参加の可能性に開かれた教科指導や授業改善に取り組む姿に現れる。今後，わが国の教育現場においてインクルーシブ教育を実現するためには，一人ひとりの教師にこうした課題意識が求められる。

（3）学校コンサルテーションにおけるカンファレンスの進め方と留意点

　学校コンサルテーションは巡回相談等を担当する専門家，訪問校の教師や特別支援教育コーディネーター，スクールカウンセラーなどが関与する「多職種間連携（inter professional work）」である。そして，こうした連携の機会の積み重ねが，特別支援の支援体制の構築と強化につながることが期待される。しかし，単に関係者が同席するだけの形骸的連携は実効性ある特別支援に結実せず，そこには，教師による「実践の言語化」が不可欠である（森ら，2012）。そして，この言語化プロセスを関係者が協働を通じて進める場がカンファレンス（事例検討会や校内研修）である。以下，カンファレンスに臨む専門家に求められる心構えを整理する。

①　教師の主体性と専門性を尊重する

　今日の学校風土に特有の慣習であるが，専門家から学校側への巡回相談は「ご指導」とみなされることが多い。そうなると専門家からの権威的で一方的な伝達に陥りやすく，教師の姿勢も受動的にならざるを得ない。そこで専門家には，カンファレンスにおいて，教師の主体性と専門性を最大限に尊重する配慮が不可欠である。以下，その留意点を整理する。

　1）目的と役割を明確にする：訪問校の教師や巡回相談員などカンファレンスの参加者（以下，参加者）が，話し合いの目的を共有できるように，検討目的の確認と言語化を行いたい（例「今日の検討目的は～です」）。また，より多くの参加者が積極的に関与できるように役割を明確にしたい（司会・課題提起・情報提供・記録等々）。専門家は司会を依頼されることもあるが，これを安易に請け負ってはいけない。というのも，コンサルティが担いうる役割を専門家が代行してしまうことは，本来のコンサルテーションの目的と理念に反するからである。そこで，司会進行は訪問校の特別支援教育コーディネーター等が担い，こうした人材がマネジメントや校内外のコーディネート機能を発揮することを期待したい（日程調整・タイムテーブル・校内周知・資料準備・司会進行・記録等）。

2）教師の課題意識と実践の到達点を問う：実践の主体は教師である。ゆえに専門家は教師の実践上の課題意識を“素通り”してアドバイスをしてはならない。必ず教師の課題意識を問いたい。というのも教師にとって，課題意識を言語化すること自体が重要な課題解決プロセスの一部であるからである。もし学校側から「とりあえず生徒を見てアドバイスを」と要請があったとしても，これに無自覚に応じることは慎みたい。そして，「先生方はこの生徒さんをどう支援したいとお考えですか？」と問いかけてみたい。もう1つ重要なのは，専門家が介入する以前の学校の実践を尊重し知ることである。つまり，特別なニーズのある生徒の支援に関してこれまで教師が進めてきたことの“到達点”の確認である。

3）共同作業としてアセスメントを進める：相談票や授業観察を通じて，対象生徒の生育歴や家庭環境等の背景情報，学校生活での適応状態や対人関係，発達の水準や特性，諸能力のバランス，興味や関心，得意と不得意，人的・物的環境等の理解に努める。しかしこれには当然限界がある。そこでカンファレンスでは，より多くの教師から情報を得たい。その理由は，①中学や高校は教科担当制であり，学級担任が生徒の全体像を把握しているとは限らない，②能力のアンバランスのある生徒は，課題や場面により困難の度合いや様相が異なる場合がある，③行動観察のみでは，生徒の抱える内在化した問題は把握できないからである。このようにアセスメントは決して専門家だけで行うものではない。教師と専門家の両者がともに生徒の立体像を描き出す共同作業である。このことは結果的に，教師にカンファレンスへの主体的・積極的関与の可能性を開くことにもなる。

4）教師の実践に学ぶ態度を示す：専門家は教育現場の実践に“謙虚に学ぶ姿勢”をもちたい。そこで生徒に関する質問はもちろんのこと，学校の日常，各教科の内容や特性，諸行事，学校の特色や理念なども話題にしてみよう。それを聞き流さず，あえて，必要な事項は“相手の眼前”でメモをとりたい。これらの態度によって，教師の専門性と学校文化に対して専門家が抱く積極的な関心と一定の敬意を示すことになる。

第Ⅱ部　生涯発達における臨床発達支援

②　肯定的態度・共感的態度を大切にする

コンサルテーションはカウンセリングとは異なる概念である。しかし，相手が自ら解決方法を探るプロセスを援助する点で双方は共通する。また，学校コンサルテーションを担う専門家は，悩みを抱える教師を心理的に支える役割も果たす。以下，教師と向かい合う際に必要とされるカウンセリングマインドのありようを，カンファレンスでの専門家の態度に関連づけて考えてみたい。

1）教師の仕事への積極的・肯定的関心を示す：専門家が教師とその仕事に「積極的関心」を抱いていることを態度で示そう。そのためには，まず極力，コンサルティである教師を名前で呼ぶようにしたい。そして相手の仕事について質問してみよう。そこでの教師の"語り"の中からエピソードを拾い上げ，カンファレンスでの話題にしたい。エピソードを共有した対話の中で，教師はともに実践を見つめる専門家の眼差しを感じてくれる。これらに加え「いいところ探し」をしたい。つまり授業観察で，教師の実践の効果的側面を見出して伝えたい。ただし，教師が目に見える成果を得ようと焦る気持ちを煽ってはならない。というのも発達障害生徒の支援では「劇的な効果」は，そう容易くは得られないからである。そこで是非とも，日々の地道な努力や試行錯誤にも光を当て，教師に敬意とねぎらいの気持ちを伝えたい。

2）傾聴姿勢と共感的態度を示す：教師の話にしっかりと耳を傾ける姿勢を示そう。たとえば，専門家が教師の言葉をリピートし，それを自らの語りに織り交ぜてもよい。また，巡回相談に先立ち現場から呈された資料を「読み込んでいます！」というアピールもできる（例「そういえば先生，相談票に○○と書かれていましたね」）。こうしたふるまいから，教師は教育現場と向かい合おうとする専門家の誠意を感じてくれることであろう。

　そして共感的態度も必要である。うなずきや表情や視線等，非言語的反応を大切にしたい。言葉の使い方も工夫する。一例として筆者は，"私たち"という人称表現をよく用いている。「あなたの課題ですよ」と「私たちの課題ですね」では，受け取る学校側の印象は大きく違ってくる。これに加え，「一緒に考えましょう」と，"一緒に"という言葉も意図的に用い

218

ている。さらに，自身の語りの中に，感情表現を織り交ぜている（例「Ａくんが無事卒業できて，私も本当にうれしいです」）。このように，カンファレンスに臨む専門家には，自身の言動により自覚的であることが求められる。

③　検討プロセスを大切にし促進する

専門家はすぐに役立つ“ハウツー”を教師から求められることがある。しかしハウツーだけの伝達は，教師の実践に利するところが乏しくリスクもともなう。なぜなら，専門家の助言が断片的・一面的に受け取られ思わぬ誤解や混乱を招いたり，教師の生徒理解が表層的なものにとどまり，実践の応用性や発展性が得にくいからである（森，2010）。そこで，カンファレンスには参加者が“考えるプロセス”が必要とされる。そして，カンファレンスにおいて専門家には，このプロセスを促進する関与も期待される。以下，その方法を整理する。

1）検討の形態・手順を確認する：「今日は黙って専門家の話を聴いていよう」そう決め込んでいた教師が，いざカンファレンスが始まると急に発言を求められる……。こんな状況では生産的な検討は難しい。そこで参加者が，前もってカンファレンスの具体的“イメージ”と“見通し”をもてるように配慮したい。そこで専門家は，訪問校の特別支援教育コーディネーターと，カンファレンスのタイムスケジュールや検討形態と方法等について確認したい。そして，特別支援教育コーディネーターから，事前に参加者に周知されるようにしたい。

2）発問を通じ思考の枠組み・観点を提供する：当然のことだが，教師がもつ生徒の情報量は，校外の専門家のそれをはるかに上回る。そこで専門家はこれらの情報の整理や解釈を進めたり，支援方法の検討に活かすことに本領を発揮したい。その有効な手立ての1つが参加者への「発問」である。これには，①実践の省察の促し（例「今日の授業で，特に工夫されていた事柄は？」），②現象や行動の意味（例「この行動の背景にはＢくんのどんな気持ちが？」），③相互作用（例「Ｃくんがパニックを起こしたとき先生はどうされていましたか？」），④取り組みの意味づけ（例「Ｄさんにとって保健係の

仕事はどんな意味が？」），⑤課題や場面間比較（例「Eくんの得意な課題と
苦手な課題にどんな違いが？」），⑥ユニバーサルデザインの発想（例「Fく
んはもちろん，すべての生徒にも当てはまることは？」）などがある。これら
の「発問」の「観点や枠組み」が参加者の思考を整理し，検討を促進する
ことが期待される。このように，専門家には教師からの「問いに答える」
だけでなく，自らも「問いかける」技術が必要とされていることも忘れて
はならない。

3）帰納的・演繹的な思考の方向付け：ただ発言を促すだけでは，カンファ
レンスの焦点が不明確になり方向性を見失いかねない。そこで専門家は検
討における思考の流れ，特に「収束と発散」「帰納と演繹」を常に意識し
たい（専門家には，自他のメタ認知のモニタリングの能力が求められる）。た
とえば「皆さんGくんのこれらの行動から，どんな大切なことが見えてき
ますか？」等，複数のエピソードから"気づき"に至る思考を参加者に促
してみる（収束的・帰納的）。また，「自己肯定感をもたせてあげたいです
ね。そのために，毎日の授業で何ができますか？」と，キーワードや一定
の方針から具体的な支援方法が導かれるように促してもよい（発散的・演
繹的）。このようにカンファレンスでは，すぐに"模範解答"を出そうと
するのではなく，"途中式"を大切にしたいものである。

④　参加者間の相互作用を活性化させる

　生徒への具体的支援のアイデアが発想される，実りのあるカンファレンスは
専門家のみの奮闘では実現しない。参加者の積極的参加が不可欠である。以下，
参加者の相互作用を活性化させるファシリテーションのポイントを紹介する。

1）チームのミッションの自覚と共有：カンファレンスの参加者には，単な
る"同席者"ではなく"チーム"としての自覚を期待したい。そのために，
話し合いの目的を明確にし，これをチームの"ミッション"としたい（表
7-2-01）。また，一人ひとりが，チームの目的達成のためにいかにふるま
うべきかを自覚し，自らをモニタリングする手立てが必要である。その一
例として森（2014）は，生産的なカンファレンスのために参加者に求めら

表7-2 カンファレンスで参加者に求められる態度・意識

グループ名（　　　　　　　　　）参加者［　　　　　　　　　］	
ねらい	① 教師同士の協働を通じた，チームでの課題解決を実体験する ② 日々の授業や生徒との関わりを見つめ直す ③ 教師と学校のもつ支援力を開発し，教育実践を深める
話し合いを生産的・建設的にするヒント	□01 チームのミッションを自覚・意識する （誰のどのような利益・価値のために話し合うのか？）
	□02 話し合いの目的・生産性を自覚し意識する
	□03 「自分の言葉」でアイディアを素直に語る
	□04 「正解」しか発言できないと，思い込まない
	□05 はじめから「できない・難しい」と結論づけない
	□06 「立場や背景の違い」を傍観や不参加の理由にしない，むしろチャンスとする
	□07 「悪者探し」や，「袋小路」に気をつける
	□08 相手の話を傾聴し，敬意を払い，反応を返す
	□09 いいと思ったら，言葉に出して指摘する
	□10 ユーモアを潤滑油にしよう
	□11 自分（たち）を「変化しうる存在」としてとらえる
	□12 自分（たち）の実践と生徒の姿に答えを見出そうとする
	□13 自分（たち）の課題解決可能性をあきらめない

出所：森，2014より

れる意識や態度の「チェックリスト」（表7-2）を提案し，高等学校の教師間の知的相互作用を活性化させた関与を報告している（ただし，専門家から「チェックリスト」を一方的に押しつけると，かえって教師の主体性を削ぐ恐れがある。こうしたツールを活用する際は，教師の課題意識を踏まえるとともに，事前に内容や形態および実施方法の協議を十分に行いたい）。

2）安心して発言できる雰囲気づくり：カンファレンスでは，安心して発言できる雰囲気が大切である。そして，その雰囲気に自身の言動が大きく影響することを，専門家は忘れてはならない。専門家を"話せる先生だな"と認識してもらうだけで参加者の発言は増える。そこでまず，専門家は相手の目に自分がどう映っているかを気にかけていたい。「権威者」としてふるまうと対等な関係が損なわれ，教師の発言の余地がなくなる。また「批判者」になると，教師の評価不安を高め発言を躊躇させてしまう。次

に「正解しか言えない」という先入観を払拭したい。カンファレンスでの検討はあくまでも"支援仮説"を考えるものであり、自由な発想での発言が歓迎される旨を確認したい（表7-2-04）。そして参加者には"聞き手"としての協力も求めていきたい。参加者が同僚の発言に傾聴し敬意を払い（表7-2-08）、かつ「いいね！」と応答や評価を返してくれるなら話し合いは盛り上がりを見せる（表7-2-09）であろう。また、ユーモアを用いたり、思わず笑みのこぼれる生徒のエピソードを話題にすることで、不思議と前向きな気持ちになれるものである（表7-2-10）。

3）身近な話題や題材を用いる：生徒のエピソードや成果物など、教師にとって"最も身近な情報"をカンファレンスで活用しよう。もちろん、専門家の行った授業観察のフィードバックも行いたい。また、専門家は専門用語の乱用を避け、教師が安心して"自分の言葉"で語れる雰囲気を作りたい（表7-2-03）。これらのことを通じ、教師が学校の日常に課題解決の糸口を探ろうとする志向性を期待したい（表7-2-12）。

4）立場の違いをチャンスにする：「担任でないので」「発達障害生徒の指導経験がないので」と立場や経験の違いを理由に検討に参加せず、傍観にまわる参加者もいる。しかし教科担任制である中学や高等学校では、日頃から複数の教師が"異なる立場"で当該生徒に関わっている体制はメリットやチャンスにもなる（表7-2-06）。たとえば座学で無気力な生徒が、実技科目では強く動機づけられることがある。授業中に孤立感や疎外感を感じる生徒にとって、部活動が所属や承認欲求を充足させてくれる居場所となっていることもある。そこでカンファレンスでは、クラス担任や教科担当、養護教諭や部活顧問など様々な立場の教師から、報告や提案を引き出したい。そこから、より立体的で多面的な生徒理解がもたらされる。

4　高等学校での学校コンサルテーションの実際

　ここでは、前節第3項の「学校コンサルテーションにおけるカンファレンスの進め方と留意点」を踏まえ、コンサルテーションのモデル事例を紹介する。

ここに登場する専門家（巡回相談員）は，①教師の主体性を尊重すべく，冒頭で「カンファレンスの目的確認」を行い，参加者の役割を明らかにしている。また，必ず教師の疑問や課題意識を確認し，これを検討プロセスのスタートラインに置いている。②教師からの報告や提案に肯定的な反応を返し，さらに自身の専門的観点から，教育現場の実践の中に発達支援の意義や機能を見出し積極的に伝えている。③一方的な指導ではなく，対話を通じて対象生徒の支援方法が導かれるプロセスを促そうとしている。そのために，「検討方法」や「生徒理解や発達支援」に関する「観点や枠組み」を適宜提案している。④様々な教科の教師からの報告を求め，話し合いを活性化させている。このことを通じて，対象生徒理解のための多面的な「情報収集と共有」を進めている。⑤上記①〜④を通じ，特別支援教育に関わる，教師の主体的な課題解決の"促進者"，さらには，支援体制を構築・強化する媒介者たる役割を担おうとしている。以下，上記の諸点を踏まえて，カンファレンスでの検討プロセスを示す（なお，本事例は読者の理解の一助とするために構成された架空事例である。実在する生徒や教師および学校について記述したものではない）。

（1）事業概要

　X県の特別支援教育体制整備事業に基づき，県教育委員会より派遣された専門家（巡回相談員・臨床発達心理士）が高等学校にて巡回相談を行った。事前に高等学校が提出した相談票に基づき授業観察が実施され，放課後に校内委員会を兼ねたカンファレンスが開催された（後述）。この場で，発達障害を有する生徒（Mくん）の支援方法が協議・検討された。カンファレンスの構成員は，巡回相談員（以下，巡回），同校の特別支援教育コーディネーター（以下，特支Co），担任教諭，各教科の担当教諭，養護教諭およびスクールカウンセラー（以下，SC）である。ここでの検討結果をもとに，後日同校の特支Coと担任により個別の指導計画が作成された（表7-3）。

（2）生徒概要

　1）事例生徒：Mくん（高校1年生・男子），自閉症スペクトラム障害

第Ⅱ部　生涯発達における臨床発達支援

表7-3　個別の指導計画（仮想事例Mくん）一部抜粋

20XX年〇月〇日記入

生徒名　〇　〇〇君　　男・女 　　　　　平成〇〇年〇月〇日生	○○県立△△高等学校1-A組	記入者　〇〇　〇〇教諭

目　　標	支援の手立て
1．他者の気持ちや，場面・状況を理解して行動する	① 「当たり前」のこともあえて言葉で伝える（「暗黙のルール」） ② 集団で共有されるテーマや文脈について，確認の言葉かけを行う（「今は○○するときだよね」「今，皆は△△について話し合っているんだね」） ③ 教師や他生徒の心情や意図及び期待等を言葉にする（「気持ちの通訳」） 　（※注意：否定的な面のみの指摘に偏らず，肯定的な面も伝える） ④ 状況・文脈・他者の内面への気づきと言語化を促す（「先生が言いたいことわかる？」「今，君に期待されていることは？」） ⑤ 対人関係の"思い込み"による偏った認知の修正（教師と自他の意図・状況や文脈・原因帰属の確認）と用いるべきソーシャルスキルの確認 ⑥ 他生徒との"適切な距離"の学習（特に女子）（「大きなボールがあるつもりでね」「腕一本分以内は近すぎ」）
2．学校に自分の役割と居場所を見つける	⑦ 集団活動や諸行事で本人が「役割」を見つけることの援助 ⑧ 適切な方法で他者の注目・承認を得る機会。他者の期待に応える機会を用意する（成功体験の確保） ⑨ 得意なことで活躍する機会（授業での発表，歴史部のポスター等） ⑩ 上記⑨では本人の経験・能力，興味・関心，難易度や成功・失敗の可能性，自己決定性及び教師や他生徒の評価や期待を考慮 ⑪ 本人と他生徒が興味を共有した"仲間関係"の形成を橋渡し（歴史部の活動，ボランティア活動等）
3．他者との関わりの中で自己理解を深める	⑫ 本人の自尊感情に配慮した支援を行う（他生徒の目に不自然な特別扱いに映らないように留意） ⑬ 本人が自身の言動の評価を，他生徒や教師の目を通じて知る機会 ⑭ 上記⑬では，必ず肯定的な面にも着目する（周囲が"やめてよ"と思っていることも"流石だな"と思っていることも） ⑮ 本人が思い描く"自分"と，他者の目から見た"自分"を対比して考える機会 ⑯ 上記⑮により現実的な自己理解を促し，進路指導に活かす（大学進学・職業選択） ⑰ 本人が自らの苦手や不得意を知り，自発的に教師の援助や相談を求めるよう促す（「よく先生に相談してくれたね」） ⑱ 上記⑰により本人が自分の苦手や不得意を知り，それを補完するスキルを獲得できるように促す

【備考】※　△△大学付属病院（□□医師）
　　　　※　○○県特別支援教育巡回相談　〇〇〇相談員（20XX年　□月□日実施，次回，□月□日予定）

（ASD）（中学校3年時に本人に告知されている）

2）学校での様子（教師による相談票の記述内容の要約）

対人関係等：学級内で孤立しがちである。生徒よりも教師に話しかけることが多い。人との距離感がつかめず，至近距離で女子に話しかけ嫌がられる。また，悪気はない"余計なひと言"を口にして，他生徒を怒らせることがある。教師や他生徒から何か指摘を受けると，過剰なまでに，時には攻撃的に反応する。一方，律儀な面もあり，他生徒が掃除をさぼっても本人は真面目にやる。現在，歴史部に所属している。

学習状況等：博識で知識が豊富である。得意科目は歴史。戦国大名や，鉄道，軍艦や航空機などに強い関心をもつ。試験の点数は高いが科目により興味や学習態度にムラがある。提出物を出さないことがある。体育は苦手で動きがぎこちない。一方で手先が器用で，緻密なイラストを描く。出席状況に関しては，1学期は皆勤。ただし夏休み明けから「学校は無意味だ」と登校をしぶりはじめている。

3）教師の相談主訴

・教師はMくんの行動をどう理解し，どのような支援をすべきか？

・どうしたら彼が，学校生活で良好な人間関係を築くことができるのか？

・今後不登校や退学を防止する手立ては？

（3）検討1　何か言われるとなぜ大騒ぎするのか？
──エピソードの意味を多角的に検討

1）　カンファレンスの目的の確認

巡回：「今日，私たちがここに集まった目的は，Mくんを理解し，彼の発達を応援する具体的方法を皆で考え，発見することです。その目的達成の鍵は，皆さん一人ひとりのもつ情報やお考えをしっかり言葉にすることです。もちろん，お立場やご経験を問わず，すべての方が自由に発言できます。ご協力，よろしくお願いいたします」。

2）　教師の課題意識の確認

特支 Co：「日頃は穏やかなMくんですが，豹変することがあります。人から

何か言われると過剰に反応し，時には暴言を吐きます。私達教師は，そんな彼とどう関わっていけばよいのでしょうか？」

3）　検討方法の提案

巡回：「そうですか，先生方はMくんとしっかり向かい合い，彼のより良い人間関係の構築を願っているのですね。それでは"過剰な反応"の背景や意味を様々な角度から考えましょう。このことを通じて，一緒に彼への支援のヒントを探してみましょう。似たようなエピソードがあれば，もっと教えてください」。

4）　情報収集と共有

教師A（理科）：「授業でテストを返却したときの出来事です。Mくんは隣の女子の答案を急に覗きこみ，「僕は95点」と自慢していました。さらに「なんだ，そんな問題を間違えたの。そこはね……」と，頼まれてもいないのに大きな声で解説を始めたのです。その女子生徒はしばらく我慢して黙っていましたが，彼があまりにしつこいので「M最低！」と言い放ちました。すると彼は「親切で教えてあげたのに！」とキレていました。

教師B（数学）：「授業で私が雑談したときの話です。高校時代の憧れの先輩の話をしたら，生徒たちは喜んでいました。もちろんすぐに本題に戻りました。期末テストも近いので，生徒たちはすぐに気持ちを切り替え，静かに授業を受けていました。ところが授業の終盤に，Mくんが「先生，先輩に告白しましたか？」と出し抜けに言い出したのです。ふいを突かれた私は「いつまで調子に乗ってるの！」と一喝。すると彼は表情を豹変させ「先生は偽善者だ！」と睨んできました。そして「どうせ僕なんか」と呟きました」。

巡回：「今日私はB先生（数学）の授業を参観しました。こんなエピソードがありました。Mくんは口に指を突っ込んで歯をいじっていました。するとその手がスッと伸び「貸して」と言うやいなや，隣の女子生徒の消しゴムを拝借したんです。彼女は「アッ」と言いましたが，溜息をついてから「その消しゴムあげる」と一言。彼は「ありがとう」と言っていました」。

5）　生徒理解と発達支援の観点の提案

巡回：「他生徒のテストの間違いを口外したり，汚い手で消しゴムを拝借する

Mくんは，相手の“気持ちの読み取り”が苦手なようです。そして大多数の生徒は，テストの点数自慢は周囲を不快にすることを知っていますが，彼はその“暗黙のルール”に気づけません。また，授業中の話題や雰囲気の切り替わりに気づけない，彼の場違いな質問の背景には“文脈や状況理解”の弱さが想定されます。つまり，大多数の生徒がごく自然に自動的・直観的にできること（社会的認知）が，彼はとても苦手である可能性があります。そのため，自ら起こした行動の結果として周囲から受け取る否定的なフィードバック（非難・叱責等）は，時に彼の予想を超えたものとなります。誰かに“何かを言われた”ときの精神的動揺や過剰な反応は，こう理解できるかもしれません。

ところでA先生とB先生からご報告いただいたエピソードには共通点があります。それは，Mくんの言動の根底に，まわりの生徒や教師からの注目や関わりを求める欲求があることです。しかし残念ながら，その気持ちは適切に表現できていません。その結果，“注目を求める程，否定される”という悪循環に陥り，二次的問題が生じます。つまり，自己評価の低下，自他への否定的感情や偏った認知などです。「どうせ僕なんか……」と呟いた一言は，そうした彼の内面の変化と関連している可能性があります」。

6）　支援方法の発想・提案の促し――日頃のコミュニケーションの工夫

巡回：「それでは，こうしたMくんの内面や行動の背景理解を踏まえ，先生方の明日からの教育実践で無理なく“実行・継続”できそうな具体的な支援方法を，一緒に考えましょう。いろいろとアイデアをリストアップしてください。もちろん，そのアイデアのいくつかは，後ほど個別の指導計画の記載内容に是非，盛り込んでください」。

教師B（数学）：「そうですか，Mくんは人の気持ちや状況，そして文脈の理解が苦手なのですね。私が彼に“伝えたいこと”と実際に“伝わること”は，実は同じとは限らない。そのことに気づかされました。私は今まで“もう高校生だからわかって当然”と思っていました。これからは，そうした発想ではなく，“当たり前”のことでもあえてていねいに“言葉で伝える”よう配慮してみます（表7-3-①）」。

巡回：「それではB先生，もし，先ほどのご報告のような場面に再び遭遇することがあったら，今度は，Mくんにどんな言葉をかけてあげますか？」

教師B（数学）：「はい。教師の話が雑談から真面目な話に切り替わるときに，「はい雑談は終わり。黒板に注目！」と言います。それから，彼の場違いな発言には，「今は○○をするときだよ」と，叱るのではなく冷静に伝えてあげたいですね（表7-3-②）」。

巡回：「いいですね。是非やってみてください。それはたとえるなら，人の気持ちや状況・文脈を"通訳"することですね。また「今，先生が何を言いたいかわかる？」と話し手の気持ちについて，彼に気づきや言語化を促す言葉かけも試してみる価値はありそうです（表7-3-③④）」。

教師A（理科）：「私は「親切で教えてあげたのに！」というMくんの一言がとても気になります。日頃から"勘違い"や"思い込み"が多いのです。これは放置できません。Mくんと教師で，しっかり"振り返り"をする時間が必要ではないでしょうか？　先生はどう思いますか？」

巡回：「それは非常に大切なことですね。特にトラブル後の"振り返り"では，対話を通じ他生徒の意図や心情，状況や文脈理解，因果関係や原因帰属，解決や対処のためのスキルなどを確認しておくと良いでしょう（表7-3-⑤）」。

（4）検討2　場面の違いでどうしてこんなに違うのか？
──場面・課題間の比較検討

1）　教師の課題意識の確認

特支Co：「さっきの話（検討1）のように，Mくんは対人関係が苦手です。でも一方で博識な面もあり，時折，周囲の生徒たちを感心させています。でも，その"ギャップ"ゆえに誤解されやすく孤立しがちです。彼がちゃんと学校に自分の居場所を見つけることができればいいのですが……」。

2）　検討方法の提案

巡回：「ありがとうございます。"ギャップ"という大切なキーワードをご指摘頂きましたね。先生方はMくんの発達や能力のアンバランスさに着目し，それが彼の生きづらさにつながっていることに気づかれていますね。それでは

ここでの話し合いでは，彼の"得意と不得意"の双方に目を向けてみましょう。その比較検討を通じて具体的な支援のヒントが発見できるかもしれません。日頃の彼の姿に着目し"うまくやっている姿"と"うまくやれていない姿"の双方を，場面や課題ごとに教えてください」。

3）　情報収集と共有

教師C（国語）：「先日の授業中，私が「もう覚えた人？」と古文の暗誦をする生徒を募ったら，彼が皆の前で暗記した古文を披露してくれました。彼はこういうの大好きですよ。でも別の授業で「グループで"自由に"話し合って感想をまとめなさい」と私が指示を出したところ，彼は自分の言いたいことだけ一方的に発言して，あとは沈黙していました。それから，自由時間は独りでいることが多いです。図書室でよく見かけますよ」。

巡回：「今日，C先生の授業（国語）も参観しました。先生は，Mくんに，さりげなく発言や発表の機会を与えていましたね。そこでの彼はとても意欲的で，いきいきしていました。こうしたご配慮は，彼の参加や適応を促進していると思います。それでは皆さん，ほかにエピソードはありますか？」

教師D（体育）：「そうそう，Mはとても律儀で，掃除をとても真面目にやってくれるね。ところで先月，自分が引率して，近所の保育所に職場体験に行ったとき，Mはしばらくボーッと突っ立っていたね。私が見かねて，「おい何か絵本を読んでみろ」と促したら，電車の絵本を選んで読みはじめたんだよ。しかも駅のアナウンスや，「ガタン」とか「プシューッ」とかマニアックな効果音つきでね。そしたら園児は大喜びだったよ。Mもとてもうれしそうだったな。帰り際に「先生楽しかったです」と言ってましたね」。

4）　生徒理解と発達支援の枠組みの提案

巡回：「ありがとうございます。とても示唆に富むご報告ですね。それではここでエピソードを整理させてください。どうやらMくんにとって，"自由"には他生徒とは異なる難しさがともなうようです。たとえば，Mくんは発表や暗誦，掃除もうまくやっています。一方，自由時間や自由な話し合いが苦手です。つまり，枠組みや構造が明確な状況や場面に比べ，複雑で流動的な状況で適応上の困難を抱えやすいのです。だからこそ学校生活での「わかり

第Ⅱ部　生涯発達における臨床発達支援

やすい枠組み」，つまり「役割と出番」が必要です。ここで彼は，見通しを
もって判断・行動し，他者からの期待に応え承認を得て，自信をもつことが
できます。ですから，先ほどのご報告のように"発表"や"絵本読み"で，
彼に様々なチャンスを与えてくれる先生方は，すでに彼のニーズの本質を突
いた支援を実行していたのではないでしょうか」。

　5）　支援方法の発想・提案の促し――学校生活に居場所と役割を見つける支援

巡回：「それでは，今私から提案させていただいたキーワード「役割と出番」
　　に関連して，明日からの教育実践で実行・継続できそうなアイデアをリスト
　　アップしていきましょう。どんな場面で何ができそうですか？」。

教師D（体育）：「「絵本を読んでやれ」という自分の一言に，そんな大事な意
　　味があったなんて，その時は深く考えてなかったな。今度，校外の奉仕活動
　　があるので，またMを誘おうと思います。今度はもっと意識して，彼が役割
　　をもてるように見守り，必要なら助け舟を出してやります（表7-3-⑦）」。

教師A（理科）：「同感です。先ほどの話題では（検討1），彼には"注目を求め
　　る気持ち"があるとのことですが，"役割"があると人から認められ，その
　　気持ちも満たしてあげられますね。私の授業でも発言の機会を用意して，彼
　　にスポットライトが当たる場面を作ってみたいと思います（表7-3-⑧）」。

教師E（担任・部活顧問）：「彼は休み時間，独りで緻密なイラストを描いてい
　　ることがあります。結構上手ですよ。その特技を活かせないかな。そうだ，
　　歴史部の部員勧誘ポスターを書く仕事を彼に頼んでみましょう（表7-3-⑨）」。

特支Co：「素晴らしいアイデアが出ましたね。Mくんの個別の指導計画に盛
　　り込んで，学校全体で取り組んでいきたいですね」。

教師C（国語）：「先生方の提案に賛成です。でも正直なところ，ちょっと気に
　　なることもあります。いつもMくんだけを"特別扱い"するようで……，こ
　　れを周りの生徒はどう見るでしょうか（表7-3-⑫）。それに興味のムラの多
　　い子です。教師が一方的に仕事を押しつけても，最後までやり遂げるかどう
　　か……。結果としてクラスの生徒たちの前に失敗した姿をさらし，彼の自己
　　肯定感を下げることにならないでしょうか」。

巡回：「C先生がご指摘になったことは本当に大切ですね。ここで，Mくんへ

の支援が他生徒の目に過剰な"特別扱い"と映らないためのヒントを1つ紹介します。それは，Mくんと学級全体のニーズの最大公約数に着目することです。"役割と出番"が必要なのは決して彼だけではないはずです。生徒一人ひとりに「舞台」と「スポットライト」がある。そんな授業づくりの中で，Mくんへの支援はより自然に見えることでしょう。こうした発想を今後も是非，授業研究に活かして下さい。ここはまさに，先生方の専門分野ですね。

　次に，役割を与える際の留意点として，以下の諸点を提案させていただきます。①能力や経験，②興味・関心，③難易度や成功・失敗の可能性，④自己決定性，⑤学校生活の文脈性，⑥周囲の評価や期待等を考慮しましょう。さらに先生と対話しながら，本人が自ら考える機会も大切です。Mくんが教師や他生徒の評価や期待を知り，自身の役割を見つけるプロセスには，彼の自己理解の支援としての大切な意味もあるのです（表7-3-⑩⑮）」。

（5）検討3　アイデンティティの支援とは？──青年期の発達課題から

　1）　課題意識の確認

教師F（音楽）：「先日こんなことがあったんです。合唱でパート変更がありました。それをうまく飲み込めないMくんは，音楽室でオロオロしはじめました。すると親切な女子生徒が見かねて，「しょうがないわねぇ」と，彼の袖を引っ張って立ち位置まで連れていきました。ところがMくんは彼女に礼を言うどころか，「僕を障害者扱いするな！」と大激怒したんです。こんな彼をどう理解し，今後どう支援したら良いのでしょうか？」

　2）　検討方法の提案

巡回：「ご報告ありがとうございます。注目すべきエピソードですね。「僕を障害者扱いするな！」という言葉の背景には，Mくんのどんな気持ちがあるのか。それを考えながら支援方法を見つけていきましょう。皆さんのお考えをお聞かせください。一緒に考えましょう」。

　3）　情報や発想の共有

SC：「彼が障害を告知されたのは，つい最近，中3のときなんです。まだ，このことを受け入れられなくて当然ですよ。でも彼は，自分が"周りと何かが

第Ⅱ部　生涯発達における臨床発達支援

違う”ことには気づき，違和感を抱いていることは確かだと思います。今の
Mくんは“いったい僕は何者なのか？”がわからず，混乱しているのだと思
います。その苦悩を理解してあげたいですね」。

　4）　生徒理解と発達支援の枠組みの提案

巡回：「重要なご指摘ですね。障害の有無にかかわらず，**アイデンティティの
確立**は若者の重要な発達課題です。ただし，“自分探し”は“自分独り”で
はできません。自己に眼を向け，かつ他者と関わりながら自己を形成するの
です。ここで，他者は自己理解の“鏡”のようなものです。ところがMくん
は，他者理解が苦手で，他者を“鏡”にした自己理解も苦手です。さらにこ
の自己形成には仲間関係での“居場所”が必要です。しかしMくんは，他者
から承認され自己の存在を実感できる“居場所”を見出せずにいます。この
ように，Mくんの障害受容を自己理解や自己形成の支援なくして考えること
はできないのです」。

　5）　具体的な支援方法のリストアップ —— 他者理解と自己理解の支援

教師A（理科）：「他者を“鏡”にして自分を知ることが苦手なら，他の生徒や
われわれ教師がMくんをどう見ているかを，彼にハッキリ伝える必要がある
と思いますよ。周囲からの評価と彼の自己評価にギャップがあるのなら，そ
こを自覚させ，認めさせる指導が必要なんじゃないかな（表7-3-⑬）」。

教師G（養護）：「確かにそうだと思います。でもね，よく考えれば，それは彼
にとっては非常につらいことなんでしょうね。周囲の生徒のネガティブな気
持ちばかりを強調して伝えると，「実はお前，嫌われているぞ」と宣告する
ようで，何だかかわいそうです」。

教師A（理科）：「なるほどねえ，自己理解は時に残酷だね。それじゃあ，こう
したらどうですか。周囲の生徒が“改めてほしい”と思っている点だけでは
なく，“さすが，Mくんだな”と感心していることも，両方，本人に伝えて
あげればいいんですよ（表7-3-⑭）」。

巡回：「私もそう思います。今のお話を整理すると，Mくんに他者理解と自己
理解の機会を提供する際，必ず，肯定的側面にも着目する必要があるという
ことですね（表7-3-⑭）。本人が自分の“得意”と“苦手”の双方にバラン

ス良く目を向けてくれると良いですね。それでは，現状の校内支援体制や人材で，Mくんとの個別的な相談や面談は可能ですか？」

SC：「可能です。Mくんは，時々フラリと相談室に顔を出します。今後，自己理解を重視した相談の可能性を探ってみます。でも押しつけはできません。まず，本人が抱く疑問や悩みを語ってもらい，それを出発点にしたいです。彼には，困ったときに困ったと言えるようになってほしいです（表7-3-⑰）」。

巡回：「ご指摘のようにMくんにとっては，自発的に援助を要請しうまく活用することも重要な自立の課題なのですね。つまり「誰にも頼らない」のではなく「上手に頼る」ことも自立なのです（表7-3-⑰）。こうした「自立観」は，Mくんに限らず，すべての生徒にとって大切なものだと思いますね。それでは今度は"仲間関係"や"居場所"についてはいかがですか？」

教師E（担任・部活顧問）：「皆さんのお話を聞いて部活の意義を再認識しました。彼の所属する歴史部には，幸い同じ興味をもつ生徒が数名います。彼が周囲から受け入れられ承認されるような仲間関係の橋渡し，それから活躍のチャンスを見つけたいですね。文化祭での歴史部の発表やプレゼンテーションなんかいいと思います（表7-3-⑪）」。

特支Co：「それでは時間となりました。皆様の積極的なご発言で実りある話し合いとなりました。Mくんの支援の方向性が見えてきましたね。ご協力に感謝いたします。これからもこのチームワークでよろしくお願いいたします」。

5　前期青年期の支援に求められる専門性

（1）多様な観点と思考の枠組み──レンズとフレームを使い分ける

　中学校や高等学校で巡回相談をしていると，教師に同じ質問を繰り返す自閉症スペクトラム障害（ASD）の生徒を度々目にする。"こだわり"や"反復"に着目し，「障害ですから」と一言で片づけることは容易い。しかし，本当にそれだけでいいのだろうか？　もしかしたら，この行動は学校生活を安心して

第Ⅱ部　生涯発達における臨床発達支援

送るためのスキルとして大切な意味をもつのかもしれない。このように一見，不適応に見える行動にも，適応的な意味や機能が潜んでいることがあるものだ。また，こうした行動が大きな学校行事やクラス替えの時期に頻発しているなら，環境の変化がストレスとなっている可能性がある。そこで，学校生活に多様な体験を用意しつつも，彼の見通し形成をどう援助するかが実践上の課題として浮上する。このように，専門家は生徒の理解に際して「○○障害だから」と一面的で短絡的な原因帰属をせず，多面的かつ立体的な生徒理解を目指したいものである。

　そこで，プロの写真家がカメラのレンズを使い分けるように，臨床発達支援の専門家も多様な観点をもちたい。森・細渕（2012）は，中学校での臨床発達心理学的「観点と枠組み」について次のように提言している。①日常のエピソードに着目する，②生徒の「得意」と「苦手」の双方の把握をする，③行動の表面的理解ではなく背景と意味を考える，④生徒と人的・物的環境との相互作用を俯瞰的にとらえる，⑤異なる課題や活動，場面や状況の対比的検討を行う，⑥短期的・長期的な文脈で発達を理解する，⑦学校の「普通の」取り組みに発達支援の機能を見出すこと，等である。

（2）生徒の内面と友人関係への配慮 —— 生徒たちのいる世界を知る

　青年期の発達課題はアイデンティティの確立にある。生徒たちは自己と他者の比較を行い，自身の主観的な視点と他者視点を対比しつつ自己理解を進める。必然的にこの時期は友人の視線を気にするものである。また学校内や学級内の対人関係に着目すると，インフォーマルな小集団が成立し，多くの生徒にとって，ここでの仲間関係を維持し孤立を避けることは大きな関心事となる。友人からの否定的な評価を恐れるあまり，あえて“目立つ”ことを避ける生徒も珍しくない。このように生徒たちは，大人が想像する以上に，“自分は皆にどう見られているか？”を強く意識している。

　そこで臨床発達支援の専門家には，こうした生徒たちの内面と仲間関係への十分な配慮が求められる。特に特別なニーズを有する生徒の場合，授業中の個別的な配慮が本人や周囲の生徒の目に「不自然な特別扱い」と映らない工夫が

必要とされる。「特別席」と称して特定の生徒のみを，いつも教卓の正面に着席させること，本人の事前の確認や了解を得ずに唐突に「別課題」が出されること，本人が遂行可能な課題や役割までも「免除」されること……。こうした扱いに疎外感を抱き，自尊心が傷つく生徒もいる。さらに，忘れてならないのは，表面上は「特別扱い」を拒否する生徒の内面には，一方で，教師や大人からの助けや共感的関わりを求める気持ちも併存していることである。このように，専門家には「相手の心身状態及び環境条件への最大限の配慮」（日本臨床発達心理士会倫理綱領第3条）が求められる。

（3）つまずきと苦悩を抱える生徒の適切な理解のために

　発達の障害やアンバランスにより学業や対人関係につまずきを抱える生徒は，不安や抑うつ，無気力や自己効力感の低下を示すことがある。ある生徒は，授業中に寝たふりをする。ふざけることで不安を解消し，周囲の注目を得る生徒もいる。教師への挑発的態度を示す生徒も珍しくない。こうした反応は失敗体験の積み重ねから二次的に生起したものであり防衛的反応でもある。なぜなら，「できない自分」がクラスメイトの目前にさらされるのは，孤立や疎外を痛感するつらい体験なのである。

　しかし教育現場でみられるこうした生徒の言動の背景は，必ずしも十分に理解されるとは限らない。教師の目に「怠惰」「反抗的」と映ってしまい，叱責がさらなる自己肯定感の低下を招く。負の循環である。また，こうした生徒が及ぼす学校全体への影響が危惧されるあまり，生徒指導上の対応が優先され，本人の困難へのアプローチが後手にまわる場合もある（森，2011）。そこで臨床発達支援の専門家には，時に，生徒のつまずきや苦悩の所在や背景を見極めて教育現場に伝える "代弁者" としての役割も求められてくる。

（4）自らの専門性を相手の土俵で翻訳する

　上記のように中学校や高等学校の教師と臨床発達支援の専門家との間で，見解が異なる場合もある。しかし，そのことで双方が不信感を抱き，壁を作って "極端な棲み分け" を図るのはとても残念なことである。そこで専門家は，自

第Ⅱ部　生涯発達における臨床発達支援

身の専門性を関係者に「わかりやすく十分に説明」（日本臨床発達心理士会倫理綱領第3条）するように心がけたい。それは，無藤（2011）の言を借りれば，「実践への翻訳」，つまり専門家側の知識や知見を教育現場の日々の営みに関連づけて語ることである（特に，前節に示したような学校コンサルテーションでは，こうした専門性が不可欠である）。そしてこの営みは，生徒や教師のためのみならず，実は専門家の成長に大切な意味をもつことを忘れてはならない。なぜなら，このことが自身の専門性を対象化・相対化し，様々な観点で省察する機会となるからだ。ゆえに「自己の専門的資質を高い水準で保持」（日本臨床発達心理士会倫理綱領第5条）せんと欲する専門家には，もちろん，研修会場に足を運ぶことも大切であるが，自らを育んでくれるフィールドや人々と謙虚に向かい合い，その縁を大切にしてもらいたい。

（森　正樹）

第8章　後期青年期における支援

1　後期青年期における支援とは何か

　後期青年期は，ライフサイクル上では，通常，高等学校を卒業して就職したり，大学等の高等教育機関に進学し，その後社会人として歩みはじめる時期であり，エリクソンの発達理論において，思春期から続く，**アイデンティティの確立**を主な発達課題とする発達段階にあたる。

　今日わが国では，高等学校を卒業した5割強が大学に進学するが，少子化を受け，数字のうえでは全員が大学に入学できる時代となった。そのような状況にある中，後期青年期における支援の課題の1つは大学生への支援である。大学生への支援とは，精神や心理に病理を抱えている「特別な学生」に対し「治療」というかたちで支援するものではない。多様な育ちや多様な発達課題を抱えて大学に入ってくる学生に対し，入学から卒業そして社会人としてのスタートへと，ライフサイクルの節目に応じて自立に向けた心身の成長発達を促すことが彼らに対する支援である。また，大学生の支援においては，とりわけ，2016年4月の「障害を理由とする差別の解消の推進に関する法律」（障害者差別解消法）の施行やインクルーシブ教育の推進の流れの中で，障害のある学生への支援が喫緊の課題である。本章では，大学生に対する支援として，主にこの課題に焦点を当てて記述する。障害のある学生への支援は，ユニバーサルな学生支援ともいえる。また，後期青年期における支援の課題の2点目として，

第Ⅱ部　生涯発達における臨床発達支援

特別支援学校を経た青年の就労と社会生活への支援を取りあげる。

2　大学生への支援の現状と支援ニーズ

（1）大学生の発達への支援

　大学のユニバーサル化が進み，多様な入試形態を経て「多様な学生」が入学してくるようになったといわれて久しい。文部科学省（2000）の「大学における学生生活の充実方策について（報告）――学生の立場に立った大学づくりを目指して」では，資質や能力，知識，興味・関心などの面で，きわめて多様な学生がキャンパスを訪れる時代を迎えている状況は今後とも続く一方，少子化やグローバル化の進行の中で，大学はますます学生中心の視点から，学生に対する指導やサービス機能を充実することが重要になる，との旨が述べられている。そして，教職員の基本的責任として，学生の人間的な成長を図り，自立を促すため適切な指導を行っていくことが重要であるとされている。すなわち「多様」とは，資質・能力・学力・進学目的等のばらつきだけではなく，青年としての発達過程における支援ニーズが様々にあることを意味する。

　支援ニーズには，迅速な危機介入が必要となる課題として，医療を要する精神的不調，障害，不登校やひきこもり（スチューデント・アパシー），リストカット（第7章参照），性別違和（第7章参照），キャンパス・ハラスメントやカルト問題などがある。

　このうち，大学生のひきこもりの状態を表す「**スチューデント・アパシー**」は，抑うつや不安をともなう適応障害であるとされるが，内田（2010）によれば，最近の特徴として，葛藤から回避し本業（学業）から退却し，現実世界の交流を避けてネット上のゲームやSNSに耽溺する様相が見られるという。また，学力の問題も関連し，勉強についていけない悩みから不登校や抑うつ的になる場合も多く，学習支援も重要な課題となる。

　ハラスメント（harassment）とは，広く「人権侵害」を意味する語である。大学で起こる**キャンパス・ハラスメント**は，組織内の力関係を背景とするパワ

ー・ハラスメントの1つで，アカデミック・ハラスメントとその中の一類型ともいえるキャンパス・セクシャル・ハラスメントがある。道又（2010）によれば，被害者にはある程度一定の精神的ダメージの進行パターンがあり，それに応じた支援が必要である。初期には，自分に何が起きているのか把握できないが，しばらくすると自分の努力ではどうにも身動きが取れなくなり，初めて不当な扱いを受けていることに気づき，多くのケースで不登校や気持ちの不安定などのうつ状態に陥る。ハラスメント対応がなされつつ支援を受ける中期は，最も精神的に不安定で，加害者からの報復や将来への不安の高まり，うつ状態の進行，感情のコントロールの困難などがみられる。加害者との接触を避ける配慮や，セカンド・ハラスメントを防ぐ配慮をしながら，対応を急ぐ。後期は，指導者の変更などでストレス源から離れることができる時期だが，不安や怯えが続き，消耗し疲れやすい症状が長く続き，うつ状態，パニック発作，対人関係の恐怖などへの注意深い対応が必要である。

　しかし，支援ニーズはそういったハイリスクな場合に限らない。昨今の大学生に見られる発達上の支援ニーズには，次のようなものが指摘される。

　1）悩む力の乏しさ・言語化の困難：「葛藤や自分の感情に向き合いながら悩むことができず，すぐに「落ち込む」あるいは「身体化」する傾向」が強く（苫米地，2006），リストカットや過食（身体化）や，"なんとなくだるい"抑うつ感となって現れる。自分の悩みを内省したり言葉で表現したりすることができず，「イライラ感や不安感をたまたま目の前にいた人物にぶつけ」（北島，2007），パニックや過激な行動となって現れるか，あるいは問題から逃避する。自己と対話し友人との語りを重ね，悩みながら危機を乗り越えて次の成長にステップアップする，アイデンティティを模索するという，青年期の特徴とされる姿が希薄である。

　2）対人関係能力・コミュニケーション能力の未熟さ：学生食堂の「ぼっち席」（他者から背を向けて座ることのできる1人用の席）の設置が広がっている，という現象にも見られるように，対人関係が希薄で，サークル活動や課外活動に消極的である。また，現実の空間での自己表現を苦手とし，授業でディスカッションや意見を求められることを忌避する。一方，SNS

第Ⅱ部　生涯発達における臨床発達支援

の使用は爆発的に拡大している。そして「対人場面では自己表現できない
のに，メールでは雄弁になり，ときには攻撃的にすらなる」（苫米地，
2006）。

3）社会的スキルの未熟さ・社会的経験の希薄さ：伝えたいことを単語のみ
　で表す，教員に対する連絡や依頼のメールを友人に対するのと同じ感覚で
　出すなど，状況に応じた適切な言葉遣いや態度が取れない。また，SNS
　のリスク管理も大学での徹底した指導が必要である。

4）生活管理の困難・生活経験不足：食事や睡眠等の生活の自己管理ができ
　ない。特に，ネット依存・ゲーム依存のように，夜遅くまでインターネッ
　トやゲームで遊び，生活リズムが昼夜逆転のまま大学に行けない。健康管
　理に関する基本的な方法・知識が不足している。

　以上のように，大学は学生一人ひとりの個別性・多様性に応じて，その社会
化をあらゆる側面において促す支援が求められている。日本学生支援機構
（2015a）は，大学としての支援力を強化する体制として「学生支援の3階層モ
デル」を示している。それによれば，「日常的学生支援（第1層）」で，教職員
が行う授業や窓口業務などの日常的な関わりにおいて，助言や指導を通した成
長支援が行われる。その下に「制度化された学生支援（第2層）」として，「ク
ラス担任制」「オフィス・アワー」「アカデミック・アドバイザー」「何でも
相談窓口」などの，制度化された学生支援が行われる。さらにその下に「専門
的学生支援（第3層）」として，より困難な課題に対し，「学生相談」「保健管
理センター」「キャリアセンター」などの専門的学生支援機関が内外と連携し
ながら支援に当たる。

（2）障害のある学生への支援

①　高等教育機関における障害のある学生の受け入れの実態

　2006年に国際連合総会で採択された「障害者の権利に関する条約」（「障害者
権利条約」）を日本は2014年に批准した。同条約において，教育分野について
は，「教育についての障害者の権利を認める」（第24条第1項）とし，「障害者が，
差別なしに，かつ，他の者との平等を基礎として，一般的な高等教育，職業訓

練，成人教育及び生涯学習を享受することができることを確保する。このため，締約国は，合理的配慮が障害者に提供されることを確保する」（第24条第5項）と定めている。この条約の批准に先立ち，2011年に改正された障害者基本法においては，「何人も，障害者に対して，障害を理由として，差別することその他の権利利益を侵害する行為をしてはならない」（第4条第1項），「社会的障壁の除去は，それを必要としている障害者が現に存し，かつ，その実施に伴う負担が過重でないときは，それを怠ることによつて前項の規定に違反することとならないよう，その実施について必要かつ合理的な配慮がされなければならない」（第4条第2項）としている。また，2004年に成立した発達障害者支援法においては，「大学及び高等専門学校は，個々の発達障害者の特性に応じ，適切な教育上の配慮をするものとする」（第8条第2項）と明記されている。そして，2016年4月には，前述の障害者基本法第4条の規定を具体化したものとして，「障害を理由とする差別の解消の推進に関する法律」（以下，「**障害者差別解消法**」）が施行された。それにより，国公立の大学等では，障害者への差別的取扱いの禁止と**合理的配慮**（reasonable accommodation）の不提供の禁止が法的義務となり，私立の大学等では障害者への差別的取扱いの禁止は法的義務，合理的配慮の不提供の禁止は努力義務となった。

　日本学生支援機構の2014年度調査（日本学生支援機構，2015b，2015c）によれば，大学・短期大学・高等専門学校等の高等教育機関に在籍する障害のある学生数は年々増加しており，近年，特に病弱・虚弱，精神障害，発達障害の学生が増えている（図8-1，図8-2）。精神障害には，統合失調症，解離性障害，双極性障害，身体表現性障害，性別違和，高次脳機能障害，PTSD，うつもしくはこれに関連する疾患などがある。発達障害の中では，知的に高い自閉症スペクトラム障害（ASD）の学生が多い。本調査結果では，わが国の高等教育機関に在籍する，身体障害者手帳・精神障害者保健福祉手帳および療育手帳を有する，ないしは診断がある障害学生の数は全学生数の0.44％で，全学校の約70％の学校に在籍している。2014年度調査では障害のある学生数は全学生数の0.44％にあたる14,127人であり，8年前と比較して約3倍に増えていることになる。そのうち，本人から学校に支援の申し出があり，それに対して学校が何

第Ⅱ部　生涯発達における臨床発達支援

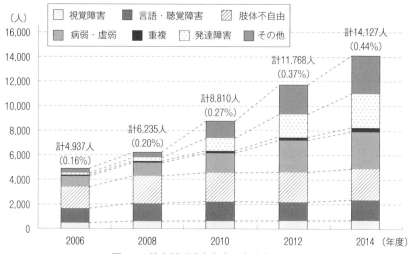

図 8-1　障害種別障害学生の在籍者の推移

注：その他とは，グラフに挙げられた障害に該当しない障害があり，医師の診断書がある者，または健康診断等において障害があることが明らかになった者（具体的には，次の通り。精神疾患・精神障害；精神障害者保健福祉手帳を有している，または精神疾患に関する医師の診断書がある者。慢性疾患・機能障害；病弱・虚弱の定義に該当しない慢性疾患又は機能障害に関する医師の診断書がある者。知的障害；療育手帳を有している者。上記以外；上記の障害が重複している，または上記に該当しない障害があり，診断名による区分が不明の者）。またカッコ内は全学生数に対する学生の割合。
出所：日本学生支援機構，2015a より一部改変

らかの支援を行っている学生数の割合は53％にとどまり，未支援の率は年々高くなる傾向が見られ，障害のある学生の増加に，支援が追いついていない現状がうかがわれる。

そのうち発達障害は，全学生数の0.085％にあたる2,722人が在籍し，「発達障害」が調査対象に加えられた2006年度の在籍数127人から 8 年を経て20倍以上に増加している（図 8-3）。ただし，2,722人のうち，具体的な教育上の配慮が行われているのは，その 7 割弱程度である。また，診断書はないものの，発達障害があることが推察され，教育上の配慮が行われている学生は3,569人であり，合わせれば，全学生数の0.17％にあたる学生に対し，発達障害や発達の偏りに応じた何らかの配慮が行われていることになる。

義務教育段階において，通常の学級に在籍する自閉症スペクトラム障害（ASD）や限局性学習障害（SLD），注意欠如・多動性障害（ADHD）など，特

第8章　後期青年期における支援

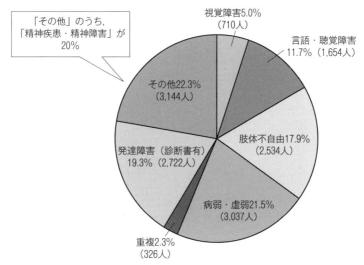

図 8-2　障害種別障害学生在籍人数とその割合（2014年度）
出所：日本学生支援機構，2015a より

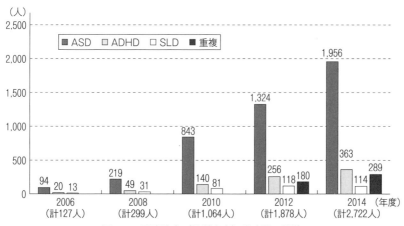

図 8-3　発達障害（診断書有）学生数の推移
注：ASD：自閉症スペクトラム障害，ADHD：注意欠如・多動性障害，SLD：限局性学習障害，
　　重複：ASD，ADHD，LD のいずれかが重複している者。
出所：日本学生支援機構，2015b より一部改変

243

別な教育ニーズがあるとされる児童生徒数は，文部科学省（2012a）によれば6.5％程度と推定されている。この数字には，通級指導を受けている児童生徒を含む。一方，文部科学省（2014）「特別支援教育の概念図」によれば，2014年5月1日時点で，特別支援教育の対象として，通級指導を受けている児童生徒（0.82％），および小学校・中学校の特別支援学級（1.84％）や，義務教育段階の特別支援学校（0.67％）で学んでいる子どもたちがおり，合わせて児童生徒全体の約3.3％となっている。

　また，高等学校における発達障害のある生徒の数は明確ではないものの，2011年度の時点で高校進学率は98％を超えており（文部科学省，2011），高等学校においても，支援を要するとされる生徒が義務教育段階と同様に存在していると考えられるが，正確な数字は現在のところ不明である。一方，「大学全入の時代」と言われる時代にあり，大学・短期大学等への進学率は，2007年度入学を境にすべての高等学校卒業生の5割強である（文部科学省，2015）。

　以上の数字に鑑みると，高等教育機関に在籍する障害のある学生が0.5％程度という数字は，不当に低い現状にあるといえる。ただし，発達障害や発達の偏りやその疑いがある場合（以下，発達障害学生）などは，在籍の実態がこの数字に反映されていないと考えられる。川住ら（2010）によれば，15,000人超の学生数を有するある国立大学が，学内の学生に対して行った調査によれば，2.8％の学生に発達障害の特徴があるとみなされたという。発達障害があるが組織的な支援に至らない場合，本人に発達障害の可能性があることの自覚がないまま困り感や困難を抱えながら生活している，そもそも自身が困っている状況にあることにも気づかないでいる，学内の支援体制が整わないまま一部の教職員が個別に配慮している，不適応のため不登校から休学や退学になっている，不適応による二次的障害のため他の心理的症状や精神疾患のあるものとして扱われている，などのケースが少なくないことが推察される。また，目立ったトラブルはないが，友人関係が作れず，自由度の高い広いキャンパスの中で空き時間の居場所も見つけられず，トイレにこもる，廊下を何往復も行き来するなどして時間をやり過ごし，孤立しているような，気になる学生も目撃される。

　障害者差別解消法が施行され，今後，受験者，入学者，および在学生におい

て支援を申し出る学生の割合は一層増えることが予想され，高等学校から大学等への入学に際しての支援，入学決定から入学直後の移行期における支援，および入学後の学修・生活・就職活動等における支援が喫緊の課題となると考えられる。

② 障害のある学生に対する支援における合理的配慮の考え方

障害学生支援の基本的な考え方については，文部科学省（文部科学省，2012b）が2012年に「障がいのある学生の修学支援に関する検討報告まとめ（第一次報告）」を示した。その中で合理的配慮の考え方のポイントとして，次の6点が挙げられている。

1）機会の確保：障害を理由に修学が断念されることがないよう，講義や実験，実習や演習，学校行事，学生相談や就職指導，フィールドワークや，各種情報の入手など，様々な修学機会を確保する。ただし，教育の本質や評価水準を変えることや，他の学生に教育上多大な影響を及ぼすような教育スケジュールの変更や調整を行うことを求めるものではない。

2）情報公開：障害のある進学志望者や在学生に対し，大学等全体としての受け入れ姿勢・方針（入試における配慮の内容，大学構内のバリアフリーの状況，入学後の支援内容・支援体制〔支援に関する窓口の設置状況，授業等における支援体制，教材の保障等〕，受け入れ実績〔入学者数，在学者数，卒業・修了者数，就職者数等〕等）を示す。

3）決定過程：大学等は，学生本人の教育的ニーズと意思を可能な限り尊重しつつ，大学等の体制面，財政面を勘案し「均衡を失しない」または「過度ではない」負担について，個別に判断する。合理的配慮の合意形成過程において，障害に関する専門家の同席を促す，学内外のリソースや支援に関する情報を整理して学生に示すなど，意思表明のプロセスを支援する。決定過程においては学外の専門家等の意見も参照する，学生に対し根拠資料（障害者手帳，診断書，心理検査結果，学内外の専門家の所見，高等学校等での支援状況に関する資料等）の提出を求める。障害学生支援についての専門知識を有する教職員が本人のニーズをヒアリングしそれに基づいて配慮

第Ⅱ部　生涯発達における臨床発達支援

内容を決定できるよう体制を整備する。決定に関する本人からの異議申し立てを受けつける窓口やプロセスを整備する。

4）教育方法等：代替手段を用いたりコミュニケーション上の配慮をしたりすることによる情報保障，教材の配慮，治療などのための学習空白への配慮，学外での実習やインターンシップにおける配慮，公平な試験の配慮，公平な成績評価，心理・健康面への配慮を行う。

5）支援体制：大学等全体として，担当部署の設置，専門性のある教職員の配置，関連部署の連携等によって，専門性のある支援体制を確保する。外部資源（自治体，NPO法人，他大学，特別支援学校，医療・福祉・労働機関等）との連携を図る。周囲の学生や教職員の障害への理解促進，意識啓発を図る。学生の支援者を活用する。

6）施設・設備：学内環境をバリアフリー化し，また障害の特性に応じた指導ができるような施設・設備を整備し配慮を提供する。

　この報告において難しい問題は，まず，合理的配慮の提供に際して，多岐にわたる学修機会の保障と同時に，教育の本質の維持と公平な評価の保障が求められることである。これについて高橋・高橋（2015）は，「それぞれの授業における「本質」は何か，単位認定に必要な「基準」は何かを明確にする」という考え方を示し，「その授業における修得すべき内容は何か，障がいがあるために十分にできない授業中の活動が，修得すべき内容そのものなのか，それを修得するための手段なのか」が判断において重要である，としている。たとえば学修の手段として科学実験を含む授業において，視覚の障害があるからといって「実験に関しては参加を免除する」ことは教育の本質を変えることであり，合理的配慮ではない。教職員の「過度な負担」にならない程度に，たとえば音訳や点訳された資料，触図による説明などの対応を行い，実験による理解を代替する。また，実験室等の特別な環境整備や，様々な機器（色を検出して音声で知らせる，測定結果を音声で出力できるなど）を使用することによって，実験が可能になるような工夫（日本学生支援機構，2009）なども行い得る。そのように学修方法を調整・変更したうえで，同一の成績評価基準を適用し，単位認定への道を開くことが合理的配慮となるだろう。しかし，精密機器の操作スキル

246

の習得や，視覚機能に多くを頼る実験や細密な観察を行いながら問題を探求するような科目の場合，教育の本質を変えない調整・変更にはかなりの困難があると考えられる。またそのような科目が，専攻する領域の中核的な科目や専門職の資格取得に関わる科目であったり，専攻する学科にそのような科目が多く組まれていたりする場合，他の科目単位での読み替え等は難しいだろう。

　さらに，合理的配慮の決定において「均衡を失しない」「過度ではない」負担の基準やその判断の根拠が一義的・一律に存在しているわけではない，という問題がある。基準や根拠は，学生本人の障害の内容や程度，大学の規模や財務状況，大学の抱える学部や教員の専門性などの状況，個々の授業の性質や教育目標によって多様にあり得る。また，根拠資料や専門家の意見を聴きながら決定するとされているものの，合理的配慮の妥当性を検討するための客観的資料やツール・尺度等が十分にはない（高橋，2015，2016；上野，2014など）。

　このような状況の中で，臨床発達心理の専門家としては，個々の教育機関の状況に鑑み，根拠資料や検査・ヒアリングなどに基づいて包括的なアセスメントを行い，申し出のあった合理的配慮の妥当性を検討し，本人の意思表明および合意形成のプロセスを支援することや，配慮内容を具体的に検討することに寄与することが求められる。また，妥当性や支援の有効性を検討するための実践研究や，客観的資料・尺度に関する基礎研究も課題となると思われる。

③　障害のある学生に対する支援の実際──入学前から入学直後

　障害学生支援を行うにあたっては，まず，受験前の情報提供が重要である。支援方針や体制に関する大学等全体としてのホームページ上における情報公開，ホームページや提供する資料をアクセシブルにすること，オープン・キャンパスでの専門性のある教職員による相談や，障害特性に配慮した大学体験プログラムの提供，入試・障害学生支援・学生生活支援担当部署等での相談，志望する学部・学科の教員との相談，施設や実際の授業の見学，などがある。そのような機会を通じて，提供される支援や配慮に関する情報だけではなく，志望する大学や学科に必修の特徴的な授業（実習・実験・インターンシップなど）や，特に求められるスキルや特性（対人関係スキル，特定の運動能力や知的能力など），

第Ⅱ部　生涯発達における臨床発達支援

ルール，卒業後の進路などに関して説明し，「それが自分に向いているのかを検討する材料となるような情報提供が重要」となる（日本学生支援機構，2015d）。

　たとえば，Ａさんは，人とのコミュニケーションや，思ったことや意見を自由に述べる評論文の記述は苦手だったが，文学に興味があった。そこで，日本文学を学べると思い，一般入試でＢ大学Ｃ学科に入学した。ところが，Ｂ大学はアクティブ・ラーニング型の全学初年次教育，Ｃ学科は，日本文学の学修以外に，日本の多様な伝統芸能についての体験型・参加型授業や学外授業，日本文化に関する演習などの授業を大きな特徴としており，Ａさんもそれらの必修の授業に参加したのだが，手足を動かすことも声を発することもほとんどできない。また，授業全般においてしばしば課せられる，文学作品や伝統芸能に関する評論型のレポートや小論文もまったく書けない。毎日，授業の時間割に関係なく定刻にきちんと大学に通ってくるものの，学業不振の状態に陥り，見るに見かねた教員の声かけによって学生支援センターにつながった。

　Ａさん自身も周りも，高校まで発達の偏りがあることに認識がなく，大学入学後に特性と進学先とのミスマッチが明らかになった。困り感を抱えながらも，Ａさんの自己理解はなかなか進まなかったが，学生支援センターがコーディネートし，学生相談室・学科教員の連携のもとに支援が行われた。学修においては学生相談室長であった臨床発達心理学の専門性をもつ教員（筆者）が関わり，Ａさんの特性に合わせた調整（レポート課題を具体的なものにする，参加型授業では取るべき行動や役割を単純化し視覚化して示す，ディスカッションの授業ではそのルールを細かく示す，卒業論文を翻訳作業とするなど）が行われた。学生相談室では，相談室長（筆者）がカウンセラーのスーパービジョンを行いながら支援を継続し，Ａさんは自己理解を少しずつ深め，キャンパススキルや対人関係スキルの一端を学習し卒業していった。しかしＡさんの大学生活が快適だったとは言い難い。また，修学支援で精一杯で，キャリア支援にまでは至らなかった。

　Ａさんの例に示されることは，浅田（2014）の言うように「重要なことは，本人の志望と障害特性と大学とのマッチング」だということである。特に発達

障害の場合，本人に自身の特性の認識がない場合が多いが，ミスマッチをできるだけ避けるための情報発信をし続けることは基本である。本人の意思を可能な限り尊重しつつ，特別の教育ニーズに考慮して適切な選択を支援することは，高等学校だけの責務ではなく，大学等にも求められる作業であろう。

　実際に入学を検討し入学が決定する段階では，入試の配慮だけではなく，大学生活に関する本人からの合理的配慮の申し出があった場合，根拠資料を提供してもらい，早い時期に合理的配慮の内容に合意が得られることが望ましい。そして，その内容を関連する教職員や部署で共有する。その内容は，実際に様々な授業を受ける中で，また学年の進行や必要に応じて，話し合いと見直しを行う。

　入学直後においては，大学生活に必要なスキルへの支援が課題となる。村山（2014）によれば，たとえば明星大学における発達障害学生への社会的自立への支援プログラム「START プログラム」において，そのスキルをキャンパススキル，スタディスキル，生活管理スキル，人間関係構築スキル，自己理解スキル，支援要請スキル，自己マネージメントスキルであると示している（表8-1）。

④　障害のある学生に対する支援の実際——入学後の学修・生活・キャリア支援

　大学生活が本格的に開始された後，学修支援の中心となる授業に関する**障害学生支援**では，日本学生支援機構（2015b）の調査によれば，障害一般に共通する支援として，教室内座席配慮，注意事項等文書伝達，試験時間延長・別室受験，休憩室の確保等がある。障害別に特徴的な支援として，視覚障害の場合は教材の拡大・教材のテキストデータ化・解答方法配慮・パソコンの持ち込み使用許可など，言語・聴覚障害の場合はノートテイク・パソコンテイク・FM補聴器やマイク使用許可，肢体不自由の場合は専用机やイスの設置，適切なスペース確保や実技・実習配慮，病弱・虚弱の場合は実技・実習配慮，発達障害の場合は実技・実習配慮や講義内容録音許可・チューターまたはティーチング・アシスタント（TA）の活用，その他（精神疾患など）の場合は実習実技配慮などがある。

第Ⅱ部　生涯発達における臨床発達支援

表 8-1　入学直後に必要な主なスキル

必要なスキル	主なテーマ
キャンパススキル	授業ルールの理解
	事務手続きの理解
	居場所作り
スタディスキル	勉強全般の仕方
生活管理スキル	時間管理
	整理整頓の方法
	健康（身体・精神）管理
人間関係構築スキル（学内）	友人関係（友人，先輩）
	教職員との関係
自己理解スキル	自己理解
支援要請スキル	ハンディキャップの理解
自己マネージメントスキル	危機管理
	金銭管理

出所：村山，2014より

　生活支援では，保護者との連携，ライフスキルの指導，ソーシャル・スキル・トレーニング（SST）の実施，大学内での居場所の提供，周囲の学生への理解への指導や教職員対象の研修の実施，悩みや心身のケアに関する個別のカウンセリングなどがある。

　キャリア支援では，個別の進路相談，保護者との連携，ハローワークや地域障害者職業センター等の紹介や連携，障害者枠での就労に向けた支援，障害者手帳の取得に向けた支援，障害受容や自己理解に向けた支援などがある。日本学生支援機構（2011）の調査によれば，障害のある学生に対する支援を行う部署としては，主に「就職支援担当部署（キャリアセンター等）」が担っており，障害のある学生に特化した専門部署が行う学校は少ない。そのためか，支援のうえでの困難として，専門的な知識や経験不足（全回答数の17％），障害・疾患に応じた相談支援方法（13％），学生自身の行動力・生活習慣・姿勢（10％），特性の把握（9％），学生自身の障害理解・支援要請（7％）などが挙げられている。障害のある学生のキャリア支援に関して，専門部署の設置，専門性のある教員の配置や連携，学外の専門機関との連携に課題があることを示してい

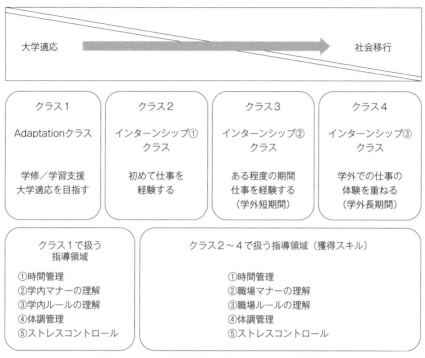

図8-4 明星大学 START インターンシップモデル
出所:村山, 2015より

る。

　発達障害学生へのキャリア支援の場合,本人や保護者に障害の認知があれば,早い段階から就職について検討し,ハローワーク,地域障害者職業センターや発達障害者支援センターなどからの支援を受けるよう勧める。診断を受け,療育手帳や精神障害者保健福祉手帳を取得している場合は,障害者雇用としての就労を検討したり,職業訓練や就労移行訓練を受けたりすることができる。大学に障害学生支援のプログラムがあれば,そこで準備を進める。明星大学のSTART プログラム(前掲)では,図8-4のような支援が行われている(村山,2015)。

　発達障害学生が就職活動時に示す課題として,村山(2015)は,①自分の向き・不向きがわからない(スキルの整理,自己理解不足),②他者評価の視点を

第Ⅱ部　生涯発達における臨床発達支援

もちにくい，③相談機関（者）と継続的な関係を保持しにくい，④仕事・職業への具体的イメージをもちにくい，⑤卒論と就職活動との優先順位をつけることや同時並行的な作業進行が苦手，を挙げている。そして，大学システムとしての支援には，キャリアガイダンスや支援へのアクセシビリティ確保，キャリアセンタースタッフの理解促進，学内の連携の重要性を示している。学生個人へのアプローチとしては，個別の特性を見極めた支援，就職活動以外に重要な事柄の整理とタイムスケジュール管理，「体験の場」の確保，自分の向き・不向きを見極める自己理解への支援，継続的な関係を保持することが重要だという。

⑤　発達障害学生への支援に特有の問題

発達障害学生支援には，特有の問題がある。第1に，未診断や自己理解が乏しいまま大学に入学してくるケースへの支援が求められることである。彼らは，高校まではそれなりに適応的に過ごしてきたものの，大学という，自由度が高く構造化の度合いの低い，自己決定が求められる環境の中で大きくつまずく。あるいは，高校までいろいろな支援を受けてきているにもかかわらず，支援に気づいていなかったり，わかっていても支援を要請したりすることができない。そして，諸々の事務手続きや履修登録時におけるふるまい，ディスカッションやグループワークの授業，体験型授業，実習やインターンシップなどの学外授業，サークルやボランティア活動などの集団活動，アルバイトや就職活動などにおいて，不適切な行動や対人関係上の問題などが周囲の人々に見えてくる。しかし本人は，トラブルがあってもそれ自体を認識できなかったり，自身の困難やとまどいを適切に説明できなかったりして，自分で問題を解決することも，支援を申し出ることもなかなかできない。

その場合，本人からの支援要請を待つ姿勢では，不適応が進むばかりとなる。気づいた教職員が，学生支援センター等の，最もアクセスしやすく，かつ学生支援の中心的部署への相談を勧めるなどして，支援の体制に乗せていくことが支援のスタートとなる。そして，特性への気づきと自己理解を徐々に促し，本人がそれぞれの場面・授業において，どのような配慮を必要とするかについて，

252

支援を受けながら自ら考え，それを周囲に説明し支援を要請する力（セルフ・アドボカシー・スキル，自己権利擁護スキル）や，自分に合った対処方法を習得させていく。関連部署は，本人のニーズに沿って適切にコーディネートしながら組織内外と連携し，本人の弱みを補う具体的な調整・変更を行う。また，家族の理解を進めることも重要な課題となる。支援の中心を担う部署が保護者との共通理解を図り，過去の生育歴や教育歴の情報を得ながら，本人の特性を肯定的に発揮できるような進路の調整や職業選択，大学での支援方法や家庭で求められる配慮等について相談していくことが望まれる。そして，教職員や学生など周りの人々に対して理解を促すことや，教職員の抱えやすい困難に対する「「支援者支援」の視点を含む学内体制の整備」（森野ら，2016）が求められる。

　大学における発達障害学生支援に特有の問題の第2として，支援者の専門性の問題がある。発達障害の支援には，臨床発達心理学や特別支援教育に関する専門性が不可欠である。支援者には，発達をアセスメントして支援計画を立案し，内外の様々な部署・機関や人材と連携し心理教育的なアプローチにつなぐコーディネーションの作業が求められる。また，彼らの認知特性を正しく理解し，その内的世界を共感的に理解または共有し，周囲との橋渡しをする存在であることも重要である。しかし，川住ら（2010）の調査によれば，全国の4年生大学の学生相談機関に配置されている心理的支援を行うカウンセラーなどのスタッフのうち，発達障害を専門とする者は4割程度であり，スタッフの多くは臨床心理学を理論的基盤としている。また，スタッフは非常勤が多いという。

　川住ら（2010）は，発達障害学生への支援が有効にはたらくかどうかには，教職員の問題意識の高さと相談部署におけるスタッフの発達障害に関する専門性の有無が大きな影響を与えると述べている。筆者の関与した例では，自閉症スペクトラム障害（ASD）であることの意味が理解されず，状態がまったく変化しないまま，来談者中心療法によるカウンセリングが1年以上行われていたケースがある。もちろん，発達障害のある青年に対しては，生活がうまくいかないことによる不安障害やうつ等の心理的不適応，頭痛や腹痛など身体化症状を併発させることも少なくないため，発達障害を理解したうえでのメンタルケアに関するカウンセリングが有効な場合もあるだろう。

第Ⅱ部　生涯発達における臨床発達支援

　また，コーディネーションの機能をうまくはたらかせるために，専門スタッフが常勤であることが望まれる（高橋・篠田，2008）。臨床発達心理士など発達臨床の専門性をもつ常勤カウンセラーの配置，臨床発達心理学や特別支援教育の専門性をもつ教員や外部の専門家との連携が可能な支援体制の構築が必要である。

（西本絹子）

3　障害のある青年への支援の現状と支援ニーズ

（1）キャリア支援

①　学校と地域資源の役割

　特別支援教育を受けて高等部を卒業し就労した場合，約3年間は学校の進路担当や元担任が定期的に本人や保護者，就労先と連絡を取り状況を把握している場合が多い。そしてその頃は仕事に慣れてきてゆとりができてくると同時に職場に対する不満もたまり，より自分にあった仕事があるのではないかという思いにかられ，友達と情報交換をする中でより条件の良いところへ移りたいという思いもでてきたりする時期でもある。学校関係者も相談にのっていくが，学校は教員の異動もあり，かつて顔見知りであった教員が少なくなると同時に卒業生との連絡も途絶えがちになる。そこで在学中から市区町村から委託を受けている地域の就労相談支援機関とつながりをもっておく必要がある。それらの機関は地域の学校の教員との連携を密にとっている場合が多く，その地域に住んでいる人に対して無料で相談にのっている。

　ここではまず，東京都あきる野市にあるNPO法人「秋川流域生活支援ネットワーク」を例に挙げてその役割と活動内容を紹介する。この法人は訪問系サービス，**就労移行支援**（企業等で働きたい障害のある人に対して必要な知識や能力を支援する），就労継続支援B型（授産的な活動を行い工賃をもらいながら利用する），グループホーム，短期入所，相談支援などの事業を行っている。

1）　放課後等デイサービス「わいわいクラブ」

通っている学校までスタッフが迎えに来てその後，プール，地域の体育館での運動，商店街での買い物，おやつ作りや近くの公園での遊びなどの活動を行う。これらの活動をとおして，日常生活の基本動作，集団生活に適応するよう指導および訓練を行っている。

2）　「やまぐちや」就労移行支援事業

おおむね18歳以上の障害があり，就労を希望し，就労が見込まれる人が対象となっている。個別支援計画を作成し，2年間かけて就労を目指す取り組みをしている。仕事としてはやまぐちやの店舗での製品販売，接客，企業から請け負っている製品の納品，清掃などである。

3）　「やまぐちや」就労移行支援事業B型

野菜やハーブの生産・販売，仏花の注文および販売（月2回），手作り石鹸製造・ハーブ等の生産等を行っている。利用者の特性に応じた生産活動・エコバック，ストラップ，マグネット作り，その他日常生活を送るうえでの技能の向上のための訓練を個々の実態に合わせて取り組んでいる。

4）　「あすく」あきる野市障害者・就労・生活支援センター

あすくは就労に関する相談支援全般を行っている。職場で上司とうまくコミュニケーションがとれない，仕事に対して不満がある，転職したいなど，様々な相談に応じている。卒業した学校の元担任や進路担当とともに職員が職場を訪問して実態を把握したり，本人を交えて今後の方針を決めたりするなど多面的な支援を行っている。また本人と仕事との間を取りもつジョブコーチの派遣の段取りをし，社員に本人の障害特性を伝えたり，仕事の手順や段取りを社員に代わって理解しやすく伝え，その方法を社員に返していくという方法をとったりしている。また朝起きられない，掃除が苦手である，食事が偏っているなど，日常生活に関する相談にものっている。この生活に関する支援は本人にとって重要な役割を果たしている。そして必要に応じて福祉サービスの利用の仕方に関する相談支援，権利擁護に関する支援，ハローワーク，学校等の関連機関と連携をとりネットワークを構築している。

第Ⅱ部　生涯発達における臨床発達支援

事例：仕事に意欲を失ってきたBさん

　Bさん（女性）は特別支援学校の高等部を卒業後，障害者雇用枠で飲食産業に就職した。店長からも信頼され，ベテランのスタッフからもていねいに仕事を教えられていて順調な滑り出しであった。手先も器用であったBさんは掃除や食材の盛りつけだけではなく野菜や肉を切るなど包丁を使っての仕事も任されるようになっていた。その後，半年ほどしたときに店長から卒業した学校の元担任に苦情が入った。仕事でのミスが目立ち，休憩時間が終わっても仕事に戻らなくなった。そのため単純な野菜の袋づめの仕事を1日中やってもらわざるを得ない状態になった。母親からは日曜日の夕方には腹痛を訴えるようになり月曜日に休むという情報を得た。本人も家族も理由はわからないという。さっそく元担任，進路担当，就労相談支援センターの職員と支援会議をもった。本人は仕事を続けたいと言い，特に不満はないという。しかし何度かじっくりと話を聞いていくうちにいろいろな環境の変化が見えてきた。本人からの話や後日もらったメールを読むと次のようなことが考えられた。

- ・　よく話しかけてくれる店長から職人気質の無口な店長に代わり，親しく話しかけられることが減り，自分は気にかけてもらえていない，嫌われているのではないかと考えるようになった。
- ・　ていねいに仕事を教えてくれる人がいなくなり心細さから失敗が増え，包丁を持つことが危ないと判断され，食材を袋につめる仕事を1日行うようになり仕事がつまらなくなり意欲を失ってきた。

　Bさんがメールで包丁を使った仕事がしたいと書いてきたのは支援会議が終わった帰り道であった。職員・学校の教員・本人・保護者とで話し合いをもち問題点を整理した。そのうえで店舗を替えることにした。同時に本人の特性を理解してもらうためにジョブコーチ（職場適応援助者）をつけることとした。現在は元気に働いている。周りから見るとたいした理由ではないような気がするかもしれない。しかし，思い込みであれ本人のもっている力が発揮できない状態は看過できない。仕事は変わっていないのに人とのコミュニケーション不足から疎外感をもってしまうことは周囲が日常的に声をかけるなど気をつける必要がある。Bさんの場合も慣れた人の中でも自分の思いを伝えることは難し

かった。本音を伝えてきたのは話し合いが終わった後であり，しかもメールという手段であったことからも，自分の気持ちを整理するには時間がかかり，さらに話よりも書いたほうが表現しやすいという特性もあった。コミュニケーション不足や自分の希望を言えないことが退職につながることも多い。叱咤激励する前に何が原因かを複数の目で検討する必要がある。

　また，職場で本人の能力以上の働きを期待された場合に出社拒否を起こすという事例が見られる。現場実習や入社試験の面接のときでも学校は正直な情報を提供する。それは今本人がもっている力を評価してもらいその力のまま就労してほしいと願うからである。しかし受け入れ側は最初の引継ぎの段階よりも慣れてきた時期を見計らい，次第にハードルをあげようとする場合がある。もちろん徐々に力を発揮し，さらに成長する人もいるが接客や計算などその人の特性からさらなる成長が望めない場合もある。そこを伸ばしてくれと要求された場合はかなりのストレスとなる。雇用者側には苦手な部分を克服させるだけではなく本人の得意な能力をさらに伸長し，活用するという姿勢が求められている。

②　余暇支援を考える

　その人のライフプランを考えるうえで余暇活動は欠かせないものである。そして余暇とはその人の希望にあったものである。できる限りのコミュニケーションツールを使い本人からの意思を汲み取る必要があり，本人の意思を無視してのイベントの押しつけや単なる習慣づけは避けたい。本人が何をどの程度必要としているかをアセスメントすることが大切なこととなる。たとえば仕事で疲れて帰ったらゆっくり寝ていたい，また土日は家でのんびりしたい，友達と出かけてお茶を飲んだり家でゆっくり話をしたりしていたい，遠出をすると疲れてしまうという人もいる。一方疲れていても休みには体を動かしたい，出かけたほうが疲れが取れるという人もいる。自由時間が多すぎると何をして良いかわからず不安になるという人がいるなど，余暇の持ち方は一人ひとり違い定期的に同じものを用意すればよいというものではない。

　余暇は環境との相互作用ともいえる。本人が希望してもそれぞれの環境によ

って希望がすべて叶うとは限らない。

事例：紙人形を作り続けるＣさん

　Ｃさん（男性）は作業所に通う自閉症をもつ青年である。「日本のアウトサイダーアート」というDVDにも参加している。彼はＳ製薬のキャラクターである象の形をした人形を毎日作業所から帰ってきて作り続けている。様子を列挙すれば次のようになる。

- ・　毎日夕方から夜の12時近くまで行う。
- ・　休日は新しい人形を探しに車で薬局めぐりをする（運転は父親）。
- ・　作った人形を薬局に飾ってくれと頼む。
- ・　自宅には人形がたくさん飾られている。
- ・　文房具もそれなりに消費する。
- ・　作り終わった後は紙をばらまいて終わりの儀式をする。

　これらをどのようにとらえるかはその人が暮らしている環境が影響してくる。ある家族は，夜まで起きていられたら自分たちはつらいと思うかもしれない。毎週末のドライブはつらいと思うかもしれない。ところがご両親はDVDの中でのインタビューで楽しみであると答えている。そしてこれは一生続くだろうと答えている。精巧な作りに感心し，さらに上手になるのではないかと期待している。お店でもＣさんの人形が並んでいたところをみるとお店にも好意的に受け入れられているのではないだろうか。Ｃさんに「たまには人形作らないで映画でも観よう」と誘うならば，彼にとってそれは苦痛かもしれない。このように余暇は本人の特性と環境に作用されるものである。

　障害者施設に入所している人や特別支援学校の卒業生に話を聞くと出かけたい，旅行がしたいという希望が多い。買い物や近辺の散歩，映画やプールやボウリングなどはヘルパーなどを活用し比較的実行しやすい。しかし日帰り旅行や泊をともなう旅行となると綿密な計画や支援が必要となってくる。家庭や友達同士で実行できる場合は良いが，親の勤務状態や高齢などのために，移動に困難をともなう場合は地域の力が必要となってくる。

表8-2　あきるのクラブ活動内容

・6月20日（土）　　A．お菓子作り　B．デコパッチ＆花を飾ろう　C．和太鼓　D．外国語で遊ぼう
・7月11日（土）　　A．お菓子作り　B．よさこいソーラン　C．スポーツレク　D．リトミック
・8月1日（土）　　A．水遊び　B．みんなでアート　C．ヒップホップ　D．パネルシアター＆読み聞かせ
・8月22日（土）　　A．和を楽しむ　B．DVD鑑賞映画　C．スポーツゲーム　D．カラオケボックス（昭島）
・9月26日（土）　　映画館へレッツゴー（イオンモール内）
・10月17日（土）　親子で遊ぼう，ハイキング（小峰公園周辺）
・11月14日（土）　日帰りバス旅行（八景島シーパラダイス）
・12月19日（土）　みんなでメリークリスマス
・1月23日（土）　　A．おもちゃを作って遊ぼう　B．リトミック　C．サッカーボールで遊ぼう　D．あきクラ版スヌーズレン
・2月20日（土）　　あきるのクラブ発表会　A．フラダンス　B．ヒップホップ　C．ハッピー戦隊　D．みて聞いて一緒に踊ろう
・3月19日（土）　　ボウリング大会

事例：あきるのクラブの活動

　地域資源としてあきる野市にある都立あきる野学園のPTA活動「あきるのクラブ」を紹介したい。あきるのクラブは，もともと特別支援学校の在校生，卒業生の余暇活動充実のために保護者主体で始まったものであるが現在では地域の行事として定着している。ボウリングや日帰り旅行には100名以上の参加者が集まっている。クリスマス会などは在校生，卒業生，家族，地域の人たち約300名が学校に集まり楽しんでいる。

　活動を支える人は保護者や教員だけではなく，学校が行っているボランティア講座の修了者や大学で発達障害を学ぶ学生など多くのボランティアが関わっている。2015年度のあきるのクラブ活動内容は表8-2の通りで，活動は1つではなく各コースに分かれていて選択することができる。

　約1か月に1度の割合で余暇活動は行われている。しかもその規模は大きく参加の制限はない。あきるのクラブの成功は画一的なイベント主義に陥っていないことである。参加は本人の自由であり，プログラムも多岐にわたり，何にどれくらい参加するかも自分の意思で決めることができる。個別に対応が必要な人にはマンツーマンでの対応も保障されている。本人やその家族だけではな

第Ⅱ部　生涯発達における臨床発達支援

く，障害の有無にかかわらず地域の人が参加できるという間口の広さがオープンな雰囲気を作っている。

　学校とのつながりでは同窓会や学校行事が挙げられる。成人式や新年会を行う同窓会は多い。また卒業生が運動会や文化祭に来ることもある。このように学校とのつながりをもっている場合には卒業生の動向を把握することができる。そして卒業後連絡が取れない人の場合でも，卒業生の誰かとつながっている場合があり情報を得ることができる。しかし，やはり後輩が卒業し，担任が異動すると同時に関わりは減っていく。職場定着や生活面で配慮が必要な人の場合は担任や進路担当が次の担当者に引継ぎを行い，顔合わせをしておく必要がある。同時に地域の就労・生活支援センターなどにもつないでおくことが大切である。支援がとまってしまうことは避けなければならない。

③　犯罪の加害・被害とアドボカシー

　2012年に大阪地裁での裁判員裁判で当時46歳の姉を包丁で刺殺したとして，被告の男性に求刑を4年も上回る懲役20年の刑が言い渡されるという事件が起きた。これは逮捕後の鑑定で被告に発達障害（アスペルガー症候群）があると診断されたためであった。判決では母親らが同居する意思がないこと，被告の障害に対応できる社会の受け皿がないこと，再犯の恐れがあり，許される限り長い期間刑務所で内省を深めさせることが社会秩序のためになると判断した結果であるとされた。この判決は発達障害をもつ人や支える関係者に大きな衝撃を与えた。何か特異な犯罪が起こり逮捕された後に実は発達障害があったという報道は時折耳にすることである。しかし，障害者イコール罪を犯すリスクが高い者というこのような報道がそうしたイメージを与えることは避けられなければならない。発達障害をもつ人たちは学童期からいじめやからかいの対象となり，二次的障害をもつことが問題となっている。このことは逮捕された発達障害をもつ人たちの生育歴からも推察される。障害を理由に罪を肯定することはできないが，幼い頃から障害特性に応じた支援が必要であることを裏づけるものである。アドウッド（Attwood, T.）は自閉症スペクトラム障害（ASD）の社会性の特徴として次の4つを紹介している。

第8章　後期青年期における支援

- ・　対等の仲間関係を作る能力に欠ける。
- ・　対等の仲間関係を作ろうとする意欲に欠ける。
- ・　人からの社会的サインの理解に欠ける。
- ・　社会的・感情的に適切でない行動をする。

　自閉症スペクトラム障害（ASD），限局性学習障害（SLD），注意欠如・多動性障害（ADHD）などの発達障害はもって生まれた脳の機能障害であり，本人や親の育て方のせいではないということは定説であるが，育て方など環境が不適切であるならば二次的障害を生み，障害特性が反社会的な行動を引き出してしまうことはあるだろう。

　だからこそ社会に受け皿がないからといい，厳罰に処するのではなく早期発見，早期療育が必要となってくる。自らも刑務所での受刑経験がある元衆議院議員の山本譲司氏は刑務所の中に知的障害や発達障害をもつ受刑者が半数以上いると記している。また社会に受け皿がないために再犯して刑務所に戻ろうとする人たちが相当数いると証言している。発達障害や知的能力障害をもつ人が事件を起こしたりすると彼らの言動の本質が語られず言動のみで判断されることが多い。ASD をもつ青年が電車の中で女性に触るという事件があった。痴漢の現行犯として逮捕されたわけであるが，本人には女性に触れようという意識はなくスカートの生地の感触を確かめたかった，胸のボタンが開いていたので閉めたかった，と考えての行動であったことがわかった。しかし，見知らぬ男性が突然近寄ってきて触れたのだからその恐怖は想像に難くない。私たちには彼らに物事の良し悪しをわかるように学童期から教えていくとともに，彼らの特性も学んでいく必要があった。

　また，昨今のパソコンやスマートフォンを使って SNS で簡単に知らない人とやり取りができ，違法なサイトに誰でもアクセスすることがきわめて簡単にできる社会となっている。その結果，法外な金額を要求される，知らない人に会いに出かけてしまい職場を無断で休んでしまうという事例が増えている。特別支援教育の学校現場においては定期的に警察署と連携をとり，インターネットを使った詐欺やいじめなどの実際の事例を紹介し事件防止に取り組んでいる。しかし卒業後はそのような教育の機会もなくなってしまう。パソコンやスマー

第Ⅱ部　生涯発達における臨床発達支援

トフォンを使ってのゲームや通話は料金が目に見えないためにいくらお金を使っているかが判断しにくい。自己管理が難しい場合は携帯会社と限度額を決める，ネットにはアクセスできないようなセキュリティをかけるなどが必要となる。

事例：借金を抱えさせられたＤさん

　Ｄさん（女性）は特別支援学校卒業後，障害者雇用枠で就労した一般企業でまじめに働いていた。ある日インターネットで知り合った男性と何回かネット上でやり取りした後会う約束をした。男性はホストとして働いていて自分が勤務している店に連れて行った。そこで飲み食いした料金は一回で40万円となった。当然支払えないので，キャッシュカードで借り入れ，足りない分はホストから借りることになった。本人は家族に迷惑をかけたくないために仕事を無断欠勤し，ホストに言われるままに風俗店で働くこととなった。携帯もとりあげられて連絡方法がなくなった。警察署にも届けて捜してもらい，最終的には見つかり家族と連絡がとれ元の職場に帰ることができた。しかし，飲食代や借入金はそのまま自己負担となった。

事例：友達のために盗みを働くＥさん

　Ｅさんは知的にはボーダーラインの19歳の青年である。自閉症スペクトラム障害（ASD）の特性をもち友達関係を保つことが苦手であった。友達はほしいが一緒にいると疲れてしまったり相手の言うことを勘違いして思い込んでしまったりすることも多く，カッとなりやすいという側面もあった。しばらく付き合っていると周囲の人間もなんとなく付き合いにくくなり離れていってしまっていた。ある日Ｅさんは友達の「あの○○がほしいなあ」という呟きを耳にする。Ｅさんはそれをあげれば友達が喜んでくれて関係が続くと勘違いする。お金はないのでそれを盗んでプレゼントしはじめる。友達は彼に頼むと品物が手に入るということを学習した。Ｅさんは友達を喜ばせるために盗みを繰り返し逮捕されることになる。友達は頼んだつもりはないと答え，Ｅさんも自分が勝手に盗んだと供述した。再犯であるため家庭裁判所まで話は進んだが不起訴と

なった。警察官や裁判所の職員の質問に対して素直に否定することなく答えていた。覚えているはずのないことでも「そのときはこう思ったのですね？」などの質問に「はい」と答えていた。わからないことは「はい」と答えたほうが，物事が早く終わると学習していたかのようであった。ともすれば相手が気に入るような答えをしてしまうこともあり得るのである。そこで高校の元担任が間に入り，Ｅさんと警察官や裁判所の職員とのやり取りが終わった後で元担任が面談を行い，実態を報告することとした。

④　トラブルシューターの必要性

　発達障害や知的障害をもつ人たちが加害者となった場合，理不尽な対応を受けないように，または刑の終了後に社会復帰をできるだけスムーズに行うことができるような活動が求められている。

　発達障害や知的障害をもつ人たちが事件を起こしたり巻き込まれたりした場合，だから障害者は怖いというイメージが広がってしまうことは避けなければならない。いまだに障害者施設の建設計画が出されると地域から反対運動が起きる。この現象も実態を知らないところからくる恐怖感の表れだと考えられる。トラブルシューター（TS）とは文字通り障害をもつ人たちが関係するトラブルを解決する人たちである。各地で積極的にトラブルシューター養成講座が開催されている。講師に医師，弁護士などの専門家を加え，トラブルに巻き込まれないためにはどのような教育が必要か，また巻き込まれた場合の対処などについて，事例を交えながらの講座を行っている。一般社団法人東京エリア・トラブルシューター・ネットワーク（東京 TS ネット）は地域でトラブルに巻き込まれた障害者を支援するために，社会福祉士，弁護士，医師などの専門家が集まって立ち上げた団体である。個別のケースについて刑事弁護人からの依頼に基づき，ネットワークの登録メンバーである福祉・教育の専門職を派遣し，被告人や被疑者となった本人や家族とも面会し福祉的な支援が必要な人かどうかなどの相談にのっている。定例会を開いたり，トラブルシューターの事例集等を作成したりしている。また出前講座として各地の学校や職場の要請を受けて権利擁護を含めてニーズに応じた講座を開いている。さらに堀江（2014）は

イギリスの SOTSEC-ID（ソトセックアイディ：Sex Offender Treatment South East Collaborative Intellectual Disability：知的能力障害を抱えた性暴力行為者への治療サービス共同体）の取り組みを日本で紹介し日本版の SOTSEC-ID を広めようとしている。目的として以下の点が挙げられている。

- ・　知的障害のある性暴力加害行為者への処遇に携わる臨床家が直面する処遇，倫理的な課題について，討論・意見交換をするために場を提供すること
- ・　SOTSEC-ID モデルについての認知行動療法，リスクアセスメント，リラプスプリベンション（再発防止），グッドライブズモデル（加害者のより良い生き方）等により構成されている適切な研修と情報提供を行うこと
- ・　知的障害のある性暴力加害行為者へのグループによる認知行動療法の効果性を検証するためのデータを収集すること

（2）キャリア支援の事例

事例：私立高校を中退し特別支援学校を卒業し社会に出た F さんのケース

　自閉症スペクトラム障害（ASD）をもつ F さんは私立高校を退学し特別支援学校高等部に入学し卒業した男性であった。高等部では知的に高い学習グループに所属していた。しかし日常会話には支障はないものの疲れやすく睡眠の乱れも目立った。相手の気持ちを理解することに困難があったので友達とのトラブルも多くケンカも絶えなかった。衝動性も高く，気に入らないことがあると走っている車からドアを開けて飛び降りることもあった。母子家庭であり妹にも弟にも発達障害がみられた。自分の思いが通らないと母親を含めて家族に暴言を吐いたり暴力をふるったりすることもあった。母親は精神的に疲弊している様子が見られた。親のレスパイトもあり週に一度ショートステイを試みたが好きなように行動できないという理由で，3 回ほどでやめてしまった。

　高等部 3 年生の後期になっても就労先は決まっていなかった。知的には高いものがあったが現場実習に行っても緊張からか安定した力を発揮することができず，3 日も続けて仕事にいくと朝起きられず休んでしまうということを繰り返した。学校側は現段階では企業就労は難しいと考えていたが，本人は自分よ

り学習面で劣っている友人がみな企業で実習しているという考えにとらわれ，福祉就労はまったく考えることができない状態であった。また早く働いて家族を助けたい，一人暮らしを楽しみたいという思いも強かった。学校側が企業就労はハードルが高いのではないかという話をすると，自分にその力はないと言うのかと怒り出し途中で帰ってしまう状態であった。思ったように就職活動が進まない状態に苛立ち家庭でも荒れる状態が続いた。

　教員や就労・生活支援センターの職員は無理に実態を突きつけるのは進展がないと考え，時間をかけてFさんに自己理解を深めてもらうように段階的に次のような方針をとった。まずは，卒業後は就労継続支援A型（雇用契約を結び給料をもらいながら利用する）をもつ職場と連携を取り，週に3日間午前中だけ1か月勤務することとした。本人にはあくまでも希望の職場にいくためのステップであり，給料をもらうこともでき小遣いにもなり母親を助けることにもなると伝え納得してもらった。失敗経験を重ねないように短時間で短期間の実習を繰り返しそのたびに振り返りを行った。定期的に臨床発達心理士と面談を行い，自分の今の気持ち，疲れ具合，友人関係，家での様子を話し合い，今の自分の状態を確認しあった。

　このような取り組みを卒業後1年間続けることにより，失敗せずに短期間の実習を何回か終えることができた。そのことにより冷静に自分自身の行動を振り返るようになった。本人がどうして自分はすぐに疲れてしまうのか，イライラしてしまうのかなど疑問をぶつけるようになってきた。Fさんは自分の診断名は知っているがそれ以上のことは知らなかった。そこで臨床発達心理士から障害の特性を一緒に考えてもらうこととした。一気に行動してそのあと疲れてしまうこと，音に対する過敏があり大きな声を聴くとイライラしてしまうこと，賑やかな集団が苦手なこと，時間を決めて休憩をとることが必要なこと，睡眠のリズムを整えるために主治医をもつことなどを確認し実行した。本人も生活に見通しをもつことができてほっとしたという感想をもった。

　卒業後2年目に入り，清掃会社にて週3日間5時間勤務することができるようになった。「さらに時間や日にちを延ばすか？」との問いに「今まで無理して働いたらダメになったのでゆっくり進めたい」と答えるようになった。

第Ⅱ部　生涯発達における臨床発達支援

＊

　特別支援教育を受けてきた卒業生は卒業と同時に就労するという厳しい現実がある。多くの高校生が卒業後，アルバイトをしたり，専門学校や大学に進学したりしながら自分の人生を考えている。Ｆさんの場合にしても高等部３年生の段階で自分の進路を決めるにはクリアすべき問題が多かったのである。結果的には卒業後３年間を経て21歳で清掃会社に就職し週５日間５時間働いている。現在は週に一度ショートステイを実施している。

　学校生活では本人や親にも企業就労ができないから福祉就労という考えではなく自分の特性や能力にあった場所で働くことがベストであること，就労継続支援事業Ｂ型（授産的な活動を行い工賃をもらいながら利用する）を経てＡ型へ，そして就労移行支援事業に進むことや職業能力開発校などを経てスキルアップを図ってから就労するなど，何歳になったら何をするということではなく本人の実態に応じて時間をかけて就労を考えていくことが大切である。

4　関連する法案と支援との関係

（1）知的障害者福祉法

　1998（平成10）年度に従来の精神障害者福祉法が知的障害者福祉法に名称変更された。

　この法律の目的は第一条にあるように「知的障害者の自立と社会経済活動への参加を促進するため，知的障害者を援助するとともに必要な保護を行い，もって知的障害者の福祉を図る」ことを目的としている。そして当事者自身の自立への努力を促し，社会はその機会を確保することを謳っている。第二条においては「国民は，知的障害者の福祉について理解を深めるとともに，社会連帯の理念に基づき，知的障害者が社会経済活動に参加しようとする努力に対し，協力するように努めなければならない」として国民の責務について言及している。

　この法律において知的障害者の明確な定義はなく，都道府県独自の判断にゆ

だねられており，その役割は都道府県が設置する知的障害者更生相談所が担っている。

　知的障害者更生相談所は18歳以上の知的障害者に関する相談及び指導のうち，専門的な知識技術を必要とする医学的，心理学的及び職能判定を行うことと規定されている。

　また，知的障害者更生相談所には知的障害者福祉司を置かなければならない。知的障害者福祉司は知的障害者の福祉に関する様々な相談を受けつけ，日常生活などの指導を行う。また，施設入所に関する仕事を行い，職員に技術的な指導を行う。知的障害者福祉司は大学等で社会福祉に関する科目を修めた者や社会福祉主事の資格を有する者や医師等の専門家から任用される。以下に知的障害者更生相談所の役割をまとめる。

1）相談支援事業

　　知的障害者に係る職業や生活・教育などに関する経済的給付の相談及び家庭や施設等での日常生活に関する相談に応じる。

2）療育手帳の判定と交付

　　自治体指定の心理判定員や医師が知能検査や日常生活動作等をもとに総合的に判断する。障害程度区分やサービスの内容は自治体によって違うが，手帳を利用することにより，税金の減免，交通運賃の割引，公共料金の割引，医療費の助成，就労支援などを受けることができる。

3）障害者総合支援法にもとづき，市町村が支給要否決定を行うさいに，市町村の求めに応じて意見を述べること，技術的事項について協力・援助することが求められている。

（2）障害者虐待防止法

　「障害者虐待の防止，障害者の養護者に対する支援等に関する法律」（通称：障害者虐待防止法）が2012年10月1日より施行された。障害者に対する虐待は，福祉施設の職員や勤務先の経営者などから暴行を受けたり，賃金が払われなかったりするなど，様々なケースが報道されている。障害者の通う作業所で虐待場面がビデオカメラに収められていたという事件もあった。これらは常態化し

第Ⅱ部　生涯発達における臨床発達支援

ていると考えられても致し方ない。また家庭においても保護者など家族による
虐待も見られている。原因としては障害特性の理解不足が根底にあるが，仕事
場でのストレスや家族ではどうにもならなかったという閉塞感から冷静な行動
がとれなくなったという例もある。

　虐待にあたる行為は，殴る・蹴る・身体を縛りつけるといった「身体的虐
待」，性的な行為を強要する・わいせつな言動を繰り返すなどの「性的虐待」，
暴言を吐く・脅すなどの「心理的虐待」，食事を与えない・お風呂に入れない
など世話を放棄する「ネグレクト」，障害者の給与を勝手に搾取する・日常生
活に必要な金銭を渡さないなどの「経済的虐待」などがある。

　虐待はその疑いがある時点で市区町村の虐待防止センターに通報する義務が
ある。見て見ぬふりはできないのである。誰が通報したのかを問われたり，仮
にそれが勘違いであっても責任を問われたりすることはない。

　障害者施設に入所・通所している場合，日頃からお世話になっているという
気持ちから虐待の疑いがあっても家族が訴えにくいという実態もある。また先
輩職員が自分の支援方法はこうだ，と乱暴な行動を正当化している場合もある。
虐待が事件化したケースは早期に介入されずに常態化したことに原因がある。
いずれも早期に勇気をもって通報してほしい。

　また家族間では子どもを養育せずに本人の障害者基礎年金を搾取するという
事例もある。親子関係があり本人が苦情を言い出しにくいこともある。本人か
ら話を聞いても昔からそうだったと，諦めをもって受け入れている場合もある。
このように虐待を行っている者も受けている者も，今行っている行為が虐待に
あたるという自覚をもっているとは限らない。気づいた者・疑いをもった者が
身近な人や虐待防止センターに相談することが大切である。

（3）障害者総合支援法

　「障害者の日常生活及び社会生活を総合的に支援するための法律」（通称：障
害者総合支援法）が2014年4月1日に完全施行となった。障害者自立支援法で
は，支援の対象が身体障害者，知的障害者，精神障害者（発達障害者を含む）
に限定されていたが，**障害者総合支援法**では一定の難病の患者が対象として加

えられた。一定の難病とは，「難治性疾患克服研究事業」の対象である130疾患と関節リウマチとしている。重度訪問介護は，これまでは重度肢体不自由者が対象のサービスであったが，重度の知的障害者および精神障害者も利用可能となった。

　また，コミュニケーション支援事業では手話通訳や要約筆記者，触手話，指点字が出来る者の要請や派遣を視野に入れている。ただしこれらのサービスを受けるためには市区町村または相談支援事業者に相談し申請し，審査を受け契約をするという手続きが必要となる。サービスを必要としている者がいてもその手続きがわからない場合もある。両親が障害をもっていて役所とのやり取りが困難な場合もある。やはり卒業した学校や市区町村の障害福祉課などとつながっている必要性がでてくる。

（4）障害者雇用促進法

　2016年4月1日より新たな「障害者の雇用の促進等に関する法律」（通称，**障害者雇用促進法**）が施行され（一部2018年4月），精神障害者も障害者枠に入った。精神障害者には発達障害やてんかんをもつ人も含まれている。また「障害者と障害者でない者との均等な機会及び待遇の確保並びに障害者がその有する能力を有効に発揮することができるようにするための措置」と前書きされていることから障害者であることを理由に差別することを禁じ障害者の雇用を促進することが勧められている。差別の具体例としては障害があることを理由に採用を拒否したり昇給を抑えたりすることなどが挙げられる。したがって車椅子を使用している者が採用試験を受ける場合には車椅子が入る机を用意する，採用された場合は車椅子で仕事ができる環境を保障する努力が求められる。また知的障害があり口頭での説明ではわかりにくい場合などは絵や文字を書いて説明することも求められている。また，国は事業主に対して，障害者雇用率に合った身体障害者・知的障害者の雇用を義務づけている。民間企業の法定雇用率は2.0％である。2015年からは100人以上規模の企業に障害者を雇用する義務が生じている。そして，法定雇用率を下回っている企業からは，法定雇用障害者数に不足する人数に応じて納付金を徴収し，それを法定雇用率を上回ってい

第Ⅱ部　生涯発達における臨床発達支援

る企業に対して各種の助成金として支給するという障害者雇用納付金制度がある。

（5）障害者差別解消法

　2016年4月1日より「障害を理由とする差別の解消の推進に関する法律」（通称：**障害者差別解消法**）が施行された。この法律は不当な差別的扱いを禁止し，合理的配慮の提供を求めているものである。差別的な扱いとは障害者に対して正当な理由もなく障害を理由として差別することを意味している。具体的には受付での対応を拒否する，入店を断る，本人を無視して介助者など付き添いの人だけに話しかける，学校の受験や入学を拒否する，アパートなどの物件を紹介しないなどが挙げられる。

　また**合理的配慮**の提供とは障害をもつ人が，それゆえに不利益をこうむる場合その障壁を取り除くように要望があったときにはその要望にこたえる努力をすることである。具体的には講演会では聴覚障害をもつ人用に手話通訳を用意する，書類を書くことが難しい場合には本人の要望を確認しながら代筆をする，自分の意思を口頭で伝えることが難しい場合は写真・絵カードを使用したり，タブレット端末を使用したりする，電車に車椅子を使って乗る人がいた場合は駅員がスロープやエレベーターを使って誘導するなどが挙げられる。しかし，事業者においては無理のない範囲での努力が求められている。無理な場合はなぜ無理なのかを説明し，お互いが納得することが大切である。国立大学や役所には法的義務を私立大学や企業には努力義務を求めている。だが合理的配慮をしなくても罰則はない。内閣府のホームページには視覚障害・聴覚障害・肢体不自由・知的障害・精神障害・発達障害・難病等の障害種別ごとに合理的配慮等の具体的データ集が紹介されている。

　筆者が実際に経験した例をいくつか紹介する。転職の際に元担任として付き添い，本人が説明しきれない特性を細かく説明し書類に住所等を記入する場合，その枠が小さくて本人が書ききれない場合は代筆をした。実際に働いている会社においては，本人が困っているときは誰に相談すればよいのかを決めておいてもらう・すぐに困っていることを言い出せない場合もあるので学校と同じよ

うに連絡帳を用いて家で伝えたいことを思い出したらノートに書いてくる，または保護者に書いてもらい上司が読むことを依頼した。また，ノートに書くよりメールでのやり取りがより本人にとってやりやすい場合はそのように依頼した。

このように会社においても合理的な配慮を要望し可能な範囲での配慮をしてもらった。配慮を依頼するばかりではなく配慮があればこのような仕事ができるということを説明し理解してもらうことが大切である。

そして法に触れる行為または疑われる行為をして警察や裁判所に呼ばれた場合も，本人が覚えていることをできるだけ正確に伝えられるように絵や図を描いて説明する，職員には短い言葉で具体的に質問するように依頼し，筆者が質問しなおすなどの配慮を行った。

障害者差別解消法において合理的配慮は非常に重要な部分である。障害特性は一人ひとり異なっており，はっきりと区切れるものではなくグレーゾーンである。障害をもつ人が障壁をとってほしいと要望を出したときに発生し，そこで話し合いが生まれ個々にあった合理的配慮が発揮されるものである。

5　方法——カウンセリングとコーディネーション

（1）自分とは何者か

学校を卒業し地域で社会生活を送るようになると成長に応じて様々な青年期としての悩みをもちはじめる。会社では特例子会社（雇った障害者を親会社の雇用とみなして雇用率に合算できる子会社）を除いては，障害者雇用枠で入社している者は少数派であり，多くは普通高校・専門学校・大学を卒業して働いている。年齢的にも恋愛や結婚の話題も出はじめ友人の中には家庭をもつ者も現れてくる。自分はどうして同期の人よりも給料が低いのだろう，同僚たちとコミュニケーションがうまく取れない，一人暮らしをしたいが家族から反対されている，付き合っている人と結婚して子どもを育てたいが反対されているなどこれからの人生に対する悩み，つまり「自分とは何者でありこれからどこへいく

第Ⅱ部　生涯発達における臨床発達支援

か」というアイデンティティに関する悩みをもつ。貯金もある程度でき，移動範囲も広くなり周囲が見えてくることによって，理想とする自分と現実とのギャップに悩みはじめる。

　特別支援教育においては性に関する授業は組みにくく，個別に担任や養護教諭が担当していることがほとんどである。保護者や教員の中にも高等部においての性教育は寝た子を起こすことになるのでやめてほしいという意見もある。そのような状態で卒業した生徒たちは正確な情報を得ることができずにいる。友人同士の会話やインターネットで得た不正確な情報をもとに生活し，自分の体や置かれている環境に考えが及ばずに望まない妊娠をすることもある。

　家族としては息子娘が障害をもっているので，障害がなく自分の子どもをリードしてくれる相手に恵まれたいと思ったり，一生この子には結婚は無理だと断言する親がいたりする。親の思いとして否定することはできないが，これからの人生を生きていくのは本人であり，青年としてのキャリアを認め自己肯定感を低めることなく家族だけではなく地域で支えていく体制が必要だと思われる。

（2）障害の告知と自己理解

　特別支援教育の対象となっている人で自分の診断名を伝えられている人は少ない。保護者が知っている場合はあるが，詳しい説明を受けていないことが多い。本人が診断名を知っている場合も自分の特性や学習のスタイルとして説明されていることはきわめて少ない。これらは障害の告知の時期と説明方法の難しさが根底にあると推察される。障害の告知については専門家の中でも意見は分かれている。できるだけ早い時期に告知し説明すべきだという意見も，その内容が十分に理解できる年齢まで待つべきだという意見もある。誰が告知するかの基準はないが専門的知識をもち本人を含めて保護者と面談ができる立場にあり，告知後も数年は関係を保つことができる者が良いと思われる。

　筆者の場合は次のような手順を踏んでいる。まず，本人が困り感をもち相談をしたいという意思をもっていること，保護者の同意があること，それらを前提として主治医にも了解を得て告知と説明をしている。事前に本人や保護者か

ら今までの生育歴や困りごとを聞き，その人用のスライドを作り保護者同席の
もとで説明をしている。障害は多数派少数派という区分からもたらされる概念
であり良い悪いということではないこと，保護者や本人の努力不足ではないこ
と，長所と短所は裏表の関係であること，短所も工夫次第で改善できることを
説明する。あらかじめ本人からの困り感を聞き取り，スライドに盛り込み，短
所であると同時に長所であることも具体例を示して伝えている。その結果，も
しも改善したいのなら次のような方法があるというように改善方法を示してい
る。このように進めるといずれもほっとした様子を見せているが，伝え方は一
人ひとりによって違いきわめて慎重に行うべきことである。

　本人たちの話を聞いていると長い学校生活でのルールが刷り込まれているこ
とを感じる。たとえば友達は多いほうがいい，みんなで仲良くしたほうがいい
などである。一人で過ごせることも大きな力であること，無理に人と親しくな
らなくても良いこと，人である限り苦手な人がいても悪いことではないことな
どに気づいていない人が多いことを実感している。

　青年となっている本人に寄り添い問題をともに考えていくためにはチームで
支えあう必要がある。最も重要なことは本人の問題であるので当然本人が話し
合いの中心となることである。本人の意思を無視しての支援はありえない。

　就労先での困難においては本人や家族のほかに，上司，就労・生活支援セン
ター職員，元担任や進路担当が支援会議を開く必要がある。また生活面や自己
意識の問題については医師，臨床発達心理士や臨床心理士，保健師などに参加
してもらい，そのときの状態に応じて臨機応変に支援会議を開くことが大切で
ある。

6　後期青年期の支援に求められる専門性

　特別支援教育を受けてきた人は卒業後一定期間，進路担当による支援があり，
その後は就労支援機関とつながっていくことが可能である。しかし，実際には
より多くの知的に遅れのない発達障害をもつ人たちが大学・短大・専門学校に
おいて学び社会にでている。学生生活はなんとか終えることができたものの，

第Ⅱ部　生涯発達における臨床発達支援

職場において不適応を起こしたり離職したりするケースがある。支援者には本人に寄り添いライフプランを一緒に考えていく力が求められている。その際，支援者には以下のようなことを考慮する必要があると考えられる。

- ・　障害者手帳（精神障害者保健福祉手帳）取得を本人が望んでいるかどうか。
- ・　手帳を取得した場合には一般企業障害者雇用枠で働くか特例子会社を選ぶか。
- ・　職場では一人で完結できる仕事が良いのか協働体制が取れる仕事が良いのか。
- ・　手帳を取得した場合は，障害に関する情報を職場の中でどの範囲まで伝えていれば良いのか。
- ・　実家に住んでいたいかアパートなどが良いのか。
- ・　家事スキルはどの程度獲得しているか。
- ・　服薬を含め健康管理ができるか。
- ・　給料の使い方を含め金銭管理ができるか。
- ・　余暇活動を求めているとしたらそれは何か。

　職場では一人ひとり違う多岐にわたった問題が起こる。わからないことがあり質問したいことがあってもタイミングがわからず一日過ぎてしまう，残業を断ることができずに疲れ切ってしまったり，同僚からの遊びの誘いが断れずに悩んだりしている人もいる。住居の問題では実家は出たいが一人暮らしは自信がない，結婚したいが将来が不安だ，など年齢とともにライフイベントに応じた問題も起きてくる。支援者は当事者の障害特性と取り巻く環境を把握し，ともにライフプランを考えていくことが必要である。そのために支援者には発達障害に関する高い専門性と行政との連携能力が求められている。

（新井豊吉）

第9章 成人期以降における支援

1 成人期における支援とは何か

　成人期は**中年期**または壮年期ともいわれ，一般的に35歳または40〜65歳までをいうことが多く，青年期と老人期の間のかなり長い時期にあたる（下仲，2010；米川，2003；遠藤，1995）。法律上「高年齢者等の雇用の安定等に関する法律」（高年齢者雇用安定法）（1971年）では中高年を45〜65歳と規定している。心理社会的発達には，成人前期と後期があり，後期は特に中年期ともいわれる（Levinson, et al., 1992；図9-1）。

　松岡（2009）は成人期前期・中期のライフイベントをエリクソンの発達課題を参考に「親密性対孤立」「生殖性対停滞」と設定し，起こる可能性のある出来事を成人期前期は「結婚（独身，離婚），妊娠，出産，子育て，家庭と仕事の両立」，成人期中期は「子育て，巣立ち，定年，自分の限界の認識，中年期危機，自己の問い直し」とした（表9-1）。中年期の**ライフイベントの構造**とその再体制化のプロセスを分析したものにハルシュら（Hultsch & Plemons, 1979）があり（図9-2），さらに岡本（1985）は中年期の**アイデンティティの再体制化**のプロセスを分析し，①アイデンティティの拡散→②生き方の模索→③再体制化のプロセスを取ることを明らかにした（表9-2）。

　これらのことから，成人・中年期には様々な発達課題があり，葛藤や危機，その後のアイデンティティの再体制化やその失敗などのライフイベントがあり，

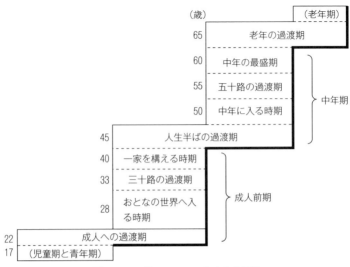

図 9-1 レヴィンソンによる人生区分
出所：Levinson et al., 1992より作成

表 9-1 成人期前期，中期の発達課題とライフイベント

発達段階	発達課題	起こる可能性のある出来事
成人期前期 （成人期初期） だいたい25～35歳	親密性対孤立 （親密な関係を他者との間に作り上げること）	結婚（独身，離婚） 妊娠，出産 子育て 家庭と仕事の両立
成人期中期 （中年期） だいたい35～60歳	生殖性対停滞 （次世代に関心を示すこと）	子育て，巣立ち，定年 自分の限界の認識 中年期危機 自己の問い直し

出所：松岡，2009

支援の内容や課題も多様であることがわかる。

　本章では，一般の成人・中年期の研究の実態に触れた後，近年広く問題になっている発達障害，ひきこもりなど生きにくさを抱えている人々の実態と支援の課題を明らかにする。

第9章 成人期以降における支援

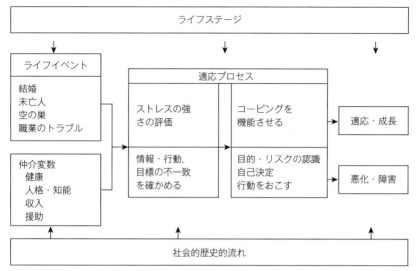

図9-2 ライフイベントの構造
出所：Hultsch & Plemons, 1979より作成

表9-2 中年期のアイデンティティ再体制化のプロセス

段階	内　　容
Ⅰ	身体感覚の変化の認識にともなう危機期 　体力の衰え，体調の変化への気づき，バイタリティの衰えの認識
Ⅱ	自分の再吟味と再方向づけへの模索期 　自分の半生への問い直し，将来への再方向づけの試み
Ⅲ	軌道修正・軌道転換期 　将来へむけての生活，価値観などの修正，自分と対象との関係の変化
Ⅳ	アイデンティティ再確定期 　自己安定感・肯定感の増大

出所：岡本，1985

第Ⅱ部　生涯発達における臨床発達支援

2　成人・中年期の現状と支援ニーズ

（1）成人期の現状と支援ニーズ

　成人期の定型発達の人々の問題については様々な研究がなされているが，中でも現代人のライフスタイルの調査からその問題点を明らかにし，今後の**ライフスタイル**の提案を行ったものに，ライフデザイン研究本部研究開発室(2004) の調査研究がある。これは，1995, 1997, 1999, 2001, 2003年にかけて，それぞれ約1,400〜2,300名にアンケート調査を行い結果を分析したものである。ここから明らかになったこととして，①日本人のライフスタイルは，経済・社会構造の変化を反映して，変化・多様化している，②ライフスタイルの変化・多様化を裏づけるものは各個人の生活観・生活意識の変化・多様化であるが必ずしも両者は一致しておらず，そこから不満が生じている，③ライフスタイルの多様化を阻害する要因が存在し，この要因によって各個人の生活観・生活意識から導かれる望ましいライフスタイルと現実のライフスタイルに齟齬が生じている，の３点が挙げられている。

　さらに詳しく「働き方」に焦点を当てて分析すると，いまだ旧来の**性別役割分業**に根ざした意識と実態が強くあること，それに満足しそれを基礎としたライフスタイルを送っている層がいるのに対し，それに不満をもっていても志向するライフスタイルを変えられない層がいることが明らかになった。

　経済的充実を図るために正社員という働き方を選択した場合，選択の余地なく「仕事に一生懸命生きる」ライフスタイルをおくることが前提となり，「適当にゆっくり」やろうとすると，経済的にやっていけない仕組みである。現状の社会生活は「経済的充足を得る」か「貧しく暮らすか」の両極端の２者選択しかない現状が多い。現在においてさえ，現実に夫婦共働きをしている場合でも，夫が長時間労働し，妻が家事の多くを分担するというライフスタイルは変わっておらず，特に妻の大きな負担のうえに成り立つライフスタイルとなっている。しかし，経済的・社会的変革は，先に述べた「生活観・生活意識の多様

278

化＝志向するライフスタイルの多様化」の方向に変化しており，「そこそこの
経済的充足が得られれば，ゆっくりやりたい」と考える層や仕事より家庭や地
域ネットワークを重視する層が相当の比率で現れてきている。個人の生活満足
度の観点のみでなく，社会的機能の面からもすべての男女が家庭・地域・教育
等多方面で複数の役割を多重的に果たしていくことが重要視されているが，こ
の観点からも，仕事と生活のバランスがとれたライフスタイルを選択できるよ
うにすることはこれからの成人期の支援の重要な課題となる。

　定型発達の成人期・中年期の問題点，支援の課題はこのような全体的ライフ
スタイルの現状と課題を明らかにしたうえで検討することが重要と思われる。

（2）成人・中年期の発達障害に関連する法案とガイドライン

①　発達障害支援に関連する法案の改定

　近年の成人・中年期の発達課題や支援に関連して多くの法案の制定や改定が
行われてきた。2004年に発達障害者支援法，2005年に障害者自立支援法が制定
され，障害者総合福祉法を経て，2016年には発達障害者支援法が改正された。
厚生労働省（2016）は発達障害者支援法と関連する支援の法的枠組みを示した
（図9-3）。この中で成人・中年期の支援として近年充実してきたものとして，
保健・保育・教育・労働等分野においては家族支援，障害福祉サービス等分野
においては就労支援，地域生活支援，医療分野においては専門的医療機関の確
保等，その他の分野において権利擁護など，様々な分野での支援を挙げること
ができる。

　特に発達障害者の就労支援に関しては，①若年コミュニケーション能力要支
援者就職プログラム，②発達障害者の就労支援者育成事業，③発達障害者・難
治性疾患患者雇用開発助成金，④発達障害者に対するリハビリテーション支援
技法の開発及び地域障害者職業センターにおける「発達障害者に対する体系的
支援プログラム」の実施などの施策が実施されている（表9-3）。

②　発達障害等支援に関連したガイドラインの策定

　また長期にわたる調査研究に基づいて様々な支援のガイドラインが作成され

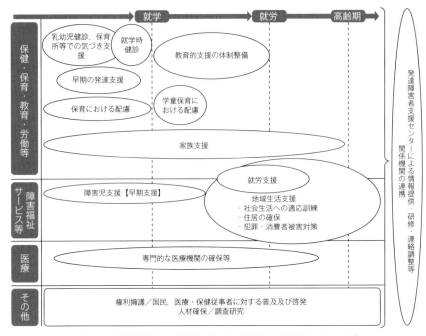

図 9-3　発達障害者支援法に基づく支援等の全体像のイメージ
出所：厚生労働省，2016

てきたがその主要なものを紹介する。

　神尾（2010）は，自閉症スペクトラム障害（ASD）のライフステージごとの行動特徴を明らかにし，各ライフステージにおける自閉症スペクトラム障害（ASD）者に対する支援のあり方の提言を行った。その中で，小山ら（2010）は，全国の発達障害者支援センター，精神保健福祉センター，全国自閉症者施設協議会のうち75施設，581人の自閉症スペクトラム障害（ASD）成人の調査を行い，どのような要因が社会参加に役立つかを調べた。様々な要因の中から成人期の良好な社会参加との関係が明確になった要因は①就学前から中学時代まで何らかの支援が継続していたこと，②母親が助けになっていることの2つであった。さらに就学頃に「文章を話していた群」と「2語文しか出ていない群」とで成人期の社会参加を比較したところ，「2語文しか出ていない群」では父親が助けになっていたかどうかが，「文章を話していた群」では4歳前に

第9章　成人期以降における支援

表 9-3　発達障害者に対する雇用支援策

◎発達障害者を対象とした支援政策	◎発達障害者が利用できる支援施策
(1)若年コミュニケーション能力要支援者就職プログラム 　ハローワークにおいて，発達障害等の要因により，コミュニケーション能力に困難を抱えている求職者について，その希望や特性に応じて，専門支援機関である地域障害者職業センターや発達障害者支援センター等に誘導するとともに，障害者向けの専門支援を希望しない者については，きめ細かな個別相談，支援を実施する。 ※就職支援ナビゲーター（発達障害者等支援分）の配置（安定所） 　　　　　　　平成27年度：全国47局90名	**(1)ハローワークにおける職業相談・職業紹介** 　個々の障害者に応じた，きめ細かな職業相談を実施するとともに，福祉・教育等関係機関と連携した「チーム支援」による就職の準備段階から職場定着までの一貫した支援を実施する。併せて，ハローワークとの連携の上，地域障害者職業センターにおいて，職業評価，職業準備支援，職場適応支援等の専門的な各種職業リハビリテーションを実施する。
(2)発達障害者の就労支援者育成事業 　発達障害者支援関係者等に対して就労支援ノウハウの付与のための講習会及び体験交流会を実施するほか，事業所において発達障害者を対象とした職場実習を実施することにより，雇用のきっかけ作りを行う体験型啓発周知事業を実施する。 　　　　※実施箇所数：8箇所（職場実習は47局）	**(2)障害者試行雇用（トライアル雇用）事業** 　ハローワーク等の職業紹介により，障害者を事業主が試行雇用（トライアル雇用＝原則3か月）の形で受け入れることにより，障害者雇用についての理解を促し，試行雇用終了後の常用雇用への移行を進める。
(3)発達障害者・難治性疾患患者雇用開発助成金 　発達障害者の雇用を促進し職業生活上の課題を把握するため，発達障害者について，ハローワーク等の職業紹介により常用労働者として雇い入れ，雇用管理に関する事項を把握・報告する事業主に対する助成を行う。 ※平成21年度に発達障害者雇用開発助成金と難治性疾患患者雇用開発助成金を創設。平成25年度に両助成金を統合	**(3)障害者職場定着支援奨励金** 　障害者の雇用を促進し職場定着を図るため，障害者を雇い入れるとともに，その業務の遂行に必要な援助や指導を行う職場支援員を配置する事業主に対する助成を行う。
(4)発達障害者に対する職業リハビリテーション支援技法の開発及び地域障害者職業センターにおける「発達障害者に対する体系的支援プログラム」の実施 　発達障害者の雇用促進に資するため，独立行政法人高齢・障害・求職者雇用支援機構障害者職業総合センターにおいて発達障害者の就労支援に関する研究を行うとともに，発達障害者に対する職業リハビリテーション支援技法の開発及びその蓄積を図る。 　また，これら技法開発の成果を活用し，地域障害者職業センターにおいて「発達障害者に対する体系的就労支援プログラム」を実施し，発達障害者に対する支援の充実を図る。 ※（独）高齢・障害・求職者雇用支援機構交付金事業	**(4)職場適応援助者（ジョブコーチ）支援事業「訪問型・企業在籍型職場適応援助促進助成金」** 　障害者が職場に適応できるよう，地域障害者職業センター等に配置されているジョブコーチが職場において直接的・専門的支援を行うとともに，事業主や職場の従業員に対しても助言を行い，必要に応じて職務や職場環境の改善を提案する。 　なお，企業に雇用される障害者に対してジョブコーチによる援助を実施する事業主（訪問型）や自社で雇用する障害者に対してジョブコーチを配置して援助を行わせる事業主（企業在籍型）に対しては助成を行う。
	(5)障害者就業・生活支援センター事業 　雇用，保健，福祉，教育等の地域の関係機関の連携の拠点となり，障害者の身近な地域において，就業面及び生活面にわたる一体的な支援を実施する。 　　　　　　（平成27年8月現在：327か所）

出所：厚生労働省，2016

診断を受けていたかどうかが，成人期の社会参加に関係していることがわかった。

　また，齊藤（2011）は，齊藤（1994）の報告およびその後の調査研究をもとに，ひきこもりの診断支援のガイドラインを作成した。これは2010年2月に内閣府が行った調査の結果，全国のひきこもりの子ども・若者は約70万人おり，

281

第Ⅱ部　生涯発達における臨床発達支援

表 9-4　第 6 軸　ひきこもり分類について

第 1 群	統合失調症，気分障害，不安障害などを主診断とするひきこもりで，薬物療法などの生物学的治療が不可欠ないしはその有効性が期待されるもので，精神療法的アプローチや福祉的な生活・就労支援などの心理―社会的支援も同時に実施される。
第 2 群	広汎性発達障害や精神遅滞などの発達障害を主診断とするひきこもりで，発達特性に応じた精神療法的アプローチや生活・就労支援が中心となるもので，薬物療法は発達障害自体を対象とする場合と，二次障害を対象として行われる場合がある。
第 3 群	パーソナリティ障害（ないしその傾向）や身体表現性障害，同一性の問題などを主診断とするひきこもりで，精神療法的アプローチや生活・就労支援が中心となるもので，薬物療法は付加的に行われる場合がある。

出所：齊藤，2011

表 9-5　ひきこもりに対する支援の構造

第 1 の次元：背景にある精神障害（発達障害とパーソナリティ障害も含む）に特異的な支援
第 2 の次元：家族を含むストレスの強い環境の修正や支援機関の掘り起こしなど環境的条件の改善
第 3 の次元：ひきこもりが意味する思春期の自立過程（これを幼児期の"分離―個体化過程"の再現という意味で"第二の個体化"と呼ぶ人もいる）の挫折に対する支援

出所：齊藤，2011

特に30歳代で長期にわたってひきこもっているケースが数多く見られるなどが明らかになったことを受けて作成された。このガイドラインによると，ひきこもりの支援の際には，ひきこもりの多軸診断が必要であり，以下の 6 軸にわたる診断が推奨されている（第 1 軸：背景精神障害の診断，第 2 軸：発達障害の診断，第 3 軸：パーソナリティ傾向の評価〔子どもでは不登校のタイプ分類〕，第 4 軸：ひきこもりの段階の評価，第 5 軸：環境の評価，第 6 軸：ひきこもり分類）。

　この軸に沿った分類を行ったうえで，第 6 軸のひきこもりのタイプの分類を行う（表 9-4）。ひきこもりのタイプには，①統合失調症，気分障害，不安障害など精神疾患を主訴とするひきこもり，②広汎性発達障害や知的障害など発達障害・知的障害を主訴とするひきこもり，③パーソナリティ障害，身体表現性障害などを主診断とするひきこもりがあり，そのタイプによって異なるその後の治療や支援の方略を明確にすること，治療や支援に際しては，表 9-5 にあるような重層的な支援が必要であることを明らかにした。

　昭和大学附属烏山病院（2013）は，成人期の発達障害者の医療機関受診者，発達障害者支援センターへの相談数，精神保健福祉手帳の交付，ハローワークにおける求職・就職件数が増加していること，「障害者虐待防止法」や「障害

第9章 成人期以降における支援

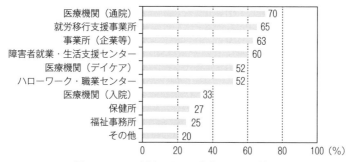

図9-4 ASD支援でさらに充実が必要な機関
注：複数選択, n=100。
出所：昭和大学附属烏山病院, 2013

者差別解消法」の施行などにより，行政，医療だけではなく，教育や企業なども障害者に対する日常的な配慮を求められること，支援が体系化されていない発達障害者に対しては今後その必要性について要望が高まることが考えられることから，発達障害の成人やその家族，支援を行っている医療機関や行政へのニーズ調査を実施した。その結果，多くの機関で医療の必要性を感じながらも自閉症スペクトラム障害（ASD）に特化した支援は行っていないこと，一方で，当事者・家族からのニーズは非常に高いことを明らかにした。図9-4は，「ASDを支援するうえで，さらなる充実が必要と思われる機関にはどのようなものがありますか」という質問を行政機関に行い，7割の行政機関が医療機関の充実が必要と回答している。図9-5は，「発達障害デイケアで役に立ったことを教えてください」という質問への回答である。さらに自閉症スペクトラム障害（ASD）に対しては心理社会的支援が第一選択肢であることから，デイケア（ショートケア）プログラムを開発し，その一部のワークブックのマニュアル化を行い，このプログラムに参加することで「生きがい」や「社会機能」「共感性」などが改善することを明らかにした（加藤, 2015）。成人期発達障害専門プログラムの負担や不安を払拭するよう，その体系化が望まれる。

第Ⅱ部　生涯発達における臨床発達支援

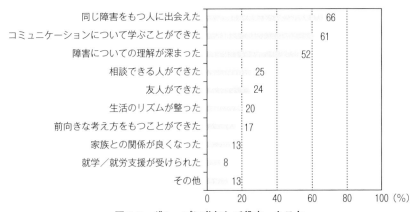

図9-5　グループに参加して役立ったこと

注：複数回答，n＝127。
出所：昭和大学附属烏山病院，2013

（3）その他の成人期発達障害者への支援

① 専門誌における成人発達障害の特集

　成人期の発達障害者のアセスメントと支援に関しては，近年多くの専門誌で特集が組まれてきた（伊藤，2012；神尾，2012；辻井・村瀬，2014）。神尾（2012）は，診断基準がDSM-IV-TRからDSM-5へ，広汎性発達障害から自閉症スペクトラム障害（ASD）へ変更されることを受け，さらにスペクトラムの障害として自閉症的行動特徴が連続的に分布することの分析を行いグレーゾーン（軽症あるいは自閉症スペクトラム障害〔ASD〕閾下）の人たちの臨床的意義を明らかにした。

　濱野（2012）は，発達障害の問診すべきポイントと成人発達障害の合併症を整理し，成人期の発達障害への接し方・支援の仕方について以下のように詳述している。

- 言葉で自分の困っていることを伝えるのが苦手。伝えようとすることを受け止めつつ「こういうことでよろしいか」と確認することが重要。
- 質問はオープンクエスチョンでなく「閉じた質問」が望ましい。オープンクエスチョンは，多義的視点・意味の理解が難しいので困難。支援者の

考えをできるだけ具体的に，論理的に，箇条書きや図を多用して説明し，後は彼らが納得できるまで待つことが重要，最終的に「自分で決めた」という実感が自尊心を高める。できないことやいけないことは明確に伝えることも重要。

・　当面の併存する精神疾患を落ち着かせたうえ，発達障害の治療にかかる。周りの協力，その前の告知。行政の支援機関との連携も重要。

・　コミュニケーションがうまくいかないことから，患者への陰性感情を抱くこともあることを銘記すべき。

以上のポイントは，診断時の問診だけでなく成人期の自閉症スペクトラム障害の人たちと接する際にも有用なポイントと考えることができる。

成人期の発達障害者への就労支援に関して，志賀（2015）は，福祉的就労の問題点を①平均賃金の低さ，②福祉から一般就労への移行率の低さ，③労働施策と福祉施策の分立の3つにあるとし，福祉的就労の新しい課題として，1）職場定着支援を担う専門性と仕組みの開発，2）労働のない福祉的就労の問題点の根絶，3）福祉的就労にアクセスするまでの支援の配慮の重要性を指摘した。

②　その他の研究

その他の研究には，自閉症スペクトラム障害（ASD）の定義の変更，成人期の不適応症状と実態，支援の具体的課題などを検討したものがある。

本田（2013）は，併存障害を防ぎ得た自閉症スペクトラム障害成人例の臨床的特徴の分析を通して，非障害自閉症スペクトラムという概念を提案している。これは障害の概念を障害特性と社会的に適応しているかどうかを区別するという視点を導入して，医学生物学的視点，心理教育的視点からは障害特性をもっていても，社会的に適応している成人を非障害自閉症スペクトラムという概念でとらえようとしたものである。

橋本ら（2006）は，自閉症スペクトラム障害の成人の不適応状況と支援ニーズを明らかにすることを目的に，X病院外来受診の17～41歳の自閉症スペクトラム障害の成人20人（男17人，女3人）にDSM-IV-TR（2002），ギルバーグら

第Ⅱ部　生涯発達における臨床発達支援

(Guiberg et al., 1989)，スザトマリら（Szatmeri et al., 1989）による診断基準の有無，対象者からの生活ならびに社会的適応への困難さの訴えの有無の調査を行った。DSM-IV 診断基準で過去の行動からの変化を測定し，児童期に見られて成人期に見られない以下のような診断項目を明らかにした（儀式的行動への固執，常同行動，身振りの使用，表現の適切さ，手を使った意思表示，社会的シグナルの理解，社会的・感情的適切さ，人の気持ちを感じ取るのが困難，人の気持ちに無頓着）。

　また，治療と支援的な介入の試みには，①薬物療法中心フォロー，②薬物療法・心理療法の併用フォロー，③心理療法中心フォロー，④その他などがあり，心理療法には認知療法，認知行動療法，自律訓練法，グループカウンセリング，その他には，福祉的サービスの利用として，在宅支援サービス，ホームヘルプサービス，ガイドヘルパーやリフレッシュ支援（本人の好きな活動を精神的に寄り添って一緒に行う），メンタルヘルス支援（悩みや話をたっぷりと聞いてあげる），本人の特性に基づいた生涯学習（パソコンや歴史学習）などの支援が必要であることを明らかにした。また，臨床的実践効果検証からは，個別対応と自閉症スペクトラム障害（ASD）成人中心の活動は気分障害や心因反応を減少することに対して効果が高いが，社会不適応への効果とは直接結びつかないことも明らかになった。

　角光ら（2011）は，自閉症スペクトラム障害（ASD）者の就労支援においては，①特性を的確にとらえるアセスメント，②「やってみる」体験を通じた本人の自己理解，③セルフ・アドボカシー・スキルの習得の3点の重要性を挙げているが，この研究ではこれらを踏まえた就労支援プログラムを考案・実践し，プログラムに参加した自閉症スペクトラム障害（ASD）者の事例検討を通じて，その有効性と課題を明らかにした。

（4）今後の成人支援の課題

　これまでに記したように成人期・中年期には多くの問題があり，支援の課題も多様である。定型発達の成人にとっては多様化するライフスタイルの中で制限のある現状とどのようなバランスを取って望ましいライフスタイルを実現す

るかが大きな課題になっており、発達障害者やひきこもりなど生きにくさを抱える人々に関しては支援の体制の整備、ガイドラインの策定がようやく行われはじめたところである。しかし現実には、成人期の発達障害者を診察できる精神科医師の不足、支援を行える支援機関の未整備、成人支援体制の中での支援が必要な人々の位置づけの不十分さなど課題は数多くあり、今後の一層の臨床や実践、研究の発展が期待される。

（三宅篤子）

3　高齢者への支援

（1）現状と支援ニーズ

①　加齢による身体・心理・社会的変化

　わが国の高齢化率は2015年10月現在26.7%である。人口の4分の1は高齢者であり、生涯発達的視点に立った心理的支援が喫緊の課題となっているが、高齢者支援の専門家はいまだに少ない。

　心理ケアを求める高齢者は、慢性疾患、障がいや愛する人の死など、心のバランスを脅かす問題に苦しんでいる（Knight, 2002）。これらは高齢期特有のものではないが、人生の後半にはネガティブなライフイベントが多くなる。愛情問題における失望、家族との争い、自ら臨んだ取り組みの失敗などに苦しむ場合もある。また、問題がいつから生じたのかという点にも留意が必要である。うつ病、不安、薬物乱用、あるいは生涯を通じて精神疾患に苦しんでいる成人もやがて高齢者となることも考慮する必要がある。臨床的には、喪失が愛情といった社会関係上の問題なのか、配偶者や金銭であるのか、視力や歩行機能といった身体問題なのかが大事であろう。ケアする側は、喪失の特異性を認識し、喪失をチャレンジとして再概念化することで、**リハビリテーション・カウンセリングやグリーフ・カウンセリング**などを適用する。

　高齢期には加齢による身体的変化が心理面に影響をきたす場合も多い。高齢者の疾病の特徴として、個人差が大きい、複数の疾病や障害を有する、急変・

重篤化しやすい，症候の非典型などが挙げられる。自覚症状の多い疾病は，筋骨格系の痛み，頻尿，せきや痰，視聴覚の障害，もの忘れ（記憶障害），不眠などがある（渡辺，2007）。

とりわけ，感覚・知覚の問題は心理的支援の場においても注意が必要である。単に情報の理解や意思疎通の問題といった側面にとどまらず，社会生活全般の質にも影響する問題である。具体的には字が読みにくくなり，段差に気づかず転倒する危険が高くなる。また，聞こえが悪いために，意思の疎通が不調になり，電話での会話が困難になり，車の警笛やエンジン音が聞こえず事故に巻き込まれやすくなる。高齢者との会話では低い声ではっきりと話をする配慮が必要である。外気温への感度も低下するために，猛暑の中，室内でエアコンや扇風機を使用しなかったり屋外での農作業を続けたりしていると，熱中症となり命を落とす危険性もある。

視覚の加齢は40歳代から始まり，聴覚はそれほど早くはないが，高齢者では視覚よりも聴覚で問題を抱える人が多い。聴覚障害はコミュニケーションの不良による人間関係の悪化や社会的孤立，閉じこもり，危険からの回避の遅れなどの原因となる（渡辺，2007）。

高齢者はとりわけ個人差が顕著である。高齢期は心身の健康の喪失，経済的基盤の喪失，社会的関係の喪失，生きる目的の喪失という4つの喪失を体験する時期である。しかし，これらの喪失も，誰もが同じタイミングで体験するわけではなく，喪失体験の受け止め方も異なる。定年退職を機に，仕事から解放されたことを享受する人が多い一方で，うつ病を発症してしまう人が少なくないため治療に慎重なアセスメントが必要となるのもその一例である。

そのため，高齢者研究の知見から特性を理解したつもりで，高齢者にあてはめようとすると反発され，無理が生じることが多い。支援の際には高齢者への思い込みなどを捨て，高齢者の話に耳を傾け，そのうえで支援に必要な情報を得るため，正確にアセスメントすることが肝心である。

②　高齢者の心のケアと支援ニーズ

高齢期にはストレスから引き起こされる疾病，幻覚・妄想状態，うつ状態・

第9章　成人期以降における支援

うつ病，神経症，高次脳機能障害，人格変化や感情障害，睡眠障害，意識障害，てんかん，認知症，中途障害などを体験し，心の不調をきたす。

　ここでは『高齢者の「こころ」事典』（2002）を参考に，上記のうち，うつ病，高次脳機能障害，睡眠障害，認知症を紹介したうえで高齢者虐待についても触れる。

　1）　うつ病

うつ病とは高齢期において非常に多く見られる精神不健康の1つである。憂鬱な気分に取りつかれやすい。うつ病の高齢者には社会活動からのひきこもり，食事量や体重の減少，衰弱の始まりなどの状態がよく見られる。内因性のうつ病は，身体的，精神的に深刻な状況を招き，その状況が2週間以上持続する。身体的には身体へのこだわりが強くなる，疲れやすい，倦怠感など身体の不調として感じることが多い。頭痛，肩こり，喉のつまり感，動悸，便秘，排尿障害や睡眠障害がみられる場合もある。さらには，食欲低下から体重減少をきたしやすい。精神的には，朝方3時間以上早く目が覚めたり（早朝覚醒），熟睡感がなく浅い眠りになるといったタイプの不眠をきたす。また，不安や焦燥感が強く，じっと座っていられず，うろうろする。その焦燥感が高まると，自殺の危険がでてくる。さらに，妄想が出現しやすく，罪業妄想，貧困妄想，被害妄想，心気妄想が代表的である。高齢うつ病者が思考渋滞や意欲減退，集中力低下，決断困難をきたすと，簡単な質問にもすぐに忘れたなどと言うことから，あたかも認知症の様相を呈するが，真の認知症とは区別し，仮性認知症と呼ぶ点にも注意が必要である（小林，2002）。

　2）　高次脳機能障害

　高次脳機能障害情報・支援センター（2017）によれば，「**高次脳機能障害**」という用語は，学術用語としては，脳損傷に起因する認知障害全般を指し，この中にはいわゆる巣症状としての失語・失行・失認のほか記憶障害，注意障害，遂行機能障害，社会的行動障害などが含まれるとされる。さらに，各障害については以下のような具体例で説明されている。記憶障害とは，物の置き場所を忘れる・新しいできごとを覚えられない・同じことを繰り返し質問する。注意障害とは，ぼんやりしていてミスが多い・2つのことを同時に行うと混乱す

る・作業を長く続けられない。遂行機能障害とは，自分で計画を立ててものご
とを実行することができない・人に指示してもらわないと何もできない・約束
の時間に間に合わない。社会的行動障害とは，興奮する・暴力を振るう・思い
通りにならないと大声を出す・自己中心的になる。これらの症状により，日常
生活または社会生活に制約がある状態が高次脳機能障害とされる。

　高次脳機能障害者への対応で重要なことは認知症へのそれと異なるに尽きる。
失語症であれ，失行症，失認症であれ，多くの高次脳機能が保たれている。つ
まり，病識欠如や無関心，多幸などを示す少数例を除くと，一般的に患者は，
急性期を過ぎるとともに自分の置かれた状況を理解しはじめ，同時に「馬鹿に
なった」と不安や苦悩を呈するようになる。失認症ではコミュニケーションの
手段を奪われるので，周囲との接触を避け，自閉的になり，意思疎通ができず
に神経症的反応や衝動行為，破局反応を呈することが多くなるので，特に注意
が必要である。その後の障がいの受容には高次脳機能障害者自らの要求水準の
引き下げが必要とされるため，治療者には精神療法的な態度が不可欠であり，
この際に感情的接触が重要となる。症状の個人差が大きいことも特徴であり，
対応時には病前性格，職業的背景，家族関係，趣味などを含む情報の収集が大
切である（北條，2002）。

　3）　睡眠障害

　高齢者の睡眠・覚醒リズムに関しては，中年期の人に比して，夜間の睡眠時
間が減少し昼間の居眠りが増加するが，ほぼ24時間を周期とする内因性リズム
であるサーカディアンリズムは維持されている。高齢者の睡眠の特徴として，
入眠・覚醒時刻が早くなる，睡眠効率の低下，中途覚醒の増加と脳波に大きく
ゆるやかな波が現れる深い眠りである徐波睡眠の減少が挙げられている。高齢
者の多くの訴えは不眠であるが，不眠とは正確には睡眠減少を指す。そのタイ
プには入眠障害（寝つきが悪い），熟眠障害（ぐっすり眠れない），中途覚醒・浅
眠型（何度も目が覚める），早朝覚醒（通常よりもかなり早い時間に目が覚め，そ
れ以降は寝つけない）などがある。男性の約1割，女性の約2割が不眠を自覚
し，男女ともに3割が昼間の眠気を自覚している。

　睡眠障害の主な原因は①心理的・社会的要因によるもの，②精神疾患にとも

なうもの，③薬物やアルコール摂取によるもの，④睡眠時呼吸障害によるもの，⑤中枢神経疾患によるもの，⑥全身疾患によるもの，⑦睡眠覚醒リズムの障害によるものが挙げられる。高齢者の訴える不眠が，加齢にともなう生理的な変化や心理的・社会的なものであるのか，それともうつ病などの精神疾患の一症状であるのかを判断するためには，高齢者の訴えを十分に聴くとともに，家族からの情報を得ることも重要である。不眠のほかに，抑うつ気分，興味・関心・意欲の低下，不安焦燥感や自律神経症状が認められた場合には，単なる不眠と判断せずに，うつ病の可能性についても検討する必要がある。

　高齢者の場合，不眠が続くと容易に不調をきたすことがある。まずは眠れないという訴えに耳を傾けることが大切であり，その後，どこに原因があるのかを判断し，阻害因子を除去するとともに，個々人の特性に応じた支援を行う。具体的には生活習慣の把握と指導，環境の把握と整備，身体的苦痛の除去，睡眠薬服用中の観察と指導である（豊澤，2002）。

　4）　認知症
　認知症は，いったん正常に発達した知的機能が持続的に低下し，日常生活に支障をきたす状態である。2010年現在認知症の全国の有病率は高齢人口の15％，約439万人と推計された。85歳以上の高齢者であっても25％程度とされる。高齢者のうち，ほとんどの人が認知症になるわけではない（朝田，2013）。

　原因は脳血管型の認知症とアルツハイマー型認知症のいずれか，または両者の合併によるものが全体の9割を占める。脳血管型の発現および経過は，比較的急激で段階的に発症し，動脈硬化に関連する運動麻痺や言語障害などの症状をともなうことが多いのに対し，アルツハイマー型認知症の場合には，数年の経過で徐々に進行し，身体的な症状は初期には目立たないのが普通である。

　その症状は中核症状と周辺症状に大別される。中核症状は記憶障害，失語・失行・失認の認知障害，実行機能障害という必ず出現する症状のことである。周辺症状は，うつなどの気分障害と攻撃性や徘徊などの行動障害を示す総称である BPSD（behavioral and psychological symptoms of dementia）とほぼ同義である。認知症高齢者といえば，その異常な側面ばかりが強調されがちだが，認知症高齢者には，われわれが十分理解し，共感することのできる心理が残されて

291

おり，その正常性にも着目することが，介護や対応を考えるうえでも重要である。

　認知症の人が抱える思いには以下のようなものがある。①自分の能力低下や周囲の変化に対する不安や戸惑い，②話をきちんと聴いてもらえず，周囲から孤立しがちになることからくる孤独や寂しさ，③周囲とコミュニケーションが円滑にとれないことによる苛立ちやもどかしさ，④「ボケ」扱いされたり子ども扱いされることによる自尊心の傷つき，⑤誰かの役に立ちたいという思いや，何もすることがなくてつまらないという思い，⑥家族への気がねや迷惑をかけることへの恐れ（介護する側もつらいが，介護される側にもつらいものがある），⑦健康やお金に対する心配（これには，「将来ボケたくない」という思いも含まれる），⑧過去を懐かしんだり，昔のことを誰かに話したいという思い，⑨子どもや両親，友人など，心を許せる人々と一緒に住みたいという思い，⑩自分の人生は無駄ではなく，意味のあるものだったと評価されたいという思い，などである（高橋，2002）。

5）　高齢者虐待

　近年，施設職員による虐待は増加の一途を辿っている。その原因について，高齢者虐待防止法に基づく厚生労働省（2016）の調べでは教育・知識・介護技術などに関する問題が6割以上を占めており，続いて職員のストレスや感情コントロールの問題が挙げられた。とりわけ，高齢者虐待の発生要因の多くは認知症への理解不足である。先述した認知症のBPSDは介護者の負担増加やストレスの原因となり，それが虐待につながる。したがって，介護に対する正しい知識・技術を身につけ，虐待に対する理解を深めることが虐待防止につながる。なお，虐待の深刻度と認知症の程度および要介護度との間に関連は認められない。また，養護者による虐待判断件数も前年度比6.2％の増加となっており，その発生要因は介護疲れ・**介護ストレス**が25.5％と最も多く，次に虐待者の障害・疾病，家庭における経済的困窮が続いた（厚生労働省，2016）。

　高齢者の虐待のケースは顕在化しにくいため，その発生件数を正確に把握することは国内外において非常に困難である。高齢者虐待は身体的虐待，性的虐待，情緒的虐待・心理的虐待，放任・放置，金銭的・物質的搾取，その他の6

種類に区分される。高崎ら（2000）は高齢者虐待の発生要因と増加要因を以下のようにまとめた。発生要因では，ケア提供者の心身のストレス，高齢者の障害および疾病・性格，世代間における暴力の循環，多くの要因の複合と家族関係，閉鎖的な気質と習慣・環境，その他（世間体への思惑）が挙げられた。また，虐待の増加要因として介護・家族的要因（高齢化による高齢者の増加，疾病構造の変化と要介護高齢者の増加，家族構成の変化，女性の社会進出と介護力の低下など），心理的・価値観的要因（老親扶養の考え方の変化，能率主義的価値観と高齢者観の変化，家族中心から個人中心への変化，親と子の関係の変化と世代間の断絶，高齢者・介護者の自立と権利意識の変化など），社会的要因（高齢者世帯の孤立化と虐待の潜在化，ソーシャルサポートとしてのコミュニティの不備，ケアマネジメント機能の不足など）を指摘した。

　以上から，高齢者が抱える心の問題は高齢者自身だけでなく，介護する家族を含めた養護者にも心理的ストレスをもたらすことが問題となってくる（湯野川，2002）。介護にともなう家族の孤独感と犠牲心を理解し，介護サービス利用にともなうストレス，介護施設入所後のストレスなどにさらされながら日々過ごす家族の心理的ケアへのニーズに応えることが喫緊の課題であることは明白であろう。

（2）関連する法案と支援の関係

　1963年に高齢者の心身の健康の保持や生活の安定を目的として老人福祉法が制定された。その後，施設の整備に重点が置かれ，在宅福祉施策の充実も図られるようになった。1990年代に入り，急速に高齢化が進展するとともに，認知症の高齢者が増加し，核家族化が進むにつれて，家族の介護力が低下し，高齢者の介護が社会的な問題となってきた。そこで，高齢者介護を社会全体で支える仕組みとして，1997年に介護保険法が制定され，2000年に施行された。介護保険法とは加齢にともなって生ずる疾病等により要介護状態となった者らが尊厳を保持し，その有する能力に応じ自立した日常生活を営むことができるよう，国民の共同連帯の理念に基づき，必要な保健医療サービスおよび福祉サービスに係る給付を行うことを目的とした法律である。利用者の選択により，保健・

第Ⅱ部 生涯発達における臨床発達支援

医療・福祉にわたる様々なサービスを総合的に利用できる仕組みである。老人福祉法は老人の福祉に関する原理を明らかにするとともに，老人に対し，その心身の健康保持および生活の安定のため必要な措置を講じ，老人の福祉を図ることを目的とする法律である。高齢者虐待防止法は「高齢者虐待の防止，高齢者の養護者に対する支援等に関する法律」の通称である。65歳以上の高齢者の虐待防止，養護者に対する支援等を促進することにより，高齢者の尊厳を保持し，その権利利益を擁護することを目的とした法律である。

　ここでは「車の両輪」といわれる介護保険制度と成年後見制度について取りあげる。2000年4月1日，介護保険法が成年後見制度と同時に施行された。

　介護保険制度は介護を個人にのみ負担を強いるのではなく，社会全体で支えていく仕組みである。要介護状態と判定されると一定の介護サービスを受けられる。要介護度は，要支援1・2から要介護1〜5まで7つの介護区分となる。要介護状態とは，身体上または精神上の障害があるために，入浴，排せつ，食事等の日常生活における基本的な動作の全部または一部について，厚生労働省令で定める期間にわたり継続して，常時介護を要すると見込まれる状態であって，その介護の必要の程度に応じて厚生労働省令で定める区分（要介護状態区分）のいずれかに該当するもの（要支援状態に該当するものを除く）をいう。介護保険法は制度の持続可能性の確保，明るく活力ある超高齢社会の構築，社会保障の総合化を基本的視点として，2006年に制度全般の見直しがあった。その改正のポイントは，予防重視型システムへの転換であった。そのため，要介護状態に陥らないための介護予防の取り組みが盛んである。要介護状態を引き起こす要因として重点6領域，すなわち認知症・うつ・低栄養・歯科口腔・運動器（骨や関節，筋肉，神経などの総称）・閉じこもりが設定されている。とりわけ，心理ケアを要する状態像の多くは認知症，うつ，閉じこもりであろう。

　一方，高齢社会を迎えるにあたり，禁治産制度に代わって，高齢者の権利を守るために，能力の低減に対応して必要な限度で必要な支援を支えることができる制度が求められた。そこで登場したのが，成年後見制度である。

　成年後見制度は，認知症，知的障害，精神障害などによって物事を判断する能力が十分でない人について，その人の権利を守る援助者，すなわち成年後見

第9章　成人期以降における支援

人等を選ぶことで，その人を法律的に支援する福祉的側面が強い制度である。制度には任意後見制度と法定後見制度の2種類がある。任意後見制度とは，将来，判断能力が不十分になった場合に備えて，誰に，どのような支援をしてもらうかあらかじめ契約により決めておくものである。法定後見制度は，家庭裁判所によって，援助者として成年後見人等（成年後見人・保佐人・補助人）が選ばれるものである。利用するためには，家庭裁判所に審判の申し立てをする。すると本人の判断能力に応じて，後見，保佐，補助の3つの制度が利用できる。家庭裁判所（2014）が発行した成年後見制度というパンフレットには後見についての事例が紹介されている。

　「本人は5年ほど前から認知症の症状がみられるようになり，2年前からは入院しています。ある日，本人の弟が死亡し，本人が弟の財産を相続することになりました。弟には負債しかなく，困った本人に妻は本人のために相続放棄の手続きをとりたいと考えました。そこで，本人の妻が後見開始の審判の申し立てを行い，家庭裁判所の審理を経て，本人についての後見が開始されました。成年後見人は妻と司法書士が選任され，妻が本人の入院契約などを，司法書士が相続放棄の手続きや本人の財産管理を，それぞれ行うことになりました」。

　上記のように，成年後見制度は人々の老後に対する現実的・心理的な不安に対する法的な対応といえる（松石，2002）。

（3）高齢者の支援事例

　高齢者への治療では，アセスメントは最も重要である。ナイト（Knight, 2002）が示した図9-6のような視点のアセスメントが求められる。高齢期においては，加齢の影響が身体・心理・社会的側面に複合的に認められるため，それに留意しながら，心理的ケアの必要性のある事例か否かを見極める必要性がある。

　以下，施設における支援と**在宅訪問型支援**に関する2事例を紹介する。

事例：認知症女性への化粧療法の適用
　まずは認知症の女性に対する施設での化粧療法を用いた関わりである。これ

295

第Ⅱ部　生涯発達における臨床発達支援

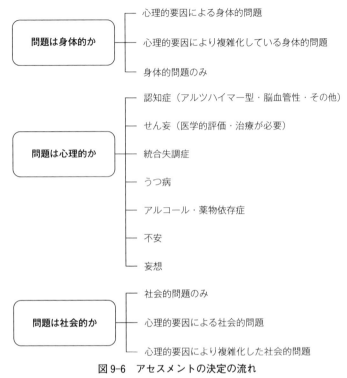

図9-6　アセスメントの決定の流れ
出所：Knight, 2002, p.102より作成

は伊波・浜（2000）の研究の一部である。成人女性の多くは，日常的に，メーキャップ化粧を自己表現の手段として用いている。しかし，加齢とともに社会活動も減退し，化粧に無関心になる人も多い。その背景には，平均寿命の延伸，エイジズムそして高齢女性と化粧との間のイメージのずれなどが存在することが指摘されている。しかし，化粧には，高齢女性の情動の活性あるいは安定などの心理状態の改善を図ったり，対人関係の活性化を促したりする療法的意味合いがある。伊波らは化粧プログラムのうち，メーキャップ化粧を老人保健施設内で実施した。とりわけ，自分好みの色の口紅を，化粧スタッフと相談しながら選び，塗るという場面においては，参加者にもダイナミックな情緒反応が観察されることが報告されている。

　今回紹介する高齢女性への化粧の個別実施における標準的な手続きとして用

いるのは他者化粧である。1人当たり10〜15分の時間で，会話を楽しみながら，対象者の様子を観察しつつ，不安を与えないように化粧する。化粧プログラムは基礎化粧，モノトーンメイク，カラーメイクから構成される。先ほど触れた口紅は，カラーメイクに含まれ，色とりどりの口紅の中から好みの1本を選ぶ作業は参加者にとって適度に難しく，魅力的に感じられるようである。

　アキさん（76歳，仮名）は夫との死別後，一人暮らしを続けてきたが，離職や盗難を契機に施設入所した女性である。入所当時，精神的に落ち込んでおり，短期記憶障害と場所の見当識障害を示したため認知症と判断されていた。日常生活の能力については一部付き添いが必要であるが，生活上の問題は特に認められない。軽作業中に「仕事をしていないとボケる」と口癖のように言う。入所から5か月経過後，アキさんの落ち込みを心配した施設スタッフから勧められ参加した。アキさんは化粧に関心はあったものの，自分ですることはなかった。伊波らはアキさんのケースでは，化粧療法のうち，「見せる」化粧としての口紅の意義について考察している。

　施設内の居室移動によるプログラム終結まで，化粧プログラムを16回実施した。化粧療法の効果を検討するため，化粧前後の単独待機時に鏡を見ている時間，身体接触時間について変化率を検討した。その結果，化粧前よりも後にアキさんの活発な動作が観察された。特に，身体接触については，眉毛を撫でつけて整える，鼻を撫でる，着衣を整えるなどの動作が顕著に認められた。自発的発話内容の検討をしたところ，口紅に関する話題の出現頻度が約6％を占め，化粧全般への言及を含めると15％に及んだ。これは，施設内での生活，認知症への嫌悪感などの話題に次いで，頻繁に認められた。化粧中の閉眼率では，カラーメイクに進むにつれて閉眼率が低下し，化粧の過程に関心を示している様子がうかがえた。アキさんは，施設内の作業に携わる自らの有能さや勤勉さに，ひそかな自負を抱いている人である。その一方で，全化粧プログラムを通じて，他の入所者や認知症に対する拒否的かつ批判的な発話が一貫して聞かれたことから，老いや認知症に対して，強い嫌悪感や不安を抱いていることもうかがえた。アキさんがセッション中，特に化粧前と口紅場面において，活性化傾向を示したことは化粧への期待を反映していたのではないかと伊波らは考察してい

る。彼女の中で，化粧とは認知症とはかけ離れた存在であるという認識があったのではないかと察せられる。そのために，化粧への，口紅への関心の高さが認められたのではと伊波らは結んでいる。

　次に，高齢者への訪問支援に心理療法を用いたケースを紹介する。現時点で，高齢者への訪問型支援を心理の専門職が行っているケースは非常に少ない。昨今，高齢者へのリハビリテーションの現場においても，在宅生活支援に重点を置く施策から，施設型から訪問型への移行が認められる。近い将来，高齢者への心理ケアを中心とした訪問支援のニーズはより高まると思われるが，その際，ニーズの量と質にどのように対応するかについて早急な検討が必要である。

　高齢期において，外出頻度が週1回未満の状態を閉じこもりという。閉じこもりは要介護状態のリスクであるため，閉じこもりにさせない支援と閉じこもりを解消する支援の双方向の支援が必要である。とりわけ，閉じこもり高齢者に対しては外出を促すだけでは行動変容につながらない。そのため，外出を促す前に出前方式の支援，すなわち訪問型支援を提供し，高齢者の閉じこもり生活への理解を最優先とし，その後外出支援を含めた支援を展開する。その一例として，都市部在住で80歳代の男性Bさんを紹介する。

事例：閉じこもり男性高齢者へのライフレビューの適用

　Bさんは長男夫婦と同居している。現在の家に，出生直後から住んでいる。農業で生計を立て，農協の理事を務めあげ70歳代で退職した。退職後も，民生委員を務め，近所の小学生たちに昔の農具などを紹介するボランティアなどに勤しんでいた。配偶者とは死別した。最近，急激な認知機能の低下と記憶障害が認められ，日常生活にも支障をきたすようになってきた。そのため，同居する嫁に対し生活全般への依存が深刻となり嫁がうつ状態に陥った。そこで，嫁からBさんの対応に関して行政に相談があり，聴取内容から認知機能の低下と閉じこもりの疑いが認められると判断し，ライフレビューを中心とした訪問支援のトレーニングを受けた行政保健師による訪問を開始した。初回のアセスメントにおいて，日中主に過ごす場所は自宅内であることが確認され，Bさん自身が歩行や外出に不自由を感じていると訴えていた。

第 9 章　成人期以降における支援

表 9-6　ライフレビュー訪問プログラムの概要

1．健康情報の提供（約15分） 　（血圧，腰痛，栄養などに関するパンフレットを使用）	
2．ライフレビュー（45分）	
1回目　導入と学童期	例）ご両親はどんな方でしたか
2回目　児童期と青年期	例）学校には行かれましたか
3回目　青年期	例）一番楽しかったことはなんですか
4回目　成人期と壮年期	例）20，30代の頃のあなたのことを教えてください
5回目　壮年期	例）あなたのしていた仕事について教えてください
6回目　まとめ	例）振り返ってみて，あなたの人生はどうでしたか

出所：安村誠司，2006，p.142

　ちなみに，ライフレビューを用いた支援の詳細は厚生労働省（2014）などを参照願いたい。プログラムは全 6 回で，半構造化面接である。具体的には児童期から高齢期に至る現在までの人生をレビューしてもらい，1 回のセッションは健康情報の提供が15分，ライフレビューが45分の計60分で構成され（表9-6），一対一で実施するものである。介護予防事業で用いる際には，行政保健師・看護師や栄養士などが実施する（藺牟田ら，2004）。

　B さんは初回から積極的に回想をし，幼少期に腸チフスにかかったことや活発な子ども時代を振り返った。全体を通し，戦時中のつらい体験や母子家庭で育った経験を何度も整理しながら話した。また，回を重ねるにつれ，B さんは訪問を楽しみにするようになり，しっかりしなきゃという言動が普段の生活にも認められた。3 回目の終了後には一人で留守番をすることができた。4 回目終了後には直前に受診した医師からの心無い言葉で傷ついたことが家族から報告された。その影響かは不明であるが，B さんに急激な認知力の低下や記憶障害が引き起こされた。その後，気分の変調などもありつつも，保健師の定期的な訪問により，B さんは話すことで気分や行動が安定した。生活における嫁への依存度が低くなり，その結果，嫁の気分もかなり改善した。最終回の直前には長男夫婦だけの 2 泊旅行が実現し，B さんはその間，見守りを受けながら自宅で留守番ができるほど改善し，笑顔で終結した。参加後の B さんの感想として，人が訪ねて来て，今では忘れかけていることを思い出しながら，話すこと

299

第Ⅱ部　生涯発達における臨床発達支援

表 9-7　認知症者への非薬物療法の例

	概　要	利便性と限界
支持的心理療法	対面式で行う心理療法で，なぐさめたり安心させるなど，認知症者の適応を支持して安定を得ようとするもの。	高齢者一人ひとりにあわせた目標，技法で行え，特に軽症の認知症者の自己評価の回復に有効とされる。効果評価が困難である。
回想法	高齢者の過去に焦点をあて，聴き手が傾聴することで，その心を支える。花・古物・写真など具体物を刺激に用いることも多い。	認知症者でも保たれやすい長期記憶にアクセスするため，安心や快感情の再体験が期待され，周辺症状の低減に効果的だとされる。認知機能の改善は難しいとされる。
リアリティ・オリエンテーション	時間・場所など見当識の強化を目的とし，時に誤りを排除する技法。生活の中で構造化せず行う非定型のものとプログラムを組む定型のものがある。	特に定型の場合に，見当識の維持・向上が期待される。また，薬物療法との併用によって相互効果も示唆される。できないことに直面することで自己評価の低下につながる可能性があり，注意が必要である。
バリデーション・セラピー	認知症者の内面世界を認めて尊重することを目的に，認知症の段階に応じた関わり方の技法（相手の使う言葉を繰り返す，触れるなど）が提言されている。	提言されている議場は具体的でわかりやすいため，ケアの場で即座に応用しやすい。比較的新しい療法であり，効果に関する報告は少ない。
音楽療法	集団や個人を対象に，音楽を鑑賞，演奏したり，身体を動かすことで，楽しみといった情動の揺れを，コミュニケーション，尊厳の回復などを目指す。	軽度から重度まで，その適応範囲は広く，実施の目的や方法も柔軟で選択ができる。特に周辺症状に対する効果が期待できる。

注：その他，コラージュ療法，動物介在療法などもある。
出所：岡本・深瀬，2013，p.195

は良かったと述べた。

　ただし，訪問支援の終了時点でのＢさんの外出範囲は自宅内にとどまっていたので，（閉じこもり解消を目指し）外出頻度と範囲を広げるために，Ｂさんの地元を案内してもらうという名目で，行政看護師同行の散歩のプログラムを提案した。Ｂさんは快諾し，週1回の外出を定期的に実施している。

第9章　成人期以降における支援

＊

　以上がアキさんとＢさんの事例であるが，いずれも高齢期に特有の老いや死
への不安がセッションの過程で吐露されている。支援においてはその人らしさ
を尊重しながらも，時折表出する高齢期特有の不安を理解することが支援者の
スキルアップそして自信につながる。

　なお，ここでは化粧療法とライフレビューを取りあげた。心理療法は多く存
在するが，特に認知症者に対する非薬物療法の概要と利便性とデメリットにつ
いて表9-7に載せたので参照願いたい。

4　方法──カウンセリングとコーディネーション

　ナイト（Knight, 2002）は高齢者への心理療法に関して，3つの修正点を指摘
した。

　1つ目は，加齢の影響を踏まえ，治療中の会話の速度を遅くする必要がある
点である。

　2つ目は，異なる時代に生まれたグループ間の違いであるコホートについて
の配慮である。コホートの違いには，認知能力，教育水準，語彙使用の偏向，
標準的なライフコースの軌道，各人の生活史を表す社会歴史的文脈などが含ま
れる。現在，高齢になっている世代グループの歴史的背景ならびに価値観を理
解するとともに，これらの相違が特定のコホートの人々に特有のものであると
いうことを認識することが必要である点である。

　3つ目は，文脈的視点である。文脈的視点とは，社会的に創出された，修正
可能な，若い世代と高齢者間のライフスタイルの差による相違を指す。これら
の差は特に，退職しており，年齢で分離された環境に居住している典型的な高
齢者において顕著に現れることを認識することが必要である点である。

　セラピストがクライエントを理解する過程では，常にクライエントの話が歴
史のどこにあてはまるのかを考慮し，クライエントのライフサイクル感覚を構
築することが必要である。昭和20年に15歳なら，終戦をどこで迎え，その後の
生活，学業生活に戦争の影響がどのように重なっていったのかなど，置き換え

301

第Ⅱ部　生涯発達における臨床発達支援

る作業の連続である。

　さらに，高齢者へのカウンセリングで留意すべきは，転移と逆転移である（Knight, 2002）。セラピーでの実際的な状況がセラピストに逆転移反応を呼び起こすことがある。高齢者との接触機会が増えることで，セラピストがクライエントに自分の父親・母親を想起させる人物となる可能性が生じることもある。その後，どのような転移が起こるかはセラピスト自身の親との関係，同一化に対する意識レベル，逆転移の誘発性などに左右される。そのため，逆転移反応に気がついた場合には，セラピストはクライエントから距離を置くこと，同僚や上司に気持ちを話し，場合によっては他のセラピストに任せることを検討することが必要である。適切な意思決定は，転移反応の性質，それに対処するセラピストの力量，クライエントの治療に及ぼす潜在的影響などに左右される。当然，スーパービジョンや自己観察により，意識するほどでもない小さな反応を認識することが求められる。

　逆転移の手がかりは以下の5つが考えられる。①正確な診断ならびに理論で裏づけされていないのに，クライエントが治療によって恩恵を受けることができないと確信をもっている。②診断によりその可能性が排除されているのに，クライエントが認知症であるという認識にとらわれている。③臨床観察に基づかず，セラピストがクライエントを心理療法によってではなく，医学的方法によって治療をしたいと思っている。④クライエントの存在に対し，倦怠感，疲労感，無力感を感じている。⑤クライエントあるいはクライエントの特定の行動に対し，強い感情的反応を示したり，本来の自分らしくない反応を示している。

　高齢者への治療で経験する逆転移は，他のクライエントの場合とは非常に異なったものである可能性がある。自身よりも若い思春期のクライエントの治療では，成人セラピストはクライエントを通して両親との過去の葛藤を再生する可能性があるが，高齢者の治療では，むしろ想像の世界での問題に向き合うということが生じてくる場合がある。人生における最も難しい問題の多くが高齢期に生ずるという他の世代との違いが存在しており，自らもこうした問題に将来直面する可能性があるという事実が，セラピストに様々なレベルの不安を引

第9章　成人期以降における支援

き起こす。高齢者の治療に関して不安を抱くセラピストは多い。高齢者の治療における逆転移に共通する顕著な特徴は，高齢者により引き起こされる問題がセラピスト自身の過去にではなく，未来に関わる場合が多い点である。たとえば，親の死を恐れるセラピストは，末期疾患のクライエントに向き合うときに過剰に不安になるかもしれない。親からの金の無心に苦労しているセラピストは，子どもが親の面倒をみるのは当然だとか子どもがあまり連絡をよこさないという訴えに怒りを覚えるかもしれない。その場合，加齢がたどる様々な道について適切な知識をもつことで軽減することも可能である。

　治療関係は，セラピストが一個人としてのクライエントの特性に基づき，関係を構築し，これらの特性に基づき専門家の立場からクライエントの問題ならびにパーソナリティを理論的に理解すると同時に，セラピスト側の願望，想像力，および社会知識の蓄積がクライエントに投影されるという双方向的な関係である。おそらく，専門的訓練，定期的な自己観察，教育分析などが先述の要素を抑制することになる。しかし，高齢者の治療についての専門的訓練が不調に終わった場合には，高齢クライエントを理論的にうまく理解できない，クライエントの問題ならびにパーソナリティを正確に把握できない，高齢者が不安を示す領域についての知識不足というような問題を増幅させることになる。このような状態になると，セラピストは高齢者をステレオタイプ的イメージで理解し，他の主要な高齢者との関係をセラピーに投影させ，死，依存，無力さについての不安から自らを守るための自己防衛的な空想の世界に入ってしまう可能性も否定できない。とりわけ，親および祖父母との未解決の関係の問題，依存，加齢および死についての個人的な恐れが高齢者へのセラピーに及ぼす影響，ならびに施設入所についての意思決定につき，高齢者への治療に及ぼす問題ならびに不安の影響を理解しなければならない。

　また，施設入所の高齢者は，様々な面で地域在住の高齢者とは異なっている。その多くはより重篤な疾患や身体，知能，記憶機能に障害を有している。24時間ケア体制の施設に入居すると，食事時間，活動時間，就寝時間に至るまですべての活動に関して管理され，基本的スケジュールに沿って行動することが求められる。そのため，入所者は自律性を保ちにくく，施設と親子のような関係

303

第Ⅱ部　生涯発達における臨床発達支援

を生じさせる可能性も指摘されている。ゴールドファーブら（Goldfarb &
Sheps, 1954）は施設入所の高齢者は，保護してくれる親的な存在として，セラ
ピストに対し，転移を発達させていくため，セラピストがクライエントに対し
て，本来保護してくれる存在である親よりも強い影響力をもつことで，大きな
治療成果を得られる可能性についても指摘した。こうした転移に対して，個人
レベルでは入所者の依存性を利用し，数週間という比較的短いクライエントへ
の訪問で，構築された関係をベースにして治療目標を立てることができる。通
常の外来治療の場合同様に，当初に観察された依存性を利用し，クライエント
自身の能力に応じて自律性を高めるように導くことができる。

　また，セラピストはクライエントの依存性が，施設の職員のいら立ちの原因
となることを説明し，職員の理解を助ける。さらに，職員に高齢で虚弱なクラ
イエントの絶え間ない依存性にさらされている職員自身の感情を表現させるよ
うに促すことにも役立つ。無力感，フラストレーション，怒り，情愛，同一視，
抑うつなどの職員の中の感情は職業的な危機となる場合があるからである。

　ナイト（Knight, 2002）はコーディネーターとしての心理士の役割について以
下のように述べている。「高齢者の治療においては，……（中略）……より専
門的な知識と特別な技能が求められる。年齢を経るごとに慢性疾患ならびに障
害の比率は高まり，また高齢期においては身体面と心理面の相関関係が高まる
ため，身体的問題について他の専門職と話し合える能力，身体的問題の発生の
可能性について理解できる能力がなければ，治療を機能させることは不可能で
ある。このことは，セラピストが医師，ならびに，自ら直面しているきわめて
現実的な身体的問題について話し合うことを必要としている高齢のクライエン
トと，問題について理性的，かつ協力的な態度で話し合える能力が必要とされ
ている」。

5　成人期以降の支援に求められる専門性

　ナイト（Knight, 2002）は高齢者を含めた成人のクライエントへの治療に関す
る倫理的問題として同意，守秘義務，自律性の問題，誠実さについて取りあげ

ている。

1）同　意

　心理療法などの治療に関して，高齢クライエントは同意する，あるいは拒否
する権利がある。インフォームド・コンセントとは，何が提供されるのか，ま
たはそれを受容する，あるいは拒否することの利益と不利益についての知識を
得るということを意味する。特に重要なのは，潜在的クライエントが，彼らが
治療の提供を断った場合，何を拒否することになるのかについての知識を確実
に理解してもらうことにある。治療を拒否するという意思決定は尊重されなけ
ればならないが，その際には，高齢者が十分な情報を得たうえで拒否している
のかを確かめることが必要である。成人の中でも高齢者の治療に関する同意に
ついて他者からの影響は大きい。とりわけ，同席する家族の影響は大きい。そ
の場合，家族の希望とは無関係に，治療について自分で同意しているのか，あ
るいは拒否しているのかを確認することが大切である。セラピストやその他の
専門家が家族と一緒になり，援助を受けることに消極的で，同意を拒否する高
齢者をなだめすかして，あるいは，強制的にセラピーを受けさせようとするこ
とは稀なことでない。高齢者自身の同意を得ることが，クライエントとのラポ
ールを構築するために重要となる。家族のみが援助を求めている場合は，家族
が自分たちの都合で援助を求めているということも考えられる。

　認知症者の場合，当然同意に関して問題が生じてくる場合が多い。どの時点
で，認知症者が同意を示すことができないと判断するのか，また，その場合，
誰が同意するのかについては成年後見制度などを活用することが必要である。

2）守秘義務

　心理療法を受けるあらゆる成人には完全な守秘義務の約束を取りつける権利
がある。高齢者の守秘義務は，治療の進捗状況を家族，ならびに，その高齢者
に関わる他の支援専門家と話し合うという時点で，破られることが多い。これ
は，セラピストが若い世代の家族と一体感を持ち，同じ側に立って高齢者を援
助しようとしている場合に起因している場合がある。一般的に家族は，クライ
エントが自分の秘密を最も分かち合いたくないと思っている相手であるという
考え方もあるので注意が必要である。

第Ⅱ部　生涯発達における臨床発達支援

クライエントを援助するには多分野にまたがる協力・協調が必要となるという点で，他の援助専門家と情報を分かち合いたいという願望が正当化されることがよくある。しかし，大事な点は，クライエント自身が，自分がクライエントであるという情報を含めて，情報の共有に対して同意していることが必要である。仮に，拒否されたとしても，拒否自体が治療にとって重要な情報となることがほとんどである。

3）　施し対自律性

認知的障害のあるクライエントの利点を考えての守秘義務の侵害において，施し対自律性という価値観の対立を生じる。施しは，他者のためになることを行うという目的があり，自律性は，個人が自らの人生の指針を定めることを認めるという目的がある。両者の対立は，自律性が損なわれていると見なされている知的障害・認知障害をもつ者の場合に生じる。認知能力の欠如が現在の自律性を妨げている場合においても，障害を有する前のクライエントの希望がどのようなものであったかを確認し，それに従って行動することが可能な場合もある。自律性の問題がある場合，家族，専門家，認知症高齢者の入所施設など，誰が認知症高齢者にとって最善の利益となるような決定を行うのかという問題が生じる。この場合，代理の意思決定者が，当該高齢者の利益よりも，自分たちの利益のために行動するということも十分に考えられる。

また，クライエントが認知障害を有さない場合には，自律性に関してより難しい問題が発生する。たとえば，意思決定が死につながる可能性がある場合に，高齢者が医学的治療の拒否や中止を決定することに関して，様々な議論が繰り広げられていることも忘れてはならない。

4）　誠実さ

治療関係ならびに専門家の義務という意味での誠実さである。この問題は，高齢者への治療が家族，医師，ケア施設など，第三者の指示で行われることが多いため，高齢のクライエントへの治療において生じてくる可能性がある。多くの場合，紹介元はクライエントが望んでいる変化（たとえば，うつ症状の軽減）を実現させるために接触の仲介役となるが，その一方で医師に対する依存度を減らしたい，母親が自分の手を煩わせる時間を減らしたいというように，

紹介元の基準に高齢者を合わせるようにという依頼をセラピストが受ける場合も見られる。セラピストが，クライエントよりも自分の年齢に近い家族との間に仲間意識をもつという逆転移の問題が存在する。ここで，クライエント以外の人物へのサービスというかたちで高齢クライエントに働きかけることは，クライエントとしての高齢者に対する誠実さという原則にそむく可能性があるという倫理的問題が生じてくる。たとえば，自分に対する母親の依存度を低くしたいという期待をもつ娘の紹介でセラピストのもとを訪れた高齢女性に対し，セラピストが，この母親にとって精神的に最善の方法は，彼女がもっと自己主張するようになることであると判断した場合，娘はこれによって母親の自分への要求がより高まるのではないかと考えるかもしれない。

　セラピストに正常な加齢に関する知識が欠如している場合には，高齢者を若者や中年のクライエントと同様に考え，不適切に扱うことになる。高齢クライエントに対する誠実さとは，自分たちが同じような人生経験をもっていた場合に何が悩みになるのかというセラピスト側の感覚ではなく，高齢者自身の感覚を用いて何が彼らを傷つけるのか，変化には何が必要かと考えることである。

　さらに，ナイト（Knight, 2002）はラポール構築の際の問題について指摘した。あらゆる高齢クライエントとのラポール構築において重要となるのが，専門家としての力量と年齢による経験値の違いという問題である。たとえば，治療者の年齢や経験年数などを質問するクライエントに対し，若いセラピストは専門家としての経験が不足していることを指摘されたというとらえ方につながることがある。このようにクライエントにより評価される経験はセラピストにとっては動揺をもたらすが，セラピストは，技能ならびに経験に関する質問に対しては，自己弁解的ではないかたちで回答することが望ましい。基本的には，技量に関する質問へは，一般的に自信をもって説明することが，結果として，クライエントの懸念もやわらげることになる。

　治療の終結について，高齢者を治療している多くのセラピストに無力感が生じてくるという問題がある。高齢クライエントの多くは，病気，障がい，愛するものの死に対する悲嘆，高齢者差別，ならびに年金生活といった問題に立ち向かっている。セラピストが治療の価値や効果について，あるいは，自らの能

力について何らかの疑問をもっている場合は，これらの問題に直面しているクライエントの治療を行うことで，こうした自己不信感を表面化させることがある。高齢クライエントに関わるセラピストは，高齢クライエントが，不安，うつ状態，関係性の難しさから解放されて，自らの抱える問題をたやすく解決するということに治療が寄与できるという，より現実的な見解をもつようにしなければならない（Knight, 2000）。

　以上を鑑みても，専門職に比べて臨床心理学や医学的な知識が少ないクライエントがどの程度自由に臨床的および倫理的判断ができるだろうか。その点を踏まえてクライエントの権利擁護についてより一層真摯に向き合うべきである。特に，専門職はこのような立場の成人クライエントに対して，医学的な側面，心理社会的・経済的側面などを総合的に把握したうえで，適切な情報を提供し，判断のための助言をすることにより，クライエントそしてその家族が適切に意思決定できるように援助する役割を果たさなければならない。

（藺牟田洋美）

文　献

第1章

麻生　武．（2016）．臨床発達心理学における「臨床」の意味．本郷一夫・金谷京子
　　（編），臨床発達心理学の基礎［第2版］（pp. 2-12）．京都：ミネルヴァ書房．

大伴　茂．（1935）．我が子の乳児より青年期まで．東京：平凡社．

長崎　勤・古澤頼雄・藤田継道．（2002）．はじめに．長崎　勤・古澤頼雄・藤田継道
　　（編），臨床発達心理学概論（p. iv）．京都：ミネルヴァ書房．

園原太郎．（1985）．新版K式発達検査の刊行に寄せて．嶋津峯眞（監修）・生澤雅夫
　　（編者代表），新版K式発達検査法（pp. i-iii）．京都：ナカニシヤ出版．

山口俊郎．（1995）．発達臨床心理学．岡本夏木・清水御代明・村井潤一（監修），発達
　　心理学辞典（pp. 563-564）．京都：ミネルヴァ書房．

山下俊郎．（1949）．児童心理学：子供の心はいかに発達するか．東京：光文社．

第2章

American Psychological Association. (2002). Ethical principles of psychologists and code of conduct. *American Psychologist*, **57**, 1060-1073.

American Psychological Association. (2010). Ethical principles of psychologists and code of conduct. http://www.apa.org/ethics/code/principles.pdf .(2016.5.24)

金沢吉展．（2006）．臨床心理学の倫理をまなぶ．東京：東京大学出版会．

尾崎康子・前川あさ美．（2011）．臨床発達心理士としての倫理．本郷一夫・金谷京子
　　（編），シリーズ臨床発達心理学：理論と実践第1巻　臨床発達心理学の基礎．京
　　都：ミネルヴァ書房．

日本医師会．（2000）．医の倫理綱領．日本医師会．

日本医師会　会員の倫理・資質向上委員会．（2008）．医師の職業倫理指針［改訂版］．
　　日本医師会．http://dl.med.or.jp/dl-med/teireikaiken/20080910_1.pdf.（2016.5.24）

日本臨床発達心理士会倫理相談委員会．（2009）．「倫理」の基本．

日本臨床発達心理士会倫理相談委員会．（2011）．「倫理」は基本．

一般社団法人臨床発達心理士認定運営機構．（2015）．臨床発達心理士会員便覧2015年度
　　版．

第3章

American Psychological Association. (2015). Guidelines for Clinical Supervision in Health Service Psychology. *American Psychologist*, **70**, 33-46.

一般社団法人　臨床発達心理士認定運営機構．（2016）．臨床発達心理士スーパーバイザ

ー認定申請ガイド．一般社団法人　臨床発達心理士認定運営機構　スーパーバイザー資格認定委員会．

皆藤　章（編著）．（2014）．心理臨床実践におけるスーパーヴィジョン：スーパーヴィジョン学の構築．東京：日本評論社．

平木典子．（2012）．心理臨床スーパービジョン：学派を超えた統合モデル．東京：金剛出版．

藤崎春代．（2016）．臨床家としての力量形成を支援するスーパービジョン．臨床発達心理士スーパーバイザー認定委員会主催第 1 回 SV 研修会資料（非公表）．

Hawkins, P., & Shohet, R. (2012)．心理援助職のためのスーパービジョン（国重浩一・バーナード紫・奥村朱矢，訳）．京都：北大路書房．

三川俊樹．（2014）．スーパービジョンに関する一考察：日本産業カウンセリング学会のスーパーバイザー養成・訓練を担当して．追手門学院大学地域支援心理研究センター紀要，**11**，72-86.

第 4 章

阿部　彩．（2008）．子どもの貧困：日本の不公平を考える．東京：岩波書店．

阿部　彩．（2014）．子どもの貧困Ⅱ：解決策を考える．東京：岩波書店．

足立智昭．（2013）．国際基督教大学高等臨床心理学研究所・宮城女子大学発達科学研究所ジョイントプロジェクト活動報告（2）．宮城女子大学発達科学研究，**13**，75-77.

足立智昭．（2014）．被災地在住の心理学者による 3 年間の振り返りを通じて．日本発達心理学会第25回大会自主シンポジウム「東日本大震災後の継続的な心のケアの必要性について」，京都．

Bronfenbrenner, U. (1996)．人間発達の生態学：発達心理学への挑戦（磯貝芳郎・福富護，訳）．東京：川島書店．(Bronfenbrenner, U. (1979). *The ecology of human development: Experiments by nature and design.* Cambridge:Havard University Press.)

Bronfenbrenner, U. (1994). Ecological models of human development. In T. Husten, & T. N. Postlethwaite (Eds.). *International encyclopedia of education. 2nd edition.* Oxford, England: Pergamon Press. pp. 1643-1647.

Cowan, P. A., Powell, D., & Cowan, C. P. (1998). Parenting interventions: A family system perspective. In W. E. Damon, I. Siegal, & K. Renniger (Eds.), *Handbook of Child Psychology* (vol. 4) (5th ed.)*: Child Psychology in Practice* (pp. 3-72). New York: Wiley & Sons.

Erikson, E. H. (1973)．自我同一性：アイデンティティとライフ・サイクル（小此木啓吾，監訳）．東京：誠信書房．(Erikson, E. H. (1959). *Identity and the life cycle.* New York: International University Press, INC.)

文　献

藤﨑眞知代. (2011). 親としての発達と支援. 藤﨑眞知代・大日向雅美（編著），育児のなかでの臨床発達支援（pp. 39-42）．京都：ミネルヴァ書房.

藤﨑眞知代・清水良三・伊藤　拓・横澤直文・金子　健. (2016). 心理学部付属研究の近隣地域における実践的地域包括的ケアシステムに関する探索的研究：2012-2014年度特別プロジェクト報告. 明治学院大学心理学部付属研究所年報，**9**，45-57.

福丸由佳. (2011). ひとり親への支援. 藤﨑眞知代・大日向雅美（編著），育児のなかでの臨床発達支援（pp. 206-214）．京都：ミネルヴァ書房.

平野幹雄・神谷哲司・橋本信也・佐竹真次. (2015). 東日本大震災後の心の支援に被災地域の心理専門職がどのように携わってきたか：日本臨床発達心理会東北支部会員を対象とした調査より. 臨床発達心理実践研究，**10**(1)，31-40.

本郷一夫. (2002). 現場での支援のための方法の基礎. 藤﨑眞知代・本郷一夫・金田利子・無藤　隆（編著），育児保育現場での発達と支援（pp. 63-77）．京都：ミネルヴァ書房.

神野直彦. (2010). 分かち合いの経済学. 東京：岩波書店.

金田利子. (2011). 育児支援に求められる専門性. 藤崎眞知代・大日向雅美（編著），育児のなかでの臨床発達支援（pp. 32-50）．京都：ミネルヴァ書房.（今泉依子（2001）に初出）

川並裕香. (2017). 母親の育児自己効力感に関する要因の検討：子育て支援への参加を通して. 明治学院大学修士論文.

菊池信太朗・柳田邦男・渡辺久子・鴇田夏子. (2014). 郡山物語. 東京：福村出版.

古澤頼雄. (2002). 発達支援の倫理実践. 長崎　勤・古澤頼雄・藤田継道（編著），臨床発達心理学概論（pp. 39-42）．京都：ミネルヴァ書房.

厚生省. (1998). 児童家庭支援センターの設置運営等について. http://www.mhlw.go.jp/bunya/kodomo/pdf/tuuchi-44.pdf.（2017.5.1）

厚生労働省. (2010). これまでの地域保健対策の経緯. http://www.mhlw.go.jp/stf2/shingi2/2r9852000000g3yx-att/2r9852000000g5sk.pdf.（2017.8.1）

厚生労働省. (2013). 乳児院運営指針. http://www.mhlw.go.jp/bunya/kodomo/syakaiteki_yougo/dl/yougo_genjou_05.pdf.（2017.8.1）

厚生労働省. (2016a). 待機児童解消に向けて緊急的に対応する施策について. http://www.mhlw.go.jp/file/04-Houdouhappyou-11907000-Koyoukintoujidoukateikyoku-Hoikuka/0000118006.pdf.（2017.4.1）

厚生労働省. (2016b). ひとり親家庭の支援について. http://www.mhlw.go.jp/bunya/kodomo/pdf/shien.pdf.（2016.12.1）

厚生労働省. (2016c). 里親制度等について. http://www.mhlw.go.jp/stf/seisakunitsuite/bunya/kodomo/kodomo_kosodate/syakaiteki_yougo/02.html.（2017.8.1）

厚生労働省. (2017). 社会的養護の現状について（参考資料）. http://www.mhlw.go.

jp/file/06-Seisakujouhou-11900000-Koyoukintoujidoukateikyoku/0000172986.pdf. (2017.8.1)

厚生労働省雇用均等・児童家庭局家庭福祉課. (2016). ひとり親家庭の支援について. http://www.mhlw.go.jp/bunya/kodomo/pdf/shien.pdf. (2016.12.1)

LeBlanc, C. K., Naugler, K., Morrison, K., Parker, J. A., & Chambers, C. T. (2014). Parent perceptions and satisfaction with inpatient child life specialist interventions and the role of child temperament. *Children's Health Care*, **43**(3), 253-272.

内閣府. (2001). 配偶者からの暴力の防止及び被害者の保護等に関する法律（配偶者暴力防止法）. http://www.gender.go.jp/policy/no_violence/e-vaw/law/index2.html. (2017.8.1)

内閣府. (2016a). 少子化対策・子育て支援の歩み. http://www8.cao.go.jp/shoushi/shoushika/data/torikumi.html. (2017.4.1)

内閣府. (2016b). 子ども・子育て支援法の一部を改正する法律案の概要. http://www8. cao. go. jp/shoushi/shinseido/administer/setsumeikai/h280127/pdf/s3. pdf. (2017.4.1)

NPO 法人あい・ぽーとステーション人材養成推進室. (2015). NPO 法人あい・ぽーとステーションの人材養成の概要.

根ヶ山光一・河原紀子・福川須美・星 順子. (2008). 家庭と保育園における乳幼児の行動比較：泣きを手がかりに. 子ども環境学研究, **4**, 41-47.

大日向雅美. (2013).「人生案内」孫は着てよし，帰ってよし. 東京：東京堂出版.

大日向雅美. (2015). 増補 母性愛神話の罠. 東京：日本評論社.

大熊恵子・川根伸夫・深田章子・桑田弘美. (2016). 付き添う保護者が不在の長期入院患児の発育を促す援助：看護士と保育士の連携（実践報告）. 滋賀大学看護学ジャーナル, **14**, 47-52.

埼玉市役所. (2016). 笑顔でつなぐ孫育て. さいたま市祖父母手帳. http://www.city. saitama.jp/007/002/012/p044368.html. (2016.10.1)

幸重忠孝・村井琢哉・山科醍醐こどものひろば. (2013). 子どもたちとつくる貧困とひとりぼっちのないまち. 京都：かもがわ出版.

榊原久子. (2016).「対話」から始まる切れ目ない支援：わこう版ネウボラ・子育て世代包括支援センターの取り組み. 発達, **146**, 50-55.

榊原智子. (2016). 妊娠期からの切れ目ない支援と「日本版ネウボラ」. 発達, **146**, 68-73.

菅野幸恵. (2001). 母親が子どもをイヤになること：育児における深い寛恕とそれに対する説明づけ. 発達心理学研究, **12**, 12-23.

髙田 哲. (2006). 低体重児とその親のための教室事業「YOYO クラブ」. 小児保健研究, **65**, 380-382.

土谷みちこ. (2011). 気になる子どもの発見から家族への支援. 藤﨑眞知代・大日向雅美（編著），育児のなかでの臨床発達支援（pp. 94-102）. 京都：ミネルヴァ書房.

東京医師会次世代育成支援委員会. (2011). 5歳児健診事業：東京方式.

東京都福祉保健局. (2014). 東京都保育士実態調査報告書. http://www.metro.tokyo.jp/INET/CHOUSA/2014/04/DATA/60o4s201.pdf. (2017.4.1)

冨田庸子. (2011). 養子縁組による育ておや家族における育児への支援「NPO 環の会」の取り組み. 藤﨑眞知代・大日向雅美（編著），育児のなかでの臨床発達支援（pp. 215-226）. 京都：ミネルヴァ書房.

冨田庸子・古澤頼雄（2004）：Open Adoption 家族における育て親の態度：子ども・子育て観と夫婦関係. 中京大学心理学研究科・心理学部紀要, **3**, 37-51.

Vygotsky, L. S. (1978). *Mind in society*. Cambridge, MA: Harvard University Press.

山崎嘉久. (2014). 乳幼児期の健康診査と保健指導に関する標準的な考え方. 平成25年度厚生労働科学研究費補助金（成育疾患克服等次世代育成基盤研究事業）乳幼児健康診査の実施と評価ならびに多職種連携による母子保健指導のあり方に関する研究班.

山下沙織・岩山真理子・永田雅子. (2013). 低出生体重児の超早期介入に関する研究の展望. 名古屋大学教育発達科学研究科紀要（心理発達科学）, **60**, 95-102.

全国社会福祉協議会・全国保育協議会・全国保育士会. (2007). 全国保育士会倫理綱領. 全国社会福祉協議会.

第5章

Balint, M. (1981). プライマリー・ケアにおける新進医学：バリント・グループの実際（池見酉次郎，訳）. 診断と治療社.

厚生省. (1999). 児童養護施設における被虐待児に対する適切な処遇体制の確保について.

神尾南枝. (2013). 問題解決をとおして保育の質の向上を. 保育ナビ5月号, **4**(2), 19.

秦野悦子. (2006). 乳幼児健診から保育の場への連携（別冊発達28）（pp. 166-172）. ミネルヴァ書房.

秦野悦子. (2009). 保育巡回相談で出会う倫理問題とその対応. 白百合女子大学研究紀要, **45**, 83-104.

秦野悦子. (2010). 保育学研究の実施と倫理の事例. 日本保育学会倫理綱領ガイドブック編集委員会（編），保育学臨床相談. 東京：フレーベル館.

秦野悦子. (2011a). ニーズに基づいてアセスメントするとは. 日本保育学会（編），地域における保育臨床相談のあり方（pp. 117-126）. 京都：ミネルヴァ書房.

秦野悦子. (2011b). 保育支援におけるトラブルと倫理. 秦野悦子・山﨑　晃（編），保育の中での臨床発達支援（pp. 69-78）. 京都：ミネルヴァ書房.

秦野悦子．（2012a）．保育困難幼児に対する認知特性を生かした保育支援．文部省科学
　　研究費助成事業研究成果報告書．2008年度〜2010年度基盤研究（C）研究課題番号
　　20530606．

秦野悦子．（2012b）．乳幼児期の言語発達の障害と支援．日本発達心理学会（編），発
　　達科学ハンドブック6　発達と支援（pp.175-185）．東京：東京大学出版会．

秦野悦子．（2014）．園における子どもの育ちを支える保育巡回相談．発達，**139**，51-54．

秦野悦子．（2015）．ウィルミントン TEACCH センターでのアセスメントと支援．臨床
　　発達心理実践研究，**10**(2)，122-133．

秦野悦子．（2016a）．保育臨床相談の位置づけ．日本保育学会（編），保育学講座5巻
　　保育を支えるしくみ．東京：東京大学出版会．

秦野悦子．（2016b）．保育巡回相談における保護者支援．発達，**147**，33-39．

ほいくじょぶ．（2016）．保育園での「ジェノグラム」「エコマップ」活用法．https://
　　hoiku-shigoto.com/report/news/genogram-and-ecomap/．（2017.3.1）

厚生労働省雇用均等・児童家庭局．（2007）．地域子育て支援拠点事業地域子育て支援拠
　　点事業実施要綱．

厚生労働省雇用均等・児童家庭局家庭福祉課．（2014）．乳児院運営ハンドブック．

Lowenberg, F. & Dolgoff, R. (1996). *Ethical decisions for social work practice*. F. E.
　　Peacock Publishers.

中村五六．（1908）．保育法．秀英社．

文部科学省．（2007）．学校教育法．

文部省・厚生省・労働省・建設省．（1994）．エンゼルプラン，今後の子育てのための施
　　策の基本的方向について．

大蔵省・文部省・厚生省・労働省・建設省・自治省．（1999）．新エンゼルプラン――重
　　点的に推進すべき少子化対策の具体的実施計画について．

日本臨床発達心理士会．（2009）．臨床発達心理士が知っておきたい「倫理」の基本．

日本精神神経学会．（2014）．DSM-5 病名・用語翻訳ガイドライン．精神神経学雑誌，
　　116(6)，429-457．

山口俊郎．（1995）．発達臨床心理学．岡本夏木・清水御代明・村井潤一（監修），発達
　　心理学辞典（pp.563-564）．京都：ミネルヴァ書房．

湯川嘉津美．（2016）．保育という語の成立と展開．日本保育学会（編），保育学講座1
　　保育学とは（pp.41-67）．東京：東京大学出版会．

全国乳児福祉協議会．（2013a）．乳児院心理職――赤ちゃんの暮らしと育ちを応援して．

全国乳児福祉協議会．（2013b）．乳児院におけるアセスメントガイド．

第6章

阿部　彩．（2014）．子どもの貧困Ⅱ：解決策を考える．東京：岩波書店．

文　献

明石要一. (2009). 地域が提供しなくなった仲間遊びと体験・教育の機会：体験格差を是正する施策を考えよう. 児童心理, No. 891, 35-46.

Bros, P. (1967). The second individuation process of adolescence. *The Psychoanalytic Study of the Child*, 22, 162-186.

Bros, P. (1962). *On adolescence*. New York: Free-Press. (Bros, P. (1971). 青年期の精神医学 (野沢栄司, 訳). 東京：誠信書房.)

Harter, S. (1999). *The construction of the self: A developmental perspective*. New York: Guilford Press.

保坂　亨. (1998). 児童期・思春期の発達. 下山晴彦 (編), 教育心理学Ⅱ　発達と臨床援助の心理学 (pp. 103-126). 東京：東京大学出版会.

Jackson, P. W. (1968). *Life in Classrooms*. New York: Holt, Riehart & Winston.

菅野　純. (2008). 不登校　予防と支援　Q&A. 東京：明治図書.

子どもの貧困白書編集委員会 (編). (2009). 子どもの貧困白書. 東京：明石書店.

国立教育政策研究所生徒指導・進路指導研究センター. (2015). 生徒指導リーフ「中1ギャップ」の真実. http://www.nier.go.jp/shido/leaf/leaf15.pdf. (2016.4.3)

国立教育政策研究所. (2009). 生徒指導支援資料「いじめを理解する」http://www.nier.go.jp/shido/centerhp/ijimetool/ijimetool.htm. (2016.4.17)

国立教育政策研究所. (2010). いじめ追跡調査　2007-2009. http://www.nier.go.jp/shido/centerhp/shienshiryou2/3.pdf. (2016.4.17)

国立教育政策研究所. (2013). いじめ追跡調査　2010-2012. https://www.nier.go.jp/shido/centerhp/2507sien/ijime_research-2010-2012.pdf. (2016.4.17)

込山真理子. (2014). 共に育ち合う場から見た放課後デイサービス事業. 福祉労働, **144**, 42-49.

近藤邦夫. (1994). 教師と子どもの関係づくり：学校の臨床心理学. 東京：東京大学出版会.

厚生労働省. (2008). 平成20年　放課後児童健全育成事業 (放課後児童クラブ) の実施状況. http://www.mhlw.go.jp/houdou/2008/10/dl/h1016-1a.pdf. (2016.4.30)

厚生労働省. (2014a).「平成25年　国民生活基礎調査」https://www.mhlw.go.jp/toukei/saikin/hw/k-tyosa/k-tyosa13/ (2016.5.15)

厚生労働省. (2014b). 放課後児童健全育成事業の設備及び運営に関する基準について. http://law.e-gov.go.jp/htmldata/H26/H26F19001000063.html. (2016.5.14)

厚生労働省. (2014c). 参考資料1　放課後等デイサービスの現状. http://www.mhlw.go.jp/file/05-Shingikai-12201000-Shakaiengokyokushougaihokenfukushibu-Kikakuka/0000060448.pdf. (2016.4.30)

厚生労働省. (2015a). 放課後児童クラブ運営指針. http://www.mhlw.go.jp/file/04-Houdouhappyou-11906000-Koyoukintoujidoukateikyoku-Ikuseikankyouka/0000080

763.pdf.（2016.5.14）

厚生労働省.（2015b）. 平成27年　放課後児童健全育成事業（放課後児童クラブ）の実施状況. http://www.mhlw.go.jp/stf/houdou/0000107366.html.（2016.5.15）

厚生労働省.（2015c）. 放課後等デイサービスガイドライン. http://www.mhlw.go.jp/file/05-Shingikai-12201000-Shakaiengokyokushougaihokenfukushibu-Kikakuka/0000082829.pdf.（2016.5.15）

厚生労働省.（2016a）. 平成27年度　児童相談所での児童虐待対応件数（速報値）http://www.mhlw.go.jp/file/04-Houdouhappyou-11901000-Koyoukintoujidoukateikyoku-Soumuka/0000132366.pdf.（2016.8.14）

厚生労働省.（2016b）. 児童福祉法等の一部を改正する法律の公布について. http://www.mhlw.go.jp/file/06-Seisakujouhou-11900000-Koyoukintoujidoukateikyoku/286017sankoushiryou.pdf.（2017.8.13）

厚生労働省.（2017）. 平成28年　放課後児童健全育成事業（放課後児童クラブ）の実施状況（5月1日現在）. http://www.mhlw.go.jp/stf/houdou/0000148584.html.（2017.3.30）

厚生労働省・文部科学省.（2014）. 放課後子ども総合プランについて. http://www.mhlw.go.jp/file/06-Seisakujouhou-11900000-Koyoukintoujidoukateikyoku/0000054557.pdf.（2017.3.30）

文部科学省.（2002）. 通常の学級に在籍する特別な教育的支援を必要とする児童生徒の全国実態調査. http://www.mext.go.jp/b_menu/shingi/chousa/shotou/018/toushin/030301i.htm.（2016.4.3）

文部科学省.（2012a）. 小中連携，一貫教育の推進について. http://www.mext.go.jp/b_menu/shingi/chukyo/chukyo3/siryo/attach/1325898.htm.（2016.4.10）

文部科学省.（2012b）. 共生社会の形成に向けたインクルーシブ教育システム構築のための特別支援教育の推進（報告）. http://www.mext.go.jp/b_menu/shingi/chukyo/chukyo3/044/attach/1321669.htm（2016.4.3）

文部科学省.（2013a）. 平成24年度　児童生徒の問題行動等生徒指導上の諸問題に関する調査. http://www.mext.go.jp/b_menu/houdou/25/12/__icsFiles/afieldfile/2013/12/17/1341728_01_1.pdf.（2016.4.17）

文部科学省.（2013b）. いじめ防止基本方針の策定について（通知）. http://www.mext.go.jp/a_menu/shotou/seitoshidou/1340464.htm.（2016.4.17）

文部科学省.（2013c）. 特別支援教育の概念図. http://www.mext.go.jp/a_menu/shotou/tokubetu/002/__icsFiles/afieldfile/2014/06/27/1329076_01.pdf.（2016.4.3）

文部科学省.（2014）. 要保護及び準要保護児童生徒数の推移. http://www.mext.go.jp/b_menu/houdou/26/02/__icsFiles/afieldfile/2014/02/12/1344115_01_1_1.pdf.（2016.4.23）

文　献

文部科学省．（2015a）．平成27年度児童生徒の問題行動等生徒指導上の諸問題に関する調査．http://www.mext.go.jp/b_menu/houdou/27/09/__icsFiles/afieldfile/2015/10/07/1362012_1_1.pdf.（2016.4.10）

文部科学省．（2015b）．不登校児童生徒への支援に関する中間報告．http://www.mext.go.jp/component/b_menu/shingi/toushin/__icsFiles/afieldfile/2015/09/07/1361492_01.pdf.（2016.4.10）

文部科学省．（2016）．平成28年度学校基本調査（確定値）の公表について．http://www.mext.go.jp/component/b_menu/other/__icsFiles/afieldfile/2016/12/22/1375035_1.pdf.（2017.3.30）

森田洋司・清水健司．（1994）．新訂版　いじめ：教室の病．東京：金子書房．

森田洋司．（2010）．いじめとは何か：教室の問題，社会の問題．東京：中央公論新社．

村山恭朗・伊藤大幸・浜田　恵・中島俊思・野田　航・片桐正敏・高柳伸哉・田中善大・辻井正次．（2015）．いじめ加害・被害と内在化／外在化問題との関連性．発達心理学研究，**26**(1)，13-22．

内閣府．（2014）．子供の貧困対策に関する大綱について．http://www8.cao.go.jp/kodomonohinkon/pdf/taikou.pdf.（2016.4.23）

中村仁志・大田友子・丹　佳子・福田奈未．（2016）．「中1ギャップ」における問題と背景：小学校から中学校への接続における生徒の困り感について．山口県立大学学術情報，**9**，87-92．

西本絹子．（2008a）．「自立的に悩む力」を支えようとしてきた巡回相談：私が不要となる支援　効率よく質の高い間接支援をめざして．発達，**114**，78-84．

西本絹子．（2008b）．学童保育での支援のために．西本絹子（編），学級と学童保育で行う特別支援教育：発達障害をもつ小学生を支援する．東京：金子書房．

西本絹子．（2008c）．高機能自閉症・アスペルガー症候群の子どもたち．西本絹子（編），学級と学童保育で行う特別支援教育：発達障害をもつ小学生を支援する．東京：金子書房．

西本絹子．（2013）．学童期の放課後の人間関係とその支援．長崎　勤・森　正樹・高橋千枝（編），社会性発達支援のユニバーサルデザイン．東京：金子書房．

西澤　哲．（2010）．子ども虐待．東京：講談社．

お茶の水女子大学．（2014）．平成25年度全国学力・学習状況調査（きめ細かい調査）の結果を活用した学力に影響を与える要因分析に関する調査研究．http://www.nier.go.jp/13chousakekkahoukoku/kannren_chousa/pdf/hogosha_factorial_experiment.pdf.（2016.4.23）

岡本夏木．（1991）．児童心理．東京：岩波書店．

大澤真平．（2008）．子どもの経験の不平等．教育福祉研究，**14**，1-13．

桜井茂男．（1983）．認知されたコンピテンス測定尺度（日本語版）の作成．教育心理学

研究，**31**，245-249.

佐藤　進．(2014)．子ども・子育て支援施策としての障害児支援を考える．福祉労働，**144**，10-17.

新保真紀子．(2001)．「小1プロブレム」に挑戦する：人権教育をいかした学級づくり．東京：明治図書．

小児心身医学会．(2009)．小児心身医学会ガイドライン集．東京：南江堂．

杉山登志郎．(2009)．そだちの臨床　発達精神病理学の新地平．東京：日本評論社．

杉山登志郎．(2010)．いじめ・不登校と高機能広汎性発達障害．こころの科学，**151**，64-69.

滝　充．(2013)．いじめを減らす学校の取り組みとは．児童心理，5月号，119-125.

玉井邦夫．(2007)．学校現場で役立つ子ども虐待対応の手引き：子どもと親への対応から専門機関との連携まで．東京：明石書店．

東京都教育委員会．(2009)．東京都公立小・中学校における第1学年の児童・生徒の学校生活への適応状況にかかわる実態調査　結果概要．http://www.kyoiku.metro.tokyo.jp/buka/soumu/choho/558/page7.htm.(2016.5.7)

東京都教育委員会．(2013)．小1問題・中1ギャップの予防・解決のための「教員加配に関わる効果検証」に関する調査　最終報告書について．http://www.kyoiku.metro.tokyo.jp/press/pr130425d.htm.(2016.4.3)

脇中起余子．(2009)．聴覚障害教育　これまでとこれから：コミュニケーション論争・9歳の壁・障害認識を中心に．京都：北大路書房．

脇中起余子．(2013)．「9歳の壁」を越えるために：生活言語から学習言語への移行を考える．京都：北大路書房．

山縣文治．(1998)．変化を続ける児童福祉法．柏女霊峰・山縣文治（編），新しい子ども家庭福祉．京都：ミネルヴァ書房．

山縣文治．(1999)．児童福祉法改正に関わる研究・実践動向．社会研究，**5**，125-130.

吉田　順．(2015)．いじめ指導24の鉄則．東京：学事出版．

全国学童保育連絡協議会．(2007)．2007年5月1日現在の学童保育実施状況調査．http://www2s.biglobe.ne.jp/~Gakudou/2007kasyosuu.pdf.(2016.5.14)

全国学童保育連絡協議会．(2010)．学童保育とは．http://www2s.biglobe.ne.jp/Gakudou/what.htm.(2016.5.14)

全国学童保育連絡協議会．(2012)．2012年学童保育実施状況調査．http://www2s.biglobe.ne.jp/Gakudou/2012jittaityousa.pdf.(2016.5.14)

全国学童保育連絡協議会．(2015)．2015年5月1日現在の学童保育実施状況調査．http://www2s.biglobe.ne.jp/~Gakudou/2015kasyosuu.pdf.(2016.5.14)

全国学童保育連絡協議会．(2016)．2016年5月1日現在の学童保育実施状況調査．http://www2s.biglobe.ne.jp/~Gakudou/pressrelease20160902.pdf.(2016.9.3)

文　献

全国障害者問題研究会．(2014)．24.2放課後デイ実態調査．http://www.nginet.or.
jp/jdprrp/data/24_2houkago2014.pdf.（2016.6.11）

第7章

藤崎春代・木原久美子・倉本かすみ・長田安司・今西いみ子．(2000)．統合保育におい
て子どもと保育者を支援するシステム研究．発達障害研究，**22**(2)，120-128.

浜谷直人．(2006)．小学校通常学級における巡回相談による軽度発達障害児等の教育実
践への支援モデル．教育心理学研究，**54**，395-407.

針間克己．(2003)．性同一性障害の現状と特例法．日本医師会雑誌，**130**(5)，754-758.

池田官司．(2013)．GID（性同一性障害）を考える：性同一性障害当事者数の推計．産
婦人科の実際，**62**(13)，2105-2109.

上手由香．(2013)．思春期における発達障害への理解と支援．安田女子大学紀要，**41**，
93-101.

李　敏子．(2013)．思春期の子どもをもつ親への支援．椙山臨床心理研究，**13**，3-6.

松本俊彦・小林桜児・尾崎　茂・和田　清．(2008)．摂食障害と「やせ薬」：合法と非
合法のあいだ．臨床精神医学，**37**(11)，1429-1437.

文部科学省．(2008)．「ネット上のいじめ」に関する対応マニュアル・事例集（学校・
教員向け）．

文部科学省．(2013)．いじめ防止基本方針の策定について（通知）．

文部科学省．(2014)．学校における性同一性障害に係る対応に関する状況調査.

文部科学省．(2018)．平成29年度特別支援教育体制整備状況調査結果について.

文部科学省ホームページ．特別支援教育について：1．はじめに．http://www.mext.
go.jp/a_menu/shotou/tokubetu/001.htm.（2016.5.30）

文部科学省ホームページ．子どもの徳育の充実に向けた在り方について．http://www.
mext.go.jp/b_menu/shingi/chousa/shotou/053/gaiyou/attach/1286156.htm.（2016.
5.30）

文部科学省・国立教育政策研究所生徒指導研究センター．(2007)．いじめ問題に関する
取組事例集.

文部科学省初等中等教育局特別支援教育課．(2012)．通常の学級に在籍する発達障害の
可能性のある特別な教育的支援を必要とする児童生徒に関する調査.

森　正樹．(2010)．保育・教育現場の主体的課題解決を促進するコンサルテーションの
研究：特別支援教育巡回相談の失敗事例の検討から．宝仙学園短期大学紀要，**35**，
39-49.

森　正樹．(2011)．中学校教育相談における発達障害生徒の保護者と教師間の関係構築
に関する諸課題．埼玉県立大学紀要，**13**，125-131.

森　正樹・藤野　博・大伴　潔．(2012)．現場における特別支援教育巡回相談の効果的

活用に関する諸課題：教師の意識と行動に着目した学校コンサルテーションのニーズの検討. 臨床発達心理実践研究, **7**, 175-183.

森 正樹・細渕富夫. (2012). 臨床発達心理学的観点に基づく個別の指導計画作成プロセスへの支援：中学校教育相談部への学校コンサルテーションの実際. 埼玉大学教育学部教育実践総合センター紀要, **11**, 117-125.

森 正樹・林 恵津子. (2013). 障害児保育巡回相談におけるコンサルテーションの現状と課題：幼稚園・保育所における専門職の活動状況から. 埼玉県立大学紀要, **14**, 27-34.

森 正樹. (2013). 埼玉県特別支援教育体制整備事業における協働関係構築の視座と方略. 平成24年度 埼玉県教育委員会 特別支援教育体制整備事業報告, 179-190.

森 正樹・細渕富夫. (2014). 特別支援教育巡回相談による個別の指導計画の有効活用の促進：校内研修を通じた学校コンサルテーションの実際. 埼玉大学教育学部教育実践総合センター紀要, **13**, 107-114.

森 正樹. (2014). 高等学校教職員による特別支援教育の主体的課題解決を促進する学校コンサルテーションの技法に関する実践的研究. 臨床発達心理実践研究, **9**, 126-134.

森 正樹. (2015). 小中学校における特別な教育的ニーズを有する児童生徒への支援の実態と類型：特別支援教育巡回相談における授業観察記録に基づく検討. 臨床発達心理実践研究, **10**, 95-103.

無藤 隆. (2011). 臨床発達心理学における専門性, 実践性, 学際性. 本郷一夫・金谷京子（編著）, 臨床発達心理学・理論と実践1 臨床発達心理学の基礎 (pp. 13-21). 東京：金子書房.

中井久夫. (1997). アリアドネからの糸. 東京：みすず書房.

大石幸二. (2000). 知的障害教育における「現場研修」への応用行動学的アプローチ. 特殊教育学研究, **38**(1), 39-49.

佐藤 進. (1998). 地域療育システムの再検討：小都市における通園施設の試みを中心に. 発達障害研究, **20**(3), 12-20.

Sullivan, H. S. (1953). *The Interpersonal Theory of Psychiatry*. New York: W. W. Norton. (Sullivan, H. S. (1990). 精神医学は対人関係論である（中井久夫・宮﨑隆吉・高木敬三・鑪幹八郎, 訳）. 東京：みすず書房.)

田原俊司. (2010). うわさが広がる要因と指導法. こころのオアシス, **8**(7), 34-35.

田原俊司. (2013). リストカットする子. こころのオアシス, **11**(10), 4-5.

第8章

浅田 聡. (2014). 大学進学に向けた高校の取り組み：全日制普通科に在籍する発達障害のある生徒たち. 高橋知音（編著）, 発達障害のある人の大学進学　どう選ぶか

どう支えるか（pp. 16-35）．東京：金子書房.

Attwood, T.（2003）．アスペルガー症候群（冨田真紀・内山登紀夫・鈴木正子, 訳）．東京：東京書籍.（Attwood, T.（1993）. *ASPERGER'S SYNDROME: A Guide for Parent and Professionals.* London: Jessica Kingsley Publishers Ltd.）

馬場幸子.（2013）．問題解決型ケース会議活用ハンドブック．東京：明石書店.

堀江まゆみ.（2014）．罪に問われた障害のある青年に対するネットワーク型支援システムの構築と予防的アプローチ．教育心理学学会56回総会76. 77.

川住隆一・吉武清實・西田充潔・細川　徹・上埜高志・熊井正之・田中真理・安保英勇・池田忠義・佐藤静香.（2010）．大学における発達障害のある学生への対応：四年制大学の学生相談機関を対象とした全国調査を踏まえて．東北大学大学院教育学研究科研究年報, **59**(1), 435-462.

北島歩美.（2007）．学生相談とサポートシステム．大学と学生, **41**, 45-51.

厚生労働省.（2011）．障害者虐待防止法が施行されました. http://www.mhlw.go.jp/stf/seisakunitsuite/bunya/hukushi_kaigo/shougaishahukushi/gyakutaiboushi/index.html.（2016.4.29）

厚生労働省.（2013）．障害者総合支援法が施行されました. http://www.mhlw.go.jp/stf/seisakunitsuite/bunya/hukushi_kaigo/shougaishahukushi/sougoushien/index.html.（2016.4.29）

道又紀子.（2010）．ハラスメント問題．精神科, **17**(4), 345-349.

文部科学省.（2000）．大学における学生生活の充実方策について（報告）：学生の立場に立った大学づくりを目指して. http://www.mext.go.jp/b_menu/shingi/chousa/koutou/012/toushin/000601.htm.（2016.7.3）

文部科学省.（2011）．高等学校教育の現状. http://www.mext.go.jp/component/a_menu/education/detail/__icsFiles/afieldfile/2011/09/27/1299178_01.pdf.（2016.7.3）

文部科学省.（2012a）．「通常の学級に在籍する発達障害の可能性のある特別な教育的支援を必要とする児童生徒に関する調査」調査結果. http://www.mext.go.jp/a_menu/shotou/tokubetu/material/__icsFiles/afieldfile/2012/12/10/1328729_01.pdf.（2016.7.3）

文部科学省.（2012b）．障がいのある学生の修学支援に関する検討会報告（第一次まとめ）. http://www.mext.go.jp/b_menu/houdou/24/12/1329295.htm.（2016.7.20）

文部科学省.（2013）．大学入学者選抜, 大学教育の現状. http://www.kantei.go.jp/jp/singi/kyouikusaisei/dai11/sankou2.pdf.（2016.7.3）

文部科学省.（2014）．特別支援教育の概念図. http://www.mext.go.jp/a_menu/shotou/tokubetu/002/1329076.htm.（2016.7.3）

文部科学省.（2015）．平成27年度学校基本調査（確定値）の公表について. http://www.mext.go.jp/component/b_menu/other/__icsFiles/afieldfile/2016/01/18/1365

622_1_1.pdf.（2016.7.3）

森脇愛子・奥住秀之・藤野　博．（2016）．大学における発達障害学生支援に携わる教職員の実態調査：教職委支援のあり方と担当者の役割についての検討．臨床発達心理実践研究，**11**，46-54.

村山光子．（2014）．発達障害のある大学生の入学直後の困難と支援．高橋知音（編著），発達障害のある人の大学進学　どう選ぶか　どう支えるか（pp. 104-118）．東京：金子書房.

村山光子．（2015）．発達障害のある大学生の就労支援の現状とこれから：大学における支援の現状と今後の展開．一般社団法人日本 LD 学会公開シンポジウム資料集，64-73.

内閣府合理的配慮等具体例データ集．http://www8.cao.go.jp/shougai/suishin/jirei/index.html.（2016.4.29）

佐藤克敏．（2006）．わが国の高等教育機関における LD・ADHD・高機能自閉症等への支援の現状．LD 研究，**15**（3）（32），289-296.

日本学生支援機構．（2009）．障害学生支援についての教職員研修プログラム．http://www.jasso.go.jp/gakusei/tokubetsu_shien/guide_kyouzai/chokaku_dvd/gaiyou.html.（2016.7.23）

日本学生支援機構．（2011）．平成23年度（2011年度）障害のある学生の就業力の支援に関する調査結果報告書．http://www.jasso.go.jp/gakusei/tokubetsu_shien/chosa_kenkyu/employment.html#h23report.（2016.7.25）

日本学生支援機構．（2015a）．大学における学生相談体制の充実方策について（要旨）：「総合的な学生支援」と「専門的な学生相談」の「連携・協働」．http://www.jasso.go.jp/gakusei/archive/__icsFiles/afieldfile/2015/12/09/jyujitsuhousaku_gaiyo_2.pdf.（2016.7.20）

日本学生支援機構．（2015b）．平成26年度（2014年度）大学，短期大学及び高等専門学校における障害のある学生の修学支援に関する実態調査結果報告書．http://www.jasso.go.jp/gakusei/tokubetsu_shien/chosa_kenkyu/chosa/__icsFiles/afieldfile/2015/11/09/2014houkoku.pdf.（2016.7.23）

日本学生支援機構．（2015c）．平成26年度（2014年度）大学，短期大学及び高等専門学校における障害のある学生の修学支援に関する実態調査結果報告書（対象年度：平成17年度（2005年度））〜平成25年度（2013年度）．http://www.jasso.go.jp/gakusei/tokubetsu_shien/chosa_kenkyu/chosa/__icsFiles/afieldfile/2015/11/02/bunseki2005_2013%20（1）.pdf.（2016.7.23）

日本学生支援機構．（2015d）．教職員のための障害学生修学支援ガイド（平成26年度改訂版）．http://www.jasso.go.jp/gakusei/tokubetsu_shien/guide_kyouzai/guide/index.html#guide_pdf.（2016.7.23）

高橋知音・篠田春男．（2008）．米国の大学における発達障害のある学生への支援組織のあり方．LD研究，**17**(2)，231-241．

高橋知音・高橋美保．（2015）．発達障害のある大学生への「合理的配慮」とは何か：エビデンスに基づいた配慮を実現するために．教育心理学年報，**54**，227-235．

高橋知音．（2016）．高等教育機関に求められる合理的配慮．明星大学発達支援研究センター紀要，**1**，16-18．

東京都立あきるの学園養護学校PTA　あきるのクラブ実行委員会．（2006）．みんなおいでよ　あきるのクラブ．東京：ジアース教育新社．

苫米地憲昭．（2006）．大学生：学生相談から見た最近の事情．臨床心理学，**6**(2)(32)，168-172．

内田千代子．（2010）．休学・退学の変化．精神科，**17**(4)，330-338．

上野一彦．（2014）．大学入試センター試験における特別措置．高橋知音（編著），発達障害のある人の大学進学　どう選ぶか　どう支えるか（pp.76-88）．東京：金子書房．

山本譲司．（2006）．累犯障害者．東京：新潮社．

横山篤志．（2009）DVD「Outsider Art in Japan6」．NPO法人はれたりくもったり発売　株式会社紀伊国屋書店販売．

吉田友子．（2005）．あなたがあなたであるために．東京：中央法規出版．

第9章

朝田　隆．（2013）．厚生労働科学研究費補助金認知症対策総合研究事業　都市部における認知症有病率と認知症の生活機能障害への対応　平成23年度〜平成24年度総合研究報告書，2．

遠藤利彦．（1995）．親になること・親であること：中年から老年へ．無藤　隆・久保ゆかり・遠藤利彦（著），発達心理学（pp.159-177，179-200）．東京：岩波書店．

Erikson, E. H. (2011)．アイデンティティとライフサイクル（西平直他，訳）．東京：誠信書房．(Erikson, E. H. (1980). *Identity and the Life Cycle*. Norton.)

Goldfarb, A. I., & Sheps, J. (1954). Psychotherapy of the Aged Ⅲ: Brief therapy of interrelated psychological and somatic disorders. *Psychomatic Medicine*, **16**, 209-219.

濱野貴通．（2012）．実践！大人の発達障害．治療，**94**(8)，1393-1397．

橋本創一・井上敦子・浮穴寿香・菅野　敦・霜田浩信・横田圭司．（2006）．成人期アスペルガー症者の不適応症状と支援方法に関する研究．東京学芸大学教育実践研究支援センター紀要，**2**，1-8．

Hultsch, D. F., & Plemons, J. K. (1979). *Life-span development behavior*. Academic Press.

本田秀夫．(2013)．子どもから大人への発達精神医学：自閉症スペクトラム・ADHD・知的障害の基礎と実践．東京：金剛出版．

北條　敬．(2002)．7章　心の病気．6　高次脳機能障害．日本老年行動科学会（監修），高齢者の「こころ」事典．東京：中央法規出版．

藺牟田洋美．(2016)．ライフレビュー・サクセスフルエイジング・居場所感：閉じこもり高齢者支援からの論考．老年社会科学，**37**，428-434．

藺牟田洋美・安村誠司・阿彦忠之．(2004)．準寝たきり高齢者の自立度と心理的 QOL の向上を目指した Life Review による介入プログラムの試行とその効果．日本公衆衛生雑誌，**51**，471-482．

伊波和恵・浜　治世．(2000)．高齢女性と化粧：化粧の臨床心理学的適用の方法および実践．繊維機械学会誌，**53**，222-228．

伊藤　毅（編）．(2012)．大人の発達障害．治療，**94**．

角光裕美・米田英雄・玉村公二彦．(2011)．自閉症スペクトラムの青年・成人に対する就労支援の開発的研究：職場を模した作業場面における特性の整理および自己理解のとりくみ．奈良教育大学紀要，**60**，41-48．

神尾陽子．(2010)．ライフステージに応じた自閉症スペクトラム障害（ASD）者に対する支援のための手引き．ライフステージに応じた広汎性発達障害者に対する支援の在り方に対する支援の在り方に関する研究．厚生労働科学研究費補助金厚生労働省．発達障害者支援関係報告会資料．厚生労働省　社会・援護局障害保健福祉部障害福祉課障害児・発達障害者支援室．

神尾陽子．(2012)．精神科医療で出会う自閉症スペクトラム障害のあるおとなたち．神尾陽子（編著），成人期の自閉症スペクトラム診療実践マニュアル（pp. 2-14）．医学書院．

家庭裁判所．(2014)．成年後見制度：詳しく知っていただくために．http://www. courts.go.jp/vcms_lf/h27koukenpanf.pdf．(2016.8.1)

加藤進昌．(2015)．「成人期発達障害者のためのデイケア・プログラム」に関する調査について．厚生労働省障害者総合福祉支援推進事業．

Knight, B. G. (2002)．高齢者のための心理療法入門：成熟とチャレンジの老年期を援助する（藤田陽子，訳　長田久雄，監訳）．東京：中央法規出版．

小林博子．(2002)．うつ状態．日本老年行動科学会（監修），高齢者の「こころ」事典．東京：中央法規出版．

厚生労働省．(2014)．介護予防マニュアル（改訂版）第6章　閉じこもり予防・支援マニュアル．http://www.mhlw.go.jp/topics/2009/05/tp0501-1.html．(2016.8.1)

厚生労働省．(2016a)．平成26年度　高齢者虐待の防止，高齢者の養護者に対する支援等に関する法律に基づく対応状況等に関する調査結果．http://www.mhlw.go.jp/file/04-Houdouhappyou-12304500-Roukenkyoku-Ninchishougyakutaiboushitaisaku

文　　献

suishinshitsu/0000111665.pdf.（2016.8.1）

厚生労働省.（2016b）.　発達障害者支援関係報告会資料.　厚生労働省　社会・援護局障害保健福祉部　障害福祉課障害児・発達障害者支援室.

Levinson, D. J., Darrow, C. N., Klein, E. B., Levinson, M. H., & McKee, B.（1992）.　ライフサイクルの心理学（南　博，訳）.　東京：講談社.（Levinson, D. J., Darrow, C. N., Klein, E. B., Levinson, M. H., & McKee, B.（1978）. *The season of a man's life*. Knopf.）

松石献治.（2002）.　14章　社会の中の高齢者. 10　権利擁護.　日本老年行動科学会（監修），高齢者の「こころ」事典.　東京：中央法規出版.

松岡弥玲.（2009）.　成人期：関係の中での戸惑いと成熟.　藤村宜之（編著），発達心理学（pp. 164-184）.　京都：ミネルヴァ書房.

岡本祐子.（1985）.　中年期の自我同一性.　教育心理学研究, **33**, 295-306.

ライフデザイン研究本部　研究開発室.（2004）.　日本人のライフスタイル及び生活観等に関する調査研究.　株式会社第一生命経済研究所.

齊藤万比古.（1994）.　ひきこもりの評価・支援に関するガイドライン.　思春期の引きこもりをもたらす精神科疾患の実態把握と精神医学的治療・援助の構築に関する研究.　厚生労働科学研究費補助金こころの健康科学研究事業.

齊藤万比古.（2011）.　ひきこもり支援者読本.　内閣府子ども若者・子育て施策総合推進室.

「精神科治療学」（編）.（2014）.　発達障害ベストプラクティス：子どもから大人まで.　精神科治療学. **29**.

志賀利一.（2015）.　障害福祉サービスにおける就労支援の制度と実際.　梅永雄二（編著），発達障害のある人の就労支援（pp. 86-94）.　東京：金子書房.

下仲順子.（2010）.　中年期の発達.　無藤　隆・高橋惠子・田島信元（編），発達心理学入門II　青年・成人・老人（pp. 101-118）.　東京：東京大学出版会.

昭和大学付属烏山病院.（2013）.　成人期発達障害支援のニーズ調査報告書.　厚生労働省障害者総合福祉支援推進事業.

豊澤英子.（2002）.　睡眠障害.　日本老年行動科学会（監修），高齢者の「こころ」事典.　東京：中央法規出版.

辻井正次・村瀬嘉代子（編）.（2014）.　成人期の発達障害支援.　臨床心理学, **14**(5).

高橋正雄.（2002）.　痴呆.　日本老年行動科学会（監修），高齢者の「こころ」事典.　東京：中央法規出版.

高﨑絹子・佐々木明子他.（2000）.　老人虐待の予防と支援に関する研究報告書, **3**(3), 148-159.

湯野川洋美.（2002）.　家族への支援.　日本老年行動科学会（監修），高齢者の「こころ」事典.　東京：中央法規出版.

渡辺修一郎.（2007）.　高齢者の疾病：主として身体的.　柴田　博・長田久雄・杉澤秀博

（編著），老年学要論：老いを理解する．東京：建帛社．

米川　薫．（2003）．発達のプロセスII　成人期．平山　諭・鈴木隆男（編），ライフサイクルから見た発達の基礎（pp. 119-124）．京都：ミネルヴァ書房．

索　引
（＊印は人名）

あ　行

アイデンティティ　103,192
　　──の確立　190,232,234
　　──の再体制化　275
　　──の支援　231
アウトリーチ型　84,112,121
アセスメント　114,165,178,213,217
アセチルコリン　194
アタッチメント　85,102
アルツハイマー型認知症　291
医学的診断　126
＊生澤雅夫　3
育児・介護休業法　81
育児支援　108
育児ストレス　89
育児不安　69,71
意思決定と倫理　134
いじめ　156
　　──防止対策推進法　156,157,197,210
　　──防止等の対策のための組織　210
　　→ネットいじめ
一次的ことば　145
1.57ショック　60,61,73
遺伝カウンセラー　98
居場所　232
インクルーシブ教育　150,215
インクルージョン　11,91
インフォーマルアセスメント　122,123
インフォームド・コンセント　21,22,132,
　　182,305
＊ヴィゴツキー（Vygotsky, L. S.）　89
うつ病　289
営利関係　23
エクソシステム　90
エコマップ　117
エストロゲン　190
園内の連携　141
＊大伴茂　3
オーバードース　207
　　→薬の過剰使用

親子グループ　118
親子の関係性の支援　109
親のカウンセリング　129
親離れ　192
音楽療法　300

か　行

介護　292,293
　　──サービス　294
　　──ストレス　292
　　──保険制度　294
　　──保険法　293,294
　　──予防　294
回想法　300
解離　160
カウンセリングマインド　87,89,218
学童保育　169
　　──コンサルテーション　177
学力格差　162
下垂体性小人症　191
仮性認知症　289
家族支援　114,133
家族療法　204
家族レジリエンス　105
学校教育法　107,163
学校コンサルテーション　165,213,214,
　　216,218,222
学校心理士　15
家庭内暴力　201
加齢　288,301,303
＊河合隼雄　4
間接支援　121
カンファレンス　168,178,215-223
　　→保育カンファレンス
願望医療　98
記憶障害　289,291
企業就労　266
基礎心理学　5,8
基礎的環境整備　151
気になる子　137
基本的生活習慣　116

虐待　268, 292
　　——防止センター　268
　　——予防　109
逆転移　302, 303, 307
キャリア支援　250, 254, 264
キャンパス・ハラスメント　238
9歳の壁　146, 155
教育ネグレクト　153
共感的態度　218
共感的理解　87
教師理解　213
共同子育て　89
極低出生体重児　96
拠点型　84
拒否　305, 306
起立性調節障害（OD）　154
切れ目のない支援　109
勤勉性　144
薬の過剰使用　207
　　→オーバードース
具体的操作期　145
グリーフ・カウンセリング　287
グループ・スーパービジョン　39
グループセッション　120
クロノシステム　90
経過観察　118
経済的虐待　268
傾聴　87, 202
化粧療法　295, 297
決定の共有　124
研究の責任　28
現実適応的な問題解決　134
研修を受ける義務　28
交感神経　193
高次脳機能障害　289, 290
肯定的態度　218
公認心理師　9
　　——教育カリキュラム　9
　　——法案　9
高年齢者雇用安定法　275
合理的配慮　151, 241, 245, 270, 271
高齢うつ病　289
高齢者虐待　292, 293
　　——防止法　292, 294
高齢者支援　287
コーディネート　84, 216

　　——力　84
個人情報　133
個人情報の保護に関する法律　24
子育て支援センター　80
子育て世代包括支援センター　86
個体史　12
孤独な対処行動　205
子ども・子育て関連3法　64
子ども・子育て支援新制度　60, 61, 64, 66-
　68, 70, 71, 73, 75, 83
子どもの最善の利益　93, 130
子どもの貧困　68, 70, 100, 161
　　——対策に関する大綱　163
　　——対策の推進に関する法律　163
子ども療養支援士　102
子離れ　192
個別支援計画の策定・実施　196
個別性　127
個別の指導計画　223
コホート　301
コミュニケーション支援事業　269
孤立化　198
コルチゾール　194
コンサルタント　121, 211
コンサルティ　121, 211
コンサルテーション　31, 41, 43, 44, 114,
　115, 121, 165, 211, 212, 216, 218, 222
　　——図式　122
　　→学童保育コンサルテーション
　　→学校コンサルテーション
　　→保育コンサルテーション

さ　行

里親支援　103
ジェノグラム　117
支援ケアマネジャー　87
自己決定　135
自己理解　232
支持的心理療法　300
思春期　190, 192, 195, 197
　　——早発症　191
システム論的視点　12, 13
施設入所　303, 304
自尊感情　146, 158, 162
失語　290, 291
失行　290, 291

実行機能障害　291
失認　290,291
指定大学院制度　5
児童家庭支援センター　77
児童虐待　159,162
　　──防止法　159
児童心理学者　3
児童手当　82
児童福祉法　107
児童養護施設　114
自分探し　232
自閉症スペクトラム障害（ASD）　140,141,
　　155,157,172,280,283,284,286
　　──の社会性　260
社会的な行動障害　289,290
社会的障壁　152
社会的な視点　11
就学援助　162
重度訪問介護　269
就労移行支援　254,255,266
就労継続支援A型　265
就労継続支援事業B型　254,266
就労支援　267,279,285,286
就労・生活支援センター　260
就労相談支援機関　254
熟眠障害　290
出生前診断　98
守秘義務　23,133,305
守秘の限界　24
受容　87
巡回相談　211,212,216,223
　　→保育巡回相談
小1プロブレム　147
障害学生支援　245,247,249
障害者虐待防止法　267,282
障害者権利条約　150,240
障害者雇用促進法　269
障害者雇用納付金制度　270
障害者雇用枠　271
障害者自立支援法　279
障害者総合支援法　268
障害者総合福祉法　279
障害者手帳　274
障害診断　108
障害特性　260,261
障害の告知　272

障害を理由とする差別の解消の推進に関する
　　法律（障害者差別解消法）　151,208,241,
　　270,271,282
少子化社会対策基本法　62
衝動性　141
情報共有　24
情報の開示　24
職業的アイデンティティ　215
職業能力開発校　266
職業倫理　18
職能団体　18
ジョブコーチ　256
自律神経　193
自律性　306
神経性大食症　203
神経性無食欲症　203
神経伝達物質　192
人権の尊重　20
身体的虐待　268
心的外傷後ストレス障害
　　→ PTSD
新版K式発達検査2001　3
心理教育プログラム　31
心理職　114
心理的虐待　268
心理的ケア　114
心理的バリア　136
遂行機能障害　289,290
睡眠障害　289,290
スーパーバイザー　38,40,45,46,51,54-56
スーパービジョン　25,35,40,43-46,54
　　──を受ける責務　28
スクールカウンセラー　216
スチューデント・アパシー　238
性意識　196
性化行動　160
生活リズム　116
生活臨床　114
誠実さ　306,307
生殖医療　98
成人期　275
精神障害者　269
成人発達障害　284
生成としての発達理解　11,12,14
生態学的システム　90
性的虐待　268

329

性同一性障害者の性別の取扱いの特例に関する法律　206,211
性同一性障害に関する診断と治療のガイドライン　207
成年後見制度　294,295
性別違和　206,241
性別役割分業　278
性ホルモン　190
生命倫理　98
生理学的な視点　11
摂食障害　203
セロトニン　194
善意と独善　133
全国保育士会倫理綱領　93
潜在的カリキュラム　145
前操作期　145
全体的包括的な理解　13
専門的技能　14
早期発見，早期対応　109
喪失　287,288
　――体験　288
相対的貧困　161
早朝覚醒　290
壮年期　275
＊園原太郎　3

た　行

待機児童問題　60,64,65,69,70,75,83
第二次性徴　191
第二の個体化過程　146
ダウン症　137,139
多言語・多文化家庭　100
多子世帯　82
他者の介入　202
他者理解　232
多重関係　23
　――への配慮　23,183
多職種間連携　216
脱抑制型対人交流障害　161
多動性　141
多様性　127
地域災害　104
地域支援ネットワーク　129
チーム・アプローチ　41,42
知的障害　137
　――者　266,267,269

――者更生相談所　267
　――者福祉司　267
　――者福祉法　266
知的能力障害　137
チャムシップ　192
注意障害　289
中1ギャップ　149
中途覚醒・浅眠型　290
中年期　275
懲戒処分　29
治療や療育　126
低出生体重児　96
テストステロン　190
テストバッテリー　122
転移　302,304
典型的な発達　126
同意　305,306
ドーパミン　194
特別支援教育　150,196
　――コーディネーター　216,219
特別なニーズのある生徒　217
特別養子縁組　103
匿名の共謀　136
特例子会社　271
閉じこもり　294,298
トラブルシューター　263

な　行

＊ナイト（Knight, B. G.）　295,301,304,307
難病　269
二次的ことば　145
二次的な障害　260,261
二次的な問題　227
（公財）日本中毒情報センター「中毒110番」　208
乳児院　114
入眠障害　290
乳幼児健診　80,109
任意後見制度　295
認知症　289,291,292,301,305,306
認知障害　291
認定こども園　64,66,80
ネウボラ　86
ネグレクト　268
ネチケット教育　200
ネットいじめ　199

索　引

ネットワーキング　122
脳血管型の認知症　291

は　行

ハイリスク児　96
パターナリズム　32
発達課題　275
発達支援　108
　　——センター　76
発達障害　196,260
　　——学生支援　252
　　——者支援法　279,280
発達心理学　6,10
　　——者　2
発達的援助　5
発達的観点　10
発達の具体性・個別性・多様性の理解　11,
　13
発達の最近接領域　89
発達の連関性　126
発達臨床　2
　　——的な支援　6
バリデーション・セラピー　300
犯罪の加害・被害　260
反応性アタッチメント障害　161
ピア・スーパービジョン　49
ひきこもり　281,282
被支援者の利益　20
非障害自閉症スペクトラム　285
非典型　126
ひとり親家庭　99
非薬物療法　301
ファシリテーション　220
ファミリーマップ　117
フォーマルアセスメント　120,122
副交感神経　193
福祉就労　266
不注意　141
不登校　152
不眠　291
プロキシサーバー　199
＊ブロンフェンブレンナー（Bronfenbrenner,
　U.）　90
文脈的視点　301
ベストパフォーマンス　125
保育　106

　　——カンファレンス　123,124
　　——コンサルテーション　112,122
　　——支援　126,140
保育士の専門性　111
保育巡回相談　120
保育所保育指針　111
放課後支援　147
放課後児童クラブ　169
　　——運営指針　170
放課後児童健全育成事業　169
放課後等デイサービス　174,255
法定後見制度　295
訪問型支援　295,298
暴力の回避　202
保健所　75,119
保健センター　76,119
母子保健法　80,119
施し　306
　　——対自律性　306
ボトムアップ支援　126
保幼小連携　148

ま　行

マイクロシステム　90
マクロシステム　90
無力化　198
メゾシステム　90
問題解決　126

や　行

＊山下俊郎　3
養育里親　102
要介護状態　294
要介護度　294
要支援家族　109
幼保連携型認定こども園　80
余暇　257,258
　　——活動　257,259
　　——支援　257
予防医学　98

ら　行

ライフイベントの構造　275
ライフスタイル　278,279,286
ライフプラン　257,274
ライフレビュー　299

331

ラポール　307

リアリティ・オリエンテーション　300

リストカット　204

リハビリテーション・カウンセリング
　287

リファー　25

リフレーミング　215

リミット・テスティング　160

療育手帳　267

臨床心理学　8
　——的な支援　6

臨床心理士　4-7,15
　——認定運営機構　5

臨床発達心理学　2,8,10

臨床発達心理士　6,7,16
　——認定運営機構　2,6,9
　——倫理綱領　93

倫理　17,130
　——感　19
　——観　20
　——綱領　18
　——・懲戒規程　18
　——的違反　29

　——的ジレンマ　134
　——問題　132
　→連携における倫理

レジリエンス　105

連携　109,120,131-133,140,141,202
　——における倫理　131
　→園内の連携
　→多職種間連携

老人福祉法　293,294

わ 行

ワーク・ライフ・バランス　89

＊ワロン（Wallon, H.）　3

欧 文

ADHD　141

ADL　138,139

BPSD　291,292

Children First　94

DSM-5　141

PTSD（心的外傷後ストレス障害）　160

QOL　139

Xジェンダー　206

《執筆者紹介》（執筆順，＊は編著者）

麻生　　武 （あさお　たけし）　奈良女子大学名誉教授

尾崎康子 （おざき　やすこ）　相模女子大学名誉教授

伊藤英夫 （いとう　ひでお）　元 文京学院大学人間学部児童発達学科教授

大日向雅美 （おおひなた　まさみ）恵泉女学園大学学長

＊藤﨑眞知代 （ふじさき　まちよ）　明治学院大学名誉教授

秦野悦子 （はたの　えつこ）　白百合女子大学名誉教授

＊西本絹子 （にしもと　きぬこ）　明星大学教育学部教育学科教授

田原俊司 （たはら　しゅんじ）　環太平洋大学国際経済経営学部特任教授

森　　正樹 （もり　まさき）　埼玉県立大学保健医療福祉学部共通教育科教授

新井豊吉 （あらい　とよきち）　東京家政大学子ども支援学部特任教授

三宅篤子 （みやけ　あつこ）　東京特別支援教育心理研究センター

藺牟田洋美 （いむた　ひろみ）　東京都立大学大学院人間健康科学研究科准教授

一般社団法人　臨床発達心理士認定運営機構
住所：〒160-0023　東京都新宿区西新宿6-20-12 山口ビル8F
FAX：03-6304-5705　　Email：shikaku@jocdp.jp
URL：http://www.jocdp.jp/

講座・臨床発達心理学②
臨床発達支援の専門性

2018年2月28日　初版第1刷発行　　　　　　〈検印省略〉
2025年6月25日　初版第4刷発行

定価はカバーに
表示しています

編著者	西　本　絹　子
	藤　﨑　眞知代
発行者	杉　田　啓　三
印刷者	田　中　雅　博

発行所　株式会社　ミネルヴァ書房
607-8494 京都市山科区日ノ岡堤谷町1
電話代表 (075)581-5191
振替口座 01020-0-8076

©西本・藤﨑ほか, 2018　　創栄図書印刷・新生製本

ISBN978-4-623-08071-7

Printed in Japan

―――――――― 講座・臨床発達心理学（全5巻）――――――――

臨床発達心理士認定運営機構　監修

各巻　Ａ５判上製カバー・平均320頁・本体価格2800円

生涯発達という広い視野から日常の暮らしへの適応支援を考える「臨床発
達心理学」。近年の社会的変化を踏まえたうえで，臨床発達心理学の基礎
を学び，臨床発達心理士としての基盤を培うためのシリーズ全5巻。

① 臨床発達心理学の基礎
　　山崎　晃・藤崎春代　編著

② 臨床発達支援の専門性
　　西本絹子・藤﨑眞知代　編著

③ 認知発達とその支援
　　本郷一夫・田爪宏二　編著

④ 社会・情動発達とその支援
　　近藤清美・尾崎康子　編著

⑤ 言語発達とその支援
　　秦野悦子・高橋　登　編著

http://www.minervashobo.co.jp/